기독교문서선교회(Christian Literature Center: 약칭 CLC)는 1941년 영국 콜체스터에서 켄 아담스에 의해 시작되었으며 국제 본부는 미국 필라델피아에 있습니다.
국제 CLC는 59개 나라에서 180개의 본부를 두고, 약 650여 명의 선교사들이 이동 도서차량 40대를 이용하여 문서 보급에 힘쓰고 있으며 이메일 주문을 통해 130여 국으로 책을 공급하고 있습니다. 한국 CLC는 청교도적 복음주의 신학과 신앙 서적을 출판하는 문서선교기관으로서, 한 영혼이라도 구원되길 소망하면서 주님이 오시는 그날까지 최선을 다할 것입니다.

하나님의 슬로우 쿠커

야곱의 일생(상)

하나님의 슬로우 쿠커
2019년 1월 21일 초판 발행

지은이	|	이태복
편집	|	곽진수, 황마리아
디자인	|	신봉규
펴낸곳	|	(사)기독교문서선교회
등록	|	제16-25호(1980.1.18)
주소	|	서울특별시 서초구 방배로 68
전화	|	02-586-8761~3(본사) 031-942-8761(영업부)
팩스	|	02-523-0131(본사) 031-942-8763(영업부)
이메일	|	clckor@gmail.com
홈페이지	|	www.clcbook.com
송금계좌	|	기업은행 073-000308-04-020 (사)기독교문서선교회

ISBN 978-89-341-1921-0 (04230)
ISBN 978-89-341-1920-3 (세트)

이 도서의 국립중앙도서관 출판예정도서목록(CIP)은
서지정보유통지원시스템 홈페이지(http://seoji.nl.go.kr)와 국가자료공동목록시스템
(http://www.nl.go.kr/kolisnet)에서 이용하실 수 있습니다. (CIP제어번호: CIP2018041651)

이 책의 저작권은 저자와 (사)기독교문서선교회가 소유합니다.
신저작권법에 의하여 한국 내에서 보호받는 저작물이므로 무단 전재와 무단 복제를 금합니다.

God's Slow Cooker

야곱의 일생(상)

하나님의 슬로우 쿠커

삶의 더딘 변화로 낙담한 분들에게
드리는 위로의 선물

이 태 복 지음

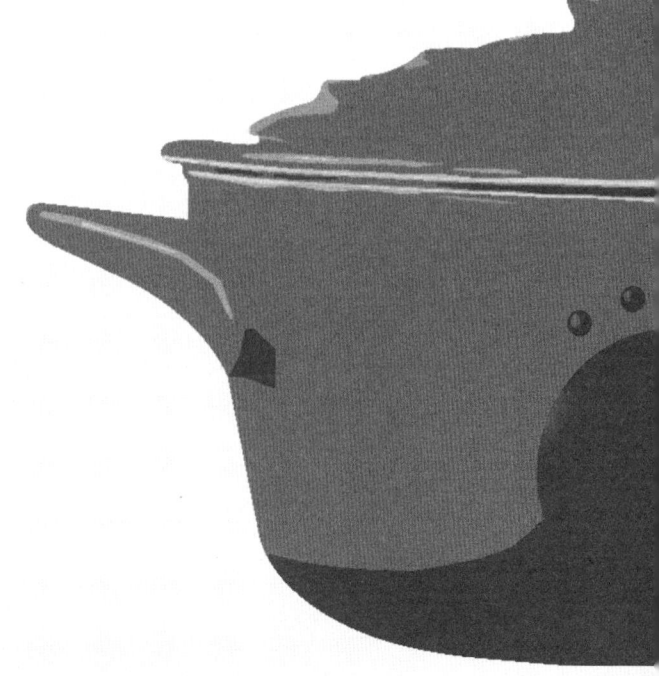

CLC

목차

저자 서문   이태복 목사(미국 새길개혁교회)   6

제1장   하나님의 슬로우 쿠커   9
제2장   야곱의 출생   30
제3장   세상에서 제일 이상한 거래   47
제4장   속인 것 같지만 속은 야곱   64
제5장   도망가는 야곱   81
제6장   하나님의 심방   100
제7장   야곱의 어설픈 반응   119
제8장   하란에서의 울음   139
제9장   하란에서의 방황   160
제10장   야곱의 좌절된 소원   182
제11장   마침내 하란을 떠나는 야곱   200
제12장   믿음으로 출발하라   217
제13장   크게 낙심한 야곱   236
제14장   야곱의 뒤늦은 기도   255
제15장   하나님의 두 번째 심방   276

저자 서문

이태복 목사
미국 새길개혁교회

사람은 변하지 않는다는 말을 주변에서 너무 자주 듣습니다. 그런 말을 들을 때마다 저는 크게 낙심하게 됩니다. 저 자신만 봐도 변해야 할 것이 많은데 사람이 정말 변하지 않는다면 저부터 큰일이기 때문입니다. 그래서 지금도 저는 사람이 변한다고 믿고 싶습니다. 아니, 사람이 변한다고 믿습니다.

그런데 하도 많은 사람이 사람은 죽을 때까지 변하지 않는다고 말을 하고 저 자신을 봐도 주변에 있는 사람들을 봐도 정말 잘 안 변하니까 때로는 제 믿음이 심하게 흔들립니다. 특별히 목회를 오래 하신 연로한 목사님들이 은퇴하면서 후배들을 앉혀놓고 "사람은 안 변한다"라고 말할 때는 정말 절망스럽기까지 합니다. 그리고 내가 붙잡고 있는 사람의 변화에 대한 기대를 이제는 버려야 하나 회의까지 듭니다.

이런 저에게 위로를 주는 몇 안 되는 사람이 있다면, 그중의 한 명이 야곱입니다. 왜냐하면, 야곱은 사람이 정말 잘 변하지 않는다는 사람들의 말을 입증하면서도 그래도 사람은 놀랍게 변할 수 있다는 제 믿음도 입증해 주기 때문입니다. 야곱은 정말 잘 안 변합니다. 하나님이 큰 은혜를 베풀어 주셔도 잘 안 변할 정도로 대단한 사람입니다.

하지만 하나님은 그런 야곱을 붙잡고 길들이시고 변화시키셔서 서서히 그러나 놀랍게 믿음의 사람으로 변화시키십니다. 그래서 야곱은 매력적인 사람입니다. 잘 안 변하는 우리에게 열등감을 심어줄 정도로 쉽게 변하는 사람도 아니고 그렇다고 해서 잘 안 변하는 우리에게 절망감을 안겨줄 정도로 안 변하는 사람도 아니기 때문입니다.

저는 하나님께서 슬로우 쿠커(Slow Cooker, 저온 조리기) 안에 야곱을 넣고 천천히 변화시켜 간다고 봅니다. 전자레인지와 달리 슬로우 쿠커는 어떤 음식을 빠른 시간에 순간적으로 조리하지 않고 천천히 조리하는데, 하나님께서 야곱을 변화시키는 방식이 그와 같다고 봅니다. 그래서 저는 야곱의 일생을 관찰하고 해석할 때, 야곱의 작은 변화에 너무 많은 점수를 주지도 않지만 그렇다고 해서 작은 변화들의 가치를 무시하지도 않아야 한다고 생각합니다.

그리고 많은 경우, 하나님께서는 우리를 전자레인지에 넣고 순간적으로 변화시키지 않고 야곱처럼 슬로우 쿠커 안에 넣으시고 천천히 변화시키신다고 믿습니다. 그래서 야곱의 일생을 한 대목 한 대목 살펴보면서 하나님이 사람을 변화시키시는 방식에 집중해야 한다고 봅니다.

이 책에 실린 열다섯 편의 설교는 그런 관점으로 야곱의 일생에 대해 새길개혁교회 주일 강단에서 전했던 소박한 주일 설교를 약간 더 확장한 것입니다. 약 서른 편의 설교 중에서 열다섯 편의 설교를 먼저 한 권의 책으로 묶어내면서 제가 바라는 것은 한 가지입니다. 교회에서조차 사람은 잘 안 변한다는 말이 설득력을 얻는 이 시대 속에서 다시금 하나님의 은혜가 있으면 사람은 반드시 변한다는 잊혀진 진리가 다시금 설득력을 얻는 것입니다.

그래서 사람들이 자기의 변화를 위하여, 사랑하는 사람들의 변화를 위하여, 싫어하는 사람들의 변화를 위하여, 하나님의 은혜를 간절한 마음으로 바라는 것입니다. 그래서 여기저기서 제2의 야곱, 제3의 야곱이 손을 번쩍 들고 일어서서 사람을 변화시키는 하나님의 은혜와 능력을 칭송하는 것입니다.

아무쪼록 하나님께서 이 책이 그런 열매를 맺을 수 있도록 독자들의 마음에 친히 역사해 주시기를 바랍니다. 한 편의 설교가 전달하고 있는 내용을 마중물로 사용하셔서 하나님의 진리가 풍성하게 독자들의 마음에 부어질 수 있도록 친히 일해 주시기를 바랍니다.

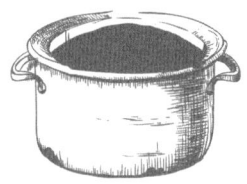

제1장

하나님의 슬로우 쿠커
(창 25:19-27)

[19]아브라함의 아들 이삭의 후예는 이러하니라 아브라함이 이삭을 낳았고 [20]이삭은 사십세에 리브가를 취하여 아내를 삼았으니 리브가는 밧단 아람의 아람 족속 중 브두엘의 딸이요 아람 족속 중 라반의 누이였더라 [21]이삭이 그 아내가 잉태하지 못하므로 그를 위하여 여호와께 간구하매 여호와께서 그 간구를 들으셨으므로 그 아내 리브가가 잉태하였더니 [22]아이들이 그의 태 속에서 서로 싸우는지라 그가 가로되 이같으면 내가 어찌할꼬 하고 가서 여호와께 묻자온대 [23]여호와께서 그에게 이르시되 두 국민이 네 태중에 있구나 두 민족이 네 복중에서부터 나누이리라 이 족속이 저 족속보다 강하겠고 큰 자는 어린 자를 섬기리라 하셨더라 [24]그 해산 기한이 찬즉 태에 쌍동이가 있었는데 [25]먼저 나온 자는 붉고 전신이 갖옷 같아서 이름을 에서라 하였고 [26]후에 나온 아우는 손으로 에서의 발꿈치를 잡았으므로 그 이름을 야곱이라 하였으며 리브가가 그들을 낳을 때에 이삭이 육십 세이었더라 [27]그 아이들이 장성하매 에서는 익숙한 사냥군인고로 들사람이 되고 야곱은 종용한 사람인고로 장막에 거하니(창 25:19-27).

이삭은 믿음의 조상이라고 불리는 아브라함의 아들입니다. 이삭은 나이가 사십이 되었을 때 리브가를 아내로 맞이하였습니다. 그런데 오늘 본문에 보면, 이삭과 리브가 사이에 자녀가 태어나지 않은 채 거의 20년이 흘렀다고 기록되어 있습니다.

> 이삭은 사십 세에 리브가를 취하여 아내로 삼았으니 … 리브가가 그들을 낳을 때 이삭이 육십 세이었더라(창 25:20-26).

이 일이 좀 특별한 것은 분명히 하나님께서 아브라함에게 약속을 주실 때, "네 자손이 하늘의 별처럼 많을 것이다"(창 15:5 참고)라고 말씀하셨기 때문입니다. 그런데 하나님의 약속과 달리 이삭의 가정에는 자녀가 하늘의 별처럼 많아지는 것은 고사하고 20년이 다 되도록 자녀가 한 명도 나지 않았습니다.

오늘 본문에 보면, 이삭이 그 아내 리브가가 잉태치 못하는 것을 보고 아내를 위하여 하나님께 기도하였다고 기록되어 있습니다. 그리고 하나님께서 그 기도를 들어주셔서 그의 아내 리브가가 마침내 잉태하게 되었다고 기록하고 있습니다. 21절 말씀을 다시 한번 보겠습니다.

> 이삭이 그 아내가 잉태하지 못하므로 그를 위하여 여호와께 간구하매 여호와께서 그 간구를 들으셨으므로 그 아내 리브가가 잉태하였더니 (창 25:21).

이렇게 해서 이삭은 40세에 결혼을 했는데 60세가 이르러서 에서와 야곱이라는 쌍둥이 아들을 얻게 됩니다(26절). 그러니 이삭과 리브가가 그때 느꼈을 행복이라는 것은 대단히 컸을 것입니다. 20년 만에 얻은 자녀가 쌍둥이였고 그것도 아들 둘이었으니 그 기쁨은 대단히 컸을 것입니다.

그러나 이런 본문을 읽으면서 우리는 너무 쉽게 또는 너무 간단하게 생각해서는 안 됩니다.

"아, 역시 기도를 하면 안 될 일이 없어. 이삭이 아이를 낳을 수 없었는데 하나님께 기도했더니 아이를 낳게 되었잖아. 그러니 우리도 앞으로 기도를 열심히 하자."

이렇게 생각하고 거기서 결론을 내리면 안 됩니다. 오늘날 우리는 기독교 신앙을 너무 쉽고 단순한 일로 생각하는 경향이 많습니다. 예수님이 나를 위해서 죽으셨고 하나님이 나를 사랑하신다는 몇 가지 핵심 진리만 알면 그 다음부터는 기도 많이 하고 성령을 의지하고 살면 그것으로 된다는 생각을 많이 하고 있습니다. 그래서 성경을 통해서 좀 더 깊고 좀 더 풍성한 것을 배우려고 하지 않고 그냥 간단한 진리를 한두 개 배우고 열심히 뭘 하려는 그런 습관이 많습니다.

그러나 그런 식으로 성경을 읽고 성경을 배우고 설교를 들어서는 우리의 신앙이 제대로 자랄 수가 없습니다. 오늘날처럼 뭐가 진리이고 뭐가 거짓인지 구별하기 어려운 혼란스러운 시대에서 하나님의 뜻을 제대로 분별하며 살아갈 수가 없습니다. 그런 식으로 성경을 읽어서는 우리의 뿌리 깊은 생각과 감정과 습관이 하나님의 말씀에 젖을 수도 없고 제대로 변할 수도 없습니다.

한번 생각해 보십시오.

정말로 무슨 일이든 기도를 하면 안 풀릴 일이 없다는 것을 가르쳐 주십니다.

불임의 문제도 기도하면 하나님이 얼마든지 해결해 주신다는 것을 자랑하시려고 하나님이 오늘 본문을 창세기 25장에 기록해 주셨을까요?

그렇지 않습니다.

오늘 본문에서 하나님이 제일 먼저 보여주시는 것은 하나님이 우리의 인생을 전자레인지가 아니라 슬로우 쿠커에 넣고 복되게 만들어 가신다는 진리입니다. 우리는 인스턴트식품이 일반화 되고 전자레인지라는 아주 편리한 가전제품을 쉽게 사용할 수 있는 시대에 살고 있습니다. 인스턴트식품은 전자레인지에 넣고 3분 정도만 돌리면 금방 완성이 됩니다.

그러다 보니 우리는 우리의 인생도 전자레인지 속에 들어가서 금방 뭐가 어떻게 될 것을 기대할 때가 많습니다. 하지만 하나님은 우리의 인생을 다루실 때 그렇게 다루지 않습니다. 몇 분 안에 뚝딱, 몇 달 안에 뚝딱 그렇게 우리의 인생을 다루지 않으신다는 것입니다. 하나님은 우리를 슬로우 쿠커 안에 넣고 우리가 생각하는 것보다 훨씬 더 오랫동안, 우리가 생각하는 것보다 훨씬 더 천천히, 그러나 우리가 생각하는 것보다 훨씬 더 복되게 만들어 가십니다.

이삭을 보십시오.

하나님은 이삭에게 자녀를 주시겠다고 일찌감치 약속하셨습니다. 물론 이삭 본인에게 약속을 주셨던 것은 아닙니다. 이삭이 태어나기 훨씬 전에 이삭의 아버지가 될 아브라함에게 하나님은 후손에 대한 놀라운 약속을 주셨습니다. 창세기 22장 16-18절에 보면, 아브라함에게 이렇게 약속하셨습니다.

> 네 씨가 크게 번성하며 하늘의 별과 같고 바다의 모래와 같게 하리니 (창 22:17).

하지만 실제로는 어떻게 되었습니까?

이삭이 결혼한지 20년이 다 되어가도 하나님의 약속은 이루어지지 않았습니다.

20년이면 얼마나 긴 세월입니까?

이삭에게는 얼마나 참기 힘든 세월입니까?

하지만 하나님은 이삭의 삶을 슬로우 쿠커에 넣고 아주 천천히 만들어

가셨습니다. 하나님이 이삭의 삶에만 이렇게 하신 것은 아닙니다.

이삭의 아버지인 아브라함을 생각해 보십시오.

하나님은 아브라함이 일흔다섯이 되었을 때 아브라함에게 자녀를 주시겠다고 약속해주셨습니다. 창세기 12장 2절에 보면, "내가 너로 큰 민족을 이루게 하리라"라고 약속하셨습니다.

그런데 어떻게 되었습니까?

하나님은 아들을 기다리는 아브라함에게 금방 아들을 주시지 않으셨습니다. 하나님은 아브라함을 25년이나 기다리게 하셨습니다.

25년은 또 얼마나 긴 세월입니까?

아브라함은 기다리다가 지쳐서 힘들어했지만 하나님은 전혀 급하게 움직이지 않으셨습니다. 그러다가 아브라함이 백세가 되는 해에, 사라가 아이를 가질 수 없는 나이가 되었을 때 기적적으로 아들을 낳게 하셨습니다. 그 아들이 바로 오늘 본문에 등장하는 이삭입니다.

어떻게 생각하면, 이삭에게는 아브라함이 거쳤던 그 긴 세월의 기다림이 불필요했을 수도 있습니다. 왜냐하면, 이삭은 아버지 아브라함의 일생을 통해서 하나님이 슬로우 쿠커 안에 우리를 집어넣고 하나님이 설정해 놓은 프로그램에 따라 우리를 만들어 가신다는 사실을 배웠을 것이기 때문입니다. 이삭은 어렸을 때부터 자기의 출생과 관련된 이야기를 많이 들었을 것입니다. 하나님은 우리가 생각하는 시간과 방법과 장소에서 일하시지 않고 항상 당신이 원하시는 시간과 방법과 장소에서 일하신다는 것을 계속 교육받았을 것입니다.

그런데도 하나님은 이삭에게도 똑같은 경험을 하게 하셨습니다. 아브라함이 25년을 기다렸다면, 이삭은 5년이 줄어든 20년을 기다리게 하셨을 뿐이지 이삭을 다루시는 하나님의 방법은 거의 똑같았습니다.

그런데 성경 전체를 생각해 보면, 이것은 하나님이 일반적으로 쓰시는 방식입니다. 하나님은 천지를 창조하실 때도 한순간에 다 창조하실 수 있지만 엿새 동안 천천히 창조하셨습니다. 창세기에 등장하는 믿음의 족장 네 사람, 곧 아브라함, 이삭, 야곱, 그리고 요셉의 일생도 살펴보면 한결같이 하나님은 천천히 일을 진행하셨습니다. 하나님은 이 세상에 예수님을 보내셔서 구원의 역사를 이루시는 일을 하실 때도 수천 년에 걸쳐서 정말 천천히 하셨습니다. 하나님은 이 세상에 교회를 세우시고 하나님의 나라를 확장하는 일도 답답할 정도로 천천히 행하고 계십니다.

우리가 볼 때는 굉장히 답답할 때가 많은데 이것이 하나님이 일하실 때 사용하시는 일반적인 방식입니다. 그러므로 하나님이 우리의 삶도 저 온조리기에 넣고 천천히 만들어 가시는 것은 전혀 이상한 일이 아닙니다. 우리라고 예외가 될 수 없습니다.

하지만 우리가 기대하고 바라는 삶은 그런 것이 아닙니다. 우리는 타고난 성질도 급하고 인스턴트 문화에 길들어 있어서 하나님이 우리를 전자레인지 안에 넣으시고 3분 만에 우리의 삶의 문제들을 해결해 주시고 3분 만에 우리의 인격을 변화시켜 주시며 3분 만에 우리의 환경을 새롭게 하시는 것을 원합니다. 우리는 그런 일이 있어야 하나님이 우리를 사랑하신다고 생각하고 하나님의 은혜가 우리의 삶에 임했다고 생각합니다. 그러나 우리가 아무리 그것을 원하고 바래도 하나님은 자기의 스타일을 고집하며 우리의 삶에 일하십니다.

믿음의 조상 아브라함, 이삭, 야곱, 요셉의 삶에 일하셨던 방식 그대로 우리에게도 일하신다는 것입니다. 그래서 우리는 진실하게 하나님을 믿고 의지하지만, 하나님은 날마다 우리의 삶을 확확 바꾸어 주시는 일도 별로 없고 우리의 문제를 확확 해결해 주시는 일도 별로 없고 하나님의 약속을 확확 이루어주시는 그런 스릴 넘치는 삶도 잘 주시지 않습니다.

물론 하나님은 얼마든지 그렇게 기적적인 삶을 우리에게 날마다 주실 수 있습니다. 하나님께는 능치 못함이 없기 때문입니다. 그래서 때때로 하나님은 그렇게 기적적인 삶을 우리에게 선물로 주기도 하십니다. 그래서 우리의 삶에 갑자기 놀라운 일이 일어나기도 합니다. 하지만 일반적으로 하나님은 그렇게 극적인 방식으로 우리의 삶을 다루지 않으십니다.

하나님은 우리의 삶을 자신의 슬로우 쿠커 안에 넣으시고 자신의 프로그램을 설정하여 그대로 우리를 만들어 가십니다. 우리가 슬로우 쿠커 안에서 한시가 급하다고 아무리 소리를 질러도 소용없습니다. 하나님은 자신이 설정한 프로그램을 따라 정확한 방법으로, 그리고 정확한 스케줄에 따라 천천히 우리를 만들어 가십니다. 그런데 놀랍게도 하나님은 천천히 일하시지만 가장 아름다운 결과를 만들어 내십니다.

하나님의 슬로우 쿠커 안에 들어가 있으면서 우리는 전자레인지 안에 들어와 있는 줄 착각하고 그것 때문에 힘들어할 때가 많습니다. 우리 나름대로는 예수를 진실하게 믿고 하나님을 의지하며 믿음으로 산다고 하는데도 하나님의 약속이 전혀 안 이루어지는 것처럼 보이는 때, 우리는 우리 자신의 신앙에 대한 회의도 느끼고 하나님이 정말로 나를 사랑하시는지 의심도 많이 합니다.

우리가 우리 자신을 봐도 전혀 안 변하는 것 같고, 우리의 삶도 전혀 나아지는 게 없는 것 같고, 반드시 해결되어야 할 문제가 정말 답답할 정도로 해결이 안 되고 시간만 지나가는 때, 그때도 우리는 굉장히 힘들어합니다. 하지만 그럴 때마다 하나님의 슬로우 쿠커 안에 우리가 들어와 있고 하나님의 슬로우 쿠커는 느리지만 가장 맛있는 음식을 만들어낸다는 것을 믿고 실망하거나 낙담하거나 포기해서는 안 됩니다.

원래 슬로우 쿠커에 들어가 있는 음식 재료는 금방 펄펄 끓지 않습니다. 좋은 냄새도 금방 그렇게 잘 나지 않습니다. 그러나 슬로우 쿠커 안에서 천천히 완벽하게 맛있는 음식으로 만들어집니다. 예수 그리스도를 믿는 신자의 인생도 마치 그와 같습니다. 하나님의 슬로우 쿠커는 우리가 생각하는 것보다 훨씬 더 천천히 돌아가지만, 하나님은 끊임없이 일하시면서 우리를 복되게 빚어 가십니다.

그러므로 하나님이 우리의 인생을 슬로우 쿠커 안에 넣어놓고 있으므로 우리의 삶에 스릴 넘치는 일도 별로 없고 그저 밋밋하고 답답한 현실만 계속되더라도 우리는 하나님의 일하심을 믿고 그 답답한 현실을 참고 기다려야 합니다. 하나님을 믿고 의지하기에 슬로우 쿠커 안에서의 답답함을 참고 끝까지 기다리는 것이 믿음입니다.

하나님은 우리에게 이런 믿음이 있기를 원하십니다. 하나님은 우리가 하나님의 전능하신 능력을 믿는 것을 원하십니다.

그러나 하나님은 하나님의 일하시는 방식을 이해하고 존중하고 따라주는 믿음, 내가 원하는 때에 내가 원하는 방식으로 모든 일이 되기를 바라는 우리의 못된 마음을 버리고 하나님께서 정하신 프로그램에 따라 하나님이 내 인생을 요리해 가시도록 하나님께 전부를 맡기고 신뢰하는 믿음이 우리에게 있기를 바라십니다. 우리에게는 이런 믿음이 필요합니다. 하나님의 전능하신 능력을 철저하게 믿는 위대한 믿음도 필요하지만, 슬로우 쿠커 안에 우리의 인생을 집어넣고 완제품으로 만들어 가시는 하나님을 신실하게 신뢰하는 믿음도 필요합니다.

성도 여러분에게는 이런 믿음이 있습니까?

여러분의 머리로 "아, 이런 믿음이 진짜 믿음이지"라고 생각하는 것 말고, 여러분의 삶에 진짜로 이런 믿음이 있습니까?

만일 여러분에게 이런 믿음이 없다면, 그래서 늘 모든 일이 여러분의 생각, 여러분의 방법, 여러분의 시간대로 되어야 직성이 풀린다면, 여러분의 믿음 없음을 진지하게 고민해 보고 회개해야 합니다. 그리고 하나님께 이런 믿음을 구하여 얻어야 합니다.

이런 믿음이 없어도 여러분이 예수 그리스도의 십자가의 대속을 믿는다면, 구원을 받고 천국에는 갈 수 있을 것입니다. 하지만 이런 믿음이 없이 살아간다면, 여러분의 삶은 여러분 자신에게도 피곤하고 고단한 삶이 될 것입니다. 그래서 여러분의 옆에 있는 사람들은 여러분 때문에 또 다른 고통을 겪으며 살게 될 것입니다.

그런데 오늘 본문을 보면서 우리는 한 가지 안타까움을 느끼게 됩니다. 왜냐하면, 하나님이 아무리 가르쳐 주시고 훈련해 주셔도 우리가 이 진리를 잘 배우지 못하고 삶에 적용하지 못한다는 것을 이삭과 리브가를 통해서 보기 때문입니다. 하나님은 이삭과 리브가가 결혼을 했지만 아이를 낳지 못하던 20년이라는 긴 세월 동안 이삭과 리브가를 훈련시켜 주셨습니다.

하나님의 약속은 받았지만, 그 약속이 실현되지 않는 20년이라는 긴 세월 동안 아브라함이 살아 있었으니, 당연히 아브라함은 이삭과 리브가를 훈련해 주었을 것입니다. 우리의 인생이 하나님의 저온조리기 안에 있고 하나님이 정하신 프로그램에 따라 진행되고 있으며 결국 하나님께서 모든 것을 완벽하게 이루신다는 것을 정말 철저하게 가르쳐 주었을 것입니다.

다른 사람도 아니고 믿음의 조상인 아브라함이 가르쳐 주었으니 얼마나 잘 가르쳐 주었겠습니까!

아브라함은 이삭과 리브가를 앉혀놓고 자기의 경험을 들어가며 잘 가르쳤을 것입니다.

하나님께서 자기를 25년이나 기다리게 하셨지만, 마침내 약속을 이루어주셨으니 하나님의 슬로우 쿠커 안에서 얌전히 있으라고 얼마나 잘 가르쳤겠습니까?

더구나 오늘 본문 23절에 보면, 하나님은 나중에 리브가가 임신을 하였을 때 그에게 나타나셔서 에서와 야곱의 미래를 하나님이 어떻게 정해 놓으셨는지 분명하게 알려주시기까지 하셨습니다. 이렇게 하나님은 분명하게, 오랜 세월 속에서, 강력하게 가르쳐 주셨습니다. 인생의 주권이 하나님께 있다는 것을, 하나님이 슬로우 쿠커 안에 우리의 인생을 넣어 놓고 만들어 가신다는 사실을 가르쳐 주셨습니다.

그런데 나중에 어떻게 되었습니까?

창세기를 읽어보면, 이삭도 리브가도 자신들이 하나님의 슬로우 쿠커 안에 있고 하나님께서 자신의 지혜로 프로그램을 정해 놓으시고 인도하신다는 사실을 새까맣게 잊어버리게 됩니다. 그래서 그들은 실제 삶 속에서 자기들 마음대로 행했습니다.

분명히 하나님께서 나타나셔서 큰 자가 작은 자를 섬길 거라고 말씀을 해주셨지만, 이삭은 큰아들 에서가 자기 마음에 들었기 때문에 큰아들을 감싸고 돌며 큰아들에게 장자의 축복을 물려주려고 했습니다. 반면에 리브가는 야곱이 자기 마음에 더 들었기 때문에 작은아들을 감싸고 돌며 눈이 어두운 남편을 속이고 장자의 축복을 가로채려고 술수를 썼습니다. 이삭의 집에 가족이 네 명이었는데, 다들 하나님은 안중에도 없이 자기들 멋대로 생각하고 자기들 멋대로 행동하는 사람들이었습니다.

그 결과 이삭의 가정은 어떻게 되었습니까?

이삭의 가정은 소위 콩가루 집안이 되었습니다. 이삭과 리브가는 부부였지만 서로 소통할 줄 몰랐습니다. 함께 하나님의 뜻을 찾지 않았습니다. 에서와 야곱은 형제였지만 서로 다투고 견제했습니다. 동생 야곱은 형 에서를 속이고 형 에서는 속은 것 때문에 분노하고, 결국 에서는 야곱을 죽이겠다고 했고 리브가는 자기가 제일 사랑하는 야곱이 죽게 될까봐 야곱을 먼 외삼촌 집으로 피난 보냅니다.

그렇게 해서 네 명의 가족은 함께 살아도 함께 사는 것이 아니었고 나중에는 흩어져서 오랜 세월 마음에 상처와 고통을 안고 살게 됩니다. 믿음의 조상이라고 불리는 아브라함의 1대 후손의 가정이 이런 식으로 망가졌습니다.

그러니 이 얼마나 안타까운 일입니까?

안타까운 마음에 우리는 다음과 같은 생각을 절로 하게 됩니다.

"아니, 하나님께서 20년이라는 긴 세월 동안, 그렇게까지 고통스러운 방법으로, 그렇게까지 분명하게 가르쳐 주셨는데 왜 이삭과 야곱은 이 진리를 제대로 안 배운 것일까?

왜 이 진리를 쉽게 잊어버리고 자기들 멋대로 행동을 했을까?

왜 하나님의 뜻이 아니라 자기들 기분대로 살았을까?

왜 자기들 뜻대로 하려고 했을까?

안 그랬더라면 가정이 행복했을 텐데. 안 그랬더라면 하나님이 영광을 받으셨을 텐데. 안 그랬다면 가족들이 몸으로 마음으로 흩어져서 그렇게 고생하지 않았을 텐데. 아, 정말 안타까운 일이다."

그런데 여러분!

우리가 지금 이삭과 리브가를 보면서 안타까워할 때가 아닙니다. 사실, 이삭과 리브가의 모습은 곧 우리들의 모습이기 때문입니다.

우리도 머리로는 얼마나 잘 압니까?

입으로는 얼마나 잘 고백합니까?

"우리 인생의 주인은 하나님이시다. 하나님께서 당신의 방법으로 당신의 시간에 당신이 원하시는 일을 반드시 이루신다. 나는 그런 하나님을 신뢰하고 믿고 따라야 한다."

우리도 머리로는 잘 압니다. 입으로 하는 고백도 아주 멋지게 할 수 있습니다. 하지만 실제 삶에서는 우리도 이삭과 리브가처럼 우리 마음대로 하려고 합니다. 우리 자신의 인생도, 우리의 자녀의 인생도, 우리가 다니고 있는 교회의 일도 우리 마음대로 하고 싶어 합니다. 우리 마음대로 안 되면 그것 때문에 성질을 내고 불평을 하며 어떻게든 우리 마음대로 되게 만들려고 얼마나 잔머리를 쓰는지 모릅니다.

그러므로 우리는 이삭과 리브가의 실패를 비난하거나 그들의 실패를 안타깝게 여길 자격이 없는 사람들입니다. 오히려 우리는 이삭과 리브가의 실패 속에서 우리 자신의 실패를 보아야 하고, 두렵고 떨리는 마음으로 우리 자신을 살피며 하나님께 은혜를 구해야 합니다.

"오, 하나님!

이삭과 리브가처럼 하나님이 우리 인생을 슬로우 쿠커에 넣고 천천히 요리하시고 마침내 당신의 때에 당신의 목적대로 우리를 빚어 만드신다는 것을 머리로만 알고 입으로만 고백하는 사람이 되지 않게 하옵소서.

그리고 삶의 현장에서 어떤 문제를 만나든 그런 하나님을 끝까지 기다리고 신뢰하며 우리 마음대로 모든 것을 컨트롤하려는 그 못된 이기적인 마음에서 구원해 주옵소서.

예수를 믿고 하나님을 의지한다고 하면서 실제로는 모든 것을 내 마음대로 하려는 것 때문에 내 인격과 내 가정과 내 교회가 파괴되는 일이 없게 하옵소서.

오, 하나님!

나를 불쌍히 여기옵소서!"

솔직하게 말하자면, 예수를 믿고 오랫동안 신앙생활을 했으면서도 하나님의 슬로우 쿠커 안에 있는 것을 너무 힘들어하고 모든 일을 자기 손안에 다 넣어놓고 자기 마음대로 주물럭거려야 만족하는 사람은 보통 교만한 사람이 아니고 보통 고장 난 사람이 아닙니다. 어떤 사람이 예수를 안 믿어도 험한 세상에서 30년 이상만 살아도 이 세상에 내 마음대로 되는 일도 없고 내 뜻대로 되는 일도 없다는 것은 처절하게 배우게 됩니다. 그래서 사람이 저절로 겸손해지게 되어 있습니다.

그런데 예수를 믿고 하나님을 의지하고 살면, 하나님이 슬로우 쿠커 안에 우리 삶을 집어넣으시고 아주 천천히, 내 방법이 아니라 하나님의 방법으로, 내가 원하는 때가 아니라 하나님의 때로 내 인생의 모든 일을 정하시고 다스리신다는 것까지 배우기 때문에, 사람이 더 겸손해질 수밖에 없습니다. 이것은 지극히 당연한 일입니다.

그렇지 않겠습니까?

그런데 우리가 예수를 믿고 하나님을 의지하면 산다고 하면서도 여전히 모든 일이 자기 계획대로 되어야 만족하고 모든 일이 자기가 원하는 시간에 딱 맞춰서 되어야 만족하며 모든 일이 자기가 좋아하는 방향으로 결론이 나야 만족한다면, 우리는 뭔가 심각하게 고장이 나 있는 사람입니다.

좀 더 정확하게 말하면, 우리는 모든 인생이 하나님의 슬로우 쿠커 안에 들어가 있고 하나님께서 자신의 선한 뜻을 따라 모든 일을 아름답게 이루어 가신다는 인생의 가장 기본적인 진리를 안 배웠거나 배웠지만 심하게 망각한 사람입니다. 좀 더 정확하게 말하자면, 우리는 우리 자신이 하나님보다 더 권위 있고 더 지혜롭고 더 탁월하다고 생각하는 교만에 깊이 젖어 있는 사람입니다. 그러므로 만일 우리가 이런 상태에 있다면, 한시라도 급히 회개하고 돌이켜야 합니다.

그렇지 않으면 우리도 이삭과 리브가처럼 하나님을 안 믿는 것은 아니지만 자꾸 하나님의 뜻을 거역하고 내 기분대로 사는 이상한 괴물로 망가지게 됩니다. 그렇게 되면, 망가진 우리 때문에 우리의 가정도 망가지고 가족들이 영적으로 성장하지 않는 불행이 닥칠 수 있습니다. 그렇게 되면, 우리는 교회에 와서도 열심히 뭔가를 하긴 하는데 실제로는 교회를 망가뜨리고 다른 사람들을 망가뜨리는 비참한 삶을 살 수밖에 없습니다.

오늘날 이런 일은 비일비재합니다. 어떤 가정 안에서 한 사람이 이런 식으로 고장 나서 자기의 힘을 휘두르고, 어떤 교회에서 몇몇 사람이 이런 식으로 고장 나서 자기들 마음대로 교회를 주장하기 때문에, 다른 사람들이 이유도 모르고 많은 고통을 받고 가정과 교회가 망가지는 일이 정말 많습니다.

문제는 이런 상태에 있는 사람들이 자기들의 상태를 알지도 못하고 자기들이 어떻게 자신의 인격과 삶, 가정, 교회, 사회를 파괴하고 있는지 전혀 모른다는 것입니다. 오히려 이런 상태에 있는 사람들은 늘 다른 사람의 잘못이라고 생각합니다. 다른 사람에게 손가락질합니다. 이삭의 가정에서 네 사람이 서로를 손가락질하고 서로를 원망했던 것처럼 말입니다.

이것은 앞에서 말씀드린 것처럼 이 사람들이 정말로 교만하므로 그런 것입니다. 이 사람들이 정말로 심하게 망가져 있기 때문입니다. 하나님의 말씀을 오랫동안 배우고, 험한 인생에서 겸손을 충분히 배울 만큼 오래 살았으면서도, 많은 사람이 이런 상태에 머물고 있다는 것을 보게 될 때마다 슬프지 않을 수 없습니다.

그러나 이와 반대로 우리가 우리의 삶 전체가 하나님의 슬로우 쿠커 안에 들어가 있다는 사실을 정말로 믿고 하나님을 끝까지 신뢰하는 사람이 된다면, 우리는 믿음 안에서 평안과 기쁨을 누리게 될 것입니다. 괜히 냄비처럼 쉽게 끓어올랐다가 금방 식어버리는 그런 가벼운 평안과 기쁨이 아니라 진짜 견고한 평안과 기쁨을 누리게 될 것입니다.

그렇게 되면 회복된 우리 때문에 우리의 가정도 살아나고 우리의 가족들이 영적으로 성장하는 기쁨을 누리게 될 것입니다. 그렇게 되면 우리와 함께 교회 생활을 하는 사람들이 우리의 그 진실한 믿음 때문에 하나님을 더 신뢰하게 될 것입니다. 아, 이런 사람들이 오늘날 가정과 교회와 사회 속에 얼마나 절박하게 필요한지 모릅니다.

우리의 행복을 정말로 간절하게 원하시는 하나님은 우리가 이런 사람이 되기를 원하십니다. 하나님은 우리가 하나님을 위해서 무슨 대단한 업적을 세워주기를 원하지 않으십니다. 하나님에게는 전지전능하신 능력이 있고 천군천사도 이미 있으므로 업적을 세울 사람은 필요 없습니다. 하나님은 정말 진실하게 하나님을 신뢰하고 의지하여 자신도 행복하고 고된 인생을 살아가는 이웃에게도 행복을 전해주는 그런 믿음의 사람이 필요할 뿐입니다.

그래서 하나님은 우리가 하나님을 신뢰할 수 있기를 바라십니다. 하나님은 우리가 하나님의 슬로우 쿠커 안에서 우리의 전부를 하나님께 맡기고 하나님이 설정해 놓은 프로그램에 순응하기를 바라십니다.

그러므로 지금 여러분이 어떤 사람인지 생각해 보십시오.

여러분이 지금 어떤 사람으로 자꾸 변해가고 있는지 생각해 보십시오. 만일 지금 여러분이 이런 사람이 아니라면, 지금부터 이런 사람이 되게 해달라고 하나님께 기도하십시오.

교회 안에서 굉장히 고상하고 열심인 척하지만 모든 일을 자기 손안에 놓고 주물려고 하거나 가정 안에서 하나님의 나라를 위해서 살아야 한다고 아이들에게 말은 하면서 실제로는 남편도 자녀들도 자기 마음대로 주장하는 모순적인 사람이 되어서는 안 됩니다. 만일 여러분이 자꾸 자기를 내세우고 주장하며 하나님의 슬로우 쿠커를 못마땅해 하는 사람으로 변해가고 있다면, 그것에 대해서 서둘러 특별 조치를 해야 합니다. 그렇지 않으면 심각하게 망가지는 일이 금방 올 것입니다.

그러나 오늘 본문을 보면서 우리가 반드시 생각해 볼 것이 하나 더 남아 있습니다. 그것은 하나님의 긍휼과 은혜입니다. 이삭과 리브가는 하나님의 슬로우 쿠커 안에 자기들의 인생과 자기 가정의 모든 일이 들어가 있다는 사실을 망각하고 자기 멋대로 행해서 모든 것이 뒤죽박죽이 되고 엉망이 되었습니다. 그런데 이삭과 리브가가 여러 가지 면에서 실패했고 이삭의 가정도 정말로 문제가 많았지만 하나님은 자신이 택한 이삭의 가정을 통해서 결국 자기의 뜻을 이루어 가셨습니다.

하나님은 아브라함에게 처음에 약속하신 대로 이삭에게 자녀를 주셨고 이삭의 쌍둥이 아들 중에서 야곱을 택하여 이스라엘의 열두 지파를 만드셨고, 결국 야곱의 후손 중에 예수 그리스도가 태어나셔서 인류의 죄를 짊어지고 십자가에서 구원을 완성하는 일을 하게 하셨습니다.

이삭의 집안에는 영적으로 문제가 없는 사람이 없었습니다. 네 사람 모두 영적으로 심각하게 고장 나 있었습니다.

이삭은 온순한 성격의 소유자이지만 하나님의 뜻을 무시하고 자기 기분대로 고집을 피우는 사람이었습니다. 그의 아내 리브가는 집착이 심한 사람으로서 자기가 아끼는 아들에게 장자의 축복을 물려줄 수만 있으면 남편과 원수가 되어도 좋고 큰아들과 원수가 되어도 좋다고 생각하는 뒤틀린 사람이었습니다. 에서는 하나님과 하나님의 축복에는 관심도 없고 사냥하는 재미로 삶을 살아가는 불량한 아들이었습니다. 야곱은 신앙적인 것 같지만 사실은 세상에서 가장 이기적이고 욕심이 많은 사기꾼 중의 상급 사기꾼이었습니다.

나중에 이삭과 리브가가 나이가 많이 들어서 자기들이 만들어 놓은 가정의 모습을 바라보았을 때 기분이 어땠을까 생각해 보십시오.

자녀 문제로 견해차가 크게 갈린 부부라서 대화도 별로 없었을 것입니다. 더구나 리브가가 야곱을 부추겨서 이삭을 심각하게 속인 일 때문에 부부는 서로 믿을 수 없는 사이가 되어 버렸을 것입니다.

큰아들 에서는 하나님을 등지고 세상으로 갔고 언제든 동생을 죽이겠다고 벼르는 불량자가 되었습니다. 작은아들 야곱은 살겠다고 도망을 쳐서 먼 타지로 간 지 20년이 가까워져 오는데 집으로 돌아오지 못하고 있습니다. 죽기 전에 그 아들을 다시 볼 수나 있을까 걱정이 되었을 것입니다. 이삭과 리브가는 모든 것이 실패했다고 생각했을 것입니다.

사실입니다. 이삭과 리브가는 크게 실패했습니다. 그들은 하나님이 주신 은혜를 헛되이 한 일이 많았습니다. 하지만 하나님은 절대 실패하지 않으셨습니다. 이삭과 리브가가 정신을 못 차리고 헤매느라 모든 것을 망가뜨려 놓았지만, 하나님은 쓰레기더미와 같은 그속에서 자기의 일을 계속하셨습니다.

그래서 야곱을 붙드시고 다시 20년 이상 되는 긴 시간 동안 가르치시고 훈련하시고 변화시키셔서 이스라엘 열두 지파를 낳고 기를 수 있는 사람으로 친히 만드셨습니다. 어쩌면 이삭의 가정에서 제일 나쁜 사람이었던 야곱을 하나님은 택하시고 그를 친히 변화시키셔서 하나님의 나라를 세우는 사람으로 사용하셨던 것입니다. 우리는 하나님의 이런 긍휼과 은혜도 중요하게 생각해야 합니다.

인생을 살다 보면, 인간적으로 또는 영적으로 이삭과 리브가가 노년에 느꼈을 그런 심정을 느낄 때가 있습니다. 나름대로 순간순간 최선을 다해서 산다고 살았는데 결국 보니까 모든 것이 망가져 있는 우리의 삶을 멍하니 바라보고 있어야 할 때가 있습니다.

내가 옛날에 잘못된 결정을 내리고 잘못된 행동을 해서 다시는 회복할 수 없는 관계에 빠져 있다는 생각을 하며 아무것도 할 수 없는 무력함을 느끼며 한숨을 쉬며 창밖을 바라볼 때가 있습니다. 나는 최선을 다해서 살았는데 다른 사람의 잘못으로 내 모든 수고가 허사로 돌아갔다는 생각에 억울한 마음으로 주저앉아 울 때가 있습니다.

혹시 지금 여러분은 이런 시점에 서서 마음에 괴로움을 느끼고 있지는 않으십니까?

그러나 만일 우리가 예수님을 진실하게 믿고 하나님을 의지하는 사람이라면, 우리는 억울한 마음도 풀고 절망스러운 울음도 그쳐야 합니다. 그때 우리는 한숨을 멈추고 쳐다보기도 싫을 정도로 망가져 있는 우리의 현실을 바라보아야 합니다. 그리고 염치없지만, 우리가 망가뜨려 놓은 삶의 현장을 하나님께 보여드리면서 다음과 같이 간구해야 합니다.

"주여! 이제는 오직 주의 뜻을 이루소서!"

사람이 어리석은 짓으로 다 망쳐놓은 삶의 현장에서 세상에서 가장 은혜롭고 영광스러운 구원의 역사를 꽃피우시는 하나님의 선하신 역사를 진심으로 간구해야 합니다. 이것이 예수를 믿고 사는 우리가 이 땅에서 누릴 수 있고 누려야만 하는 지극히 큰 행복입니다.

정말 우리는 너무 많이 실패합니다. 개인적으로 하나님과의 관계에서도 실패를 많이 하고, 가정 안에서 가족들을 돌보는 일에서도 너무 많이 실패하고, 교회 안에서 다른 교우들과의 관계에서도 너무 많이 실패하고, 사회에서 다른 사람들과의 관계에서도 너무 많이 실패합니다. 나름대로 최선을 다해서 한다고 했는데 우리 손만 닿으면 다 더러워지고 다 망가지고 다 추해집니다. 우리 손이 닿는 것마다 다 망가집니다.

우리에게는 정말 그렇게 신비한 능력이 있습니다. 그래서 우리는 주일마다 예배 시간에 한 주간의 죄를 기억하며 회개합니다. 그러면서 하나님의 용서를 구합니다. 그러나 우리는 용서 말고 다른 것을 더 구할 수 있습니다. 우리가 늘 망가뜨려 놓는 우리의 삶에 하나님의 은혜 역사를 구하는 것입니다.

하나님은 우리의 성공을 통해서 일하시기보다는 우리의 실패 가운데 하나님의 은혜와 긍휼을 베풀어 주셔서 자기 뜻을 이루어 가심으로써 우리가 하나님의 선하심을 노래하는 행복한 사람을 만드십니다. 그래서 로마서 8장 28절은 이렇게 말합니다.

> 우리가 알거니와 하나님을 사랑하는 자 곧 그 뜻대로 부르심을 입은 자들에게는 모든 것이 합력하여 선을 이루느니라(롬 8:28).

예수를 진실하게 믿을 때 우리는 단순히 우리가 지은 죄만 용서받는 것이 절대로 아닙니다. 우리는 우리가 지은 죄를 용서받을 뿐만 아니라, 우리의 죄 때문에 망가진 우리의 모든 삶을 하나님이 신비한 능력으로 선으로 만들어 주시는 회복의 은혜를 경험하게 됩니다. 그래서 우리는 죽을 때, 후회하게 되는 일이 많겠지만 하나님의 선하심 때문에 감사로 눈을 감게 됩니다.

하지만 그렇다고 해서 우리의 실패를 당연시하거나 우리의 실패를 정당화시켜서는 안 됩니다. 하나님의 은혜를 믿고 함부로 살아서는 안 됩니다. 하나님의 은혜와 긍휼 앞에서 오히려 우리는 우리의 수많은 실패에 대해서 부끄러워해야 합니다. 우리가 하나님의 슬로우 쿠커 안에 들어가 있고 하나님께서 친히 우리의 모든 것을 인도하고 계신다는 이 쉬운 진리를 늘 잊어버리고 내 뜻대로 내 마음대로 모든 것을 컨트롤 하려고 하는 우리의 못된 습관을 정말 부끄러워하고 미워해야 합니다.

그것 때문에 우리의 짧은 인생이 얼마나 낭비가 되고, 그것 때문에 하나님의 영광이 얼마나 많이 가려지며, 그것 때문에 우리 주변에 있는 사람들이 얼마나 고통을 받고, 그것 때문에 하나님의 뜻이 제대로 드러나지 않는 현실이 많이 생기기 때문입니다.

그러나 우리는 부끄러움 가운데서 감사하는 마음을 품어야 합니다. 하나님의 슬로우 쿠커 안에서 가만히 있지를 못하고 내가 뭣 좀 해보겠다고 어리석게 설쳐대서 모든 것을 더럽히고 망가뜨리는 못된 우리를 하나님께서 오랫동안 참아주시는 것에 대해서 감사해야 합니다. 우리가 사람들 가운데 제일 싫어하는 사람이 아는 것도 없으면서 설쳐대는 사람입니다.

그런데 알고 보면 하나님 앞에서 우리가 바로 그런 사람들입니다. 그런데 하나님은 그런 우리를 미워하여 버리지 않으시고 우리가 그렇게 설쳐댈 때마다 만들어 내는 쓰레기들까지도 모든 것이 합력하여 선이 이루어지도록 만들어 주십니다. 그러니 우리는 우리의 실패 때문에 부끄러워해야 하지만 하나님의 그런 신비로운 능력과 사랑 때문에 진실하게 감사해야 합니다.

그리고 동시에 우리는 늘 새로운 결심으로 하나님 앞에 서야 합니다.

"하나님! 이제는 제 인생의 남은 시간이 많지도 않은데 지금까지 살아온 것처럼 그렇게 철없이 살면서 늘 실패하는 삶을 살지 않겠습니다. 이제부터는 정말 하나님을 온전히 신뢰하고 슬로우 쿠커 안에 있는 내 인생을 답답하게 여기지 않고, 내 마음과 내 뜻대로 뭔가를 자꾸 행하면서 하나님을 위한다고 핑계하지 않고 정말 믿음으로 살겠습니다. 하나님, 나를 가르쳐 주시고 내게 믿음을 더해 주시고 출싹거리는 가벼운 신앙이 아니라 좀 듬직하고 무게 있는 신앙으로 인도하소서!"

이런 간절한 각오와 결심이 우리에게 있어야 합니다.

성도 여러분!

여러분은 손이 닿는 것마다 더럽게 하고 망가뜨리는 여러분의 실패에 대해서 진심으로 부끄러워하는 마음이 있습니까?

그러나 동시에 우리의 모든 실수와 실패 속에서도 조용히 천천히 그리고 완벽하게 자기 뜻을 성취해 가시는 하나님의 신비한 능력을 믿습니까?

그래서 여러분이 망가뜨려 놓은 여러 가지 일들의 결과를 끌어안고 힘들게 사는 일이 있지만 그래도 하나님의 선하신 은혜를 믿고 소망 가운데 미래를 바라보고 있습니까?

"나는 망쳐놓았지만, 하나님은 얼마든지 회복시켜 주실 거야"라는 소망이 있습니까?

그리고 모든 것이 망가져 버리고 더 소망도 없어 보이는 삶의 현장에서 오히려 새로운 결심으로 하나님의 도우심을 구하십니까?

성도 여러분!

하나님이 우리의 삶을 다루시고 우리의 구원을 완성해 가기 위해서 사용하시는 슬로우 쿠커는 다양합니다. 하지만 가장 중요한 슬로우 쿠커는 바로 예수 그리스도입니다. 하나님은 못나고 못된 우리를 예수 그리스도 안에 쏙 들어가 살게 하시면서 예수 그리스도 안에서 천천히 그러나 하나님의 방법으로 그러나 완벽하게 우리를 빚어 가십니다. 그래서 요한복음 15장 5절에서 예수님은 이렇게 말씀하신 것입니다.

> 나는 포도나무요 너희는 가지니 저가 내 안에 내가 저 안에 있으면 이 사람은 과실을 많이 맺나니 나를 떠나서는 너희가 아무 것도 할 수 없음이라(요 15:5).

그러므로 예수 그리스도 안에 거하십시오.

그러면 우리가 어떤 환경, 어떤 상황에 있든지 하나님은 우리를 빚어서 열매 맺는 삶으로 이끌어 주실 것입니다.

하나님은 예수 그리스도를 진실하게 믿고 의지하는 사람에게만 이런 은혜를 베풀어 주십니다. 그러므로 죄를 용서받고 천국에 들어가기 위해서도 예수님을 믿고 의지해야 하지만 여러분의 모든 삶을 위해서도 예수님을 믿고 의지해야 합니다.

그러므로 예수 그리스도를 진실하게 믿고 의지하며 하나님의 슬로우 쿠커 안에서 잠잠히 하나님을 기다리십시오.

이것이 오늘 여러분에게 보여주시는 하나님의 선하신 뜻입니다.

이 뜻을 받들고 이제 여러분의 삶을 살아가십시오.

이 뜻을 보여주신 하나님께서 여러분을 친히 인도해 주시고 가르쳐 주실 것입니다.

아멘!

제2장

야곱의 출생
(창 25:20-28)

20이삭은 사십세에 리브가를 취하여 아내를 삼았으니 리브가는 밧단 아람의 아람 족속 중 브두엘의 딸이요 아람 족속 중 라반의 누이였더라 21이삭이 그 아내가 잉태하지 못하므로 그를 위하여 여호와께 간구하매 여호와께서 그 간구를 들으셨으므로 그 아내 리브가가 잉태하였더니 22아이들이 그의 태 속에서 서로 싸우는지라 그가 가로되 이같으면 내가 어찌할고 하고 가서 여호와께 문자온대 23여호와께서 그에게 이르시되 두 국민이 네 태중에 있구나 두 민족이 네 복중에서부터 나누이리라 이 족속이 저 족속보다 강하겠고 큰 자는 어린 자를 섬기리라 하셨더라 24그 해산 기한이 찬즉 태에 쌍둥이가 있었는데 25먼저 나온 자는 붉고 전신이 갖옷 같아서 이름을 에서라 하였고 26후에 나온 아우는 손으로 에서의 발꿈치를 잡았으므로 그 이름을 야곱이라 하였으며 리브가가 그들을 낳을 때에 이삭이 육십 세이었더라 27그 아이들이 장성하매 에서는 익숙한 사냥군인고로 들사람이 되고 야곱은 종용한 사람인고로 장막에 거하니 28이삭은 에서의 사냥한 고기를 좋아하므로 그를 사랑하고 리브가는 야곱을 사랑하였더라 (창 25:20-28).

오늘 본문에 보면 야곱에 관해서 매우 특이한 기록이 두 가지 있습니다. 한 가지는 야곱은 엄마 뱃속에 있었을 때부터 한 뱃속에 있는 형 에서와 죽도록 싸웠다는 것입니다. 21-22절에 보면 이렇게 기록되어 있습니다.

> 그의 아내 리브가가 잉태하였더니 그 아들들이 그의 태속에서 서로 싸우는지라(창 25:21-22).

여기에서 "싸우다"라는 동사는 그냥 살짝 툭툭 건드리는 정도가 아니라 상대방이 박살이 날 정도로 부딪친다는 의미를 가지고 있는 단어입니다. 그러니까 죽기 살기로 싸웠다고 생각하시면 되겠습니다. 이 정도면 야곱이 어떤 성격을 가지고 태어났는지 쉽게 짐작할 수 있습니다. 이런 사람은 결코 흔하지 않은 사람입니다. 그런데 야곱은 엄마 뱃속에서부터 그런 사람이었습니다.

야곱에 대한 또 다른 기록은 야곱이 엄마 뱃속에서 나올 때 먼저 나온 형 에서의 발꿈치를 잡고 나왔다는 것입니다. 26절 말씀을 보십시오.

> 후에 나온 아우는 손으로 에서의 발꿈치를 잡았으므로 그 이름을 야곱이라 하였으며(창 25:26).

아기가 태어날 때 머리부터 나오니까 야곱이 손을 뻗어서 붙잡은 것이 형 에서의 발꿈치면 사실 순서를 뒤집는 일은 불가능했습니다. 그런데도 야곱은 포기하지 않고 형의 발꿈치를 끝까지 잡고 나왔습니다. 그만큼 야곱은 욕심도 많고 집념도 큰 사람이었던 것입니다.

욕심이 많아도 쉽게 포기할 줄 알면 괜찮은데 야곱은 그럴 줄 모르는 사람이었습니다. 한번 욕심을 가지면 절대로 포기하지 않는 무서운 성격 그것은 여러분에 관한 말씀입니다.

창세기에 기록되어 있는 야곱의 일생은 한 편의 흥미진진진한 소설과 같고 재미있는 드라마와 같습니다. 하지만 단순히 재미있게 읽고 "아, 옛날에 이런 일이 있었구나. 야곱의 일생은 이러했구나" 하고 넘어갈 그런 이야기가 아닙니다.

창세기에 기록되어 있는 야곱의 일생은 우리를 위한 이야기입니다. 하나님이 우리의 인격과 우리의 인생을 얼마나 소중히 여기시고 얼마나 깊이 사랑하시고 또 얼마나 놀라운 구원을 베풀어 주시는지를 보여 주는 소망의 이야기입니다. 옛날 야곱의 하나님이 야곱의 인격과 삶에 큰 사랑을 베풀어 주신 것처럼, 오늘도 하나님이 망가진 우리의 인격과 삶에 큰 사랑을 베풀어 주신다는 것을 믿으라는 권면의 이야기입니다.

그러므로 여러분!

하나님을 믿고 의지하되 반드시 이런 내용으로 하나님을 믿고 의지하십시오.

인생을 살다보면 크고 작은 어려운 일을 많이 만나는데 혹시 하나님을 믿어 놓으면 그때 큰 도움이 될 것 같아서 하나님을 믿어서는 안 됩니다. 사람들이 아플 때를 대비해서 의료보험을 들고, 교통사고 날 때를 대비해서 교통보험을 들고, 갑자기 죽을 것을 대비해서 사망보험을 들어놓는 것처럼, 혹시라도 일어날지 모르는 어떤 위험에 대비해서 하나님에게 보험을 들지 마십시오.

하나님은 보험회사를 운영하시는 분이 아닙니다. 하나님은 보험 상품을 팔지 않으십니다. 그러므로 보험에 가입하고 보험료를 내듯 하나님을 믿어서는 안 됩니다. 여러분이 내는 그 보험료는 결코 하나님에게 가지 않습니다. 어딘가로 새고 있을 뿐입니다.

안타깝게도 하나님에게 보험을 들어놓고 살아가는 사람들이 많이 있습니다. 그런데 하나님에게 보험을 들어놓고 사는 사람과 야곱의 하나님을 야곱은 가지고 있었습니다. 야곱은 타고 나기를 그렇게 태어났던 것입니다.

이처럼 야곱은 태어날 때부터 심각하게 고장 난 사람으로 태어났습니다. '다른 사람에게 지고는 못 견디는 성격'을 가지고 태어났습니다. '좋은 것, 자기가 가지고 싶은 것은 수단과 방법을 가리지 않고 다른 사람에게서 빼앗아서라도 자기 손에 넣어야 만족하는 성격'을 가지고 태어났습니다. 야곱은 욕심이 많은 사람이었고 집념이 대단한 사람이었으며, 이기적인 사람이었고, 자기 행복을 위해서는 다른 사람들의 삶과 행복은 얼마든지 깨뜨려도 된다고 생각하는 파괴적인 사람이었습니다.

성도 여러분!

이런 네 가지 못된 성격을 한꺼번에 다 갖고 있기란 참 힘든 일입니다. 그런데 야곱은 바로 그런 사람이었습니다. 이렇게 야곱은 엄마 뱃속에서부터 어떻게 보면 세상에서 가장 나쁘고 무서운 성격을 한몸에 다 가지고 있었습니다.

그런데 야곱도 문제지만 야곱이 태어난 가정도 심각한 문제가 있었습니다. 태어날 때 그렇게 못된 성격을 가지고 태어났어도 가정에서 부모와 가족들이 온전한 사람들이어서 지극한 사랑으로 돌보고 바로 잡아주면 괜찮아 질 수 있을 것입니다.

그런데 야곱이 태어난 가정은 전혀 그럴 만한 상황이 아니었습니다. 물론 야곱이 태어난 이삭의 가정은 겉으로 볼 때는 믿음의 명문 가정이고 소위 하나님의 복을 많이 받았다는 가정이었습니다. 하지만 이삭의 가정은 야곱이 태어날 때 가지고 태어난 부패한 본성을 더욱 더 악화시킬 여지가 굉장히 많은 가정이었습니다. 그리고 실제로 이삭의 가정은 야곱의 부패한 본성을 더욱 더 악화시켰습니다.

이삭의 가정을 한번 자세히 들여다보십시오.

일단, 야곱의 아버지인 이삭에게는 심각한 문제가 있었습니다. 야곱처럼 남의 것을 빼앗아서라도 자기 것을 만들고 싶어 하는 사람은 당연히 아버지의 인정도 한몸에 받고 싶어 하게 되어 있습니다. 그런데 불행하게도 야곱은 아버지 이삭의 사랑을 전혀 받지 못했습니다.

본문 28절에 보면, 아버지 이삭은 남성미가 넘치고 사냥을 해서 맛있는 고기를 가져오는 형 에서만 좋아했습니다.

> 이삭은 에서의 사냥한 고기를 좋아하므로 그를 사랑하고(창 25:28).

맛있는 고기를 많이 사냥해준다는 이유 때문에 아들을 좋아하다니 이삭도 참 문제가 많은 아버지였습니다. 그만큼 이삭은 큰 아들 에서를 심하게 편애했습니다.

그러니 아버지의 사랑과 인정을 받지 못한 야곱의 성품은 또 다시 비틀어지고 나빠질 수밖에 없었습니다. 그래서 나중에 야곱은 늙은 아버지를 속일 수 있었던 것입니다.

야곱의 어머니인 리브가에게도 심각한 문제가 있었습니다. 리브가는 야곱을 끔찍하게 사랑했습니다. 하지만 리브가의 그 사랑은 결국 야곱을 더 심하게 망가뜨렸습니다. 야곱처럼 탐욕스럽고 이기적이고 파괴적인 아들을 기르는 엄마 입장에서 리브가는 야곱의 성품을 고쳐주려고 최선을 다해야 했습니다.

그러나 리브가는 아버지의 사랑과 인정을 받지 못하는 야곱을 감싸기만 했습니다. 이삭이 에서를 편애했던 것처럼 리브가도 야곱을 심하게 편애하였습니다(28절). 더구나 리브가는 결국 야곱이 장자의 축복을 받게 될 거라는 하나님의 말씀을 핑계 삼아 야곱이 무슨 짓을 해서라도 장자의 축복을 받아도 괜찮은 것처럼 가르쳤습니다. 그러니 어머니의 잘못된 지지를 받은 야곱의 성품은 더욱 더 나빠질 수밖에 없었습니다.

그런데 야곱의 성품 이야기는 이 땅에 태어나는 모든 사람의 기본적인 상태를 보여주는 그림입니다. 이 땅에 태어나는 모든 사람은 야곱처럼 태어날 때부터 죄와 허물로 정말 심각하게 고장 나 있어서 스스로는 회복이 전혀 불가능한 상태로 태어납니다. 물론 사람마다 약간씩 정도의 차이는 있습니다. 어떤 사람은 태어날 때 좀 더 좋은 성품을 가지고 태어나고 어떤 사람은 태어날 때 좀 더 나쁜 성품을 가지고 태어납니다.

하지만 실제로는, 하나님이 보실 때는, 모든 사람은 태어날 때부터 똑같이 악하고 똑같이 스스로는 도저히 회복될 수 없는 상태로, 고장 나 있는 성품으로 태어납니다. 그래서 세상을 오래 살다보면, 결국 이 사람이나 저 사람이나, 조금씩 차이가 있을 뿐이지 모든 사람이 악하고 부패해 있다는 것을 우리도 알게 되는 것입니다.

성경은 인간의 상태를 설명할 때, 이것을 정확하게 지적해 줍니다. 성경을 자세히 읽어보면, 성경은 사람들의 악함을 설명할 때, 어떤 사람들은 다른 사람들보다 더 악하고 어떤 사람들은 다른 사람들보다 덜 악하다고 차등을 두지 않습니다. 모든 사람이 다 악하며 모든 사람이 스스로는 회복할 수 없는 상태에 놓여 있다고 말합니다.

그래서 로마서 3장 10-12절은 이렇게 기록합니다.

> 의인은 없나니 하나도 없으며… 다 치우쳐 한 가지로 무익하게 되고 선을 행하는 자는 없나니 하나도 없도다(롬 3:10-12).

이것이 이 땅에 태어나는 모든 사람의 실제 상태입니다. 마태복음 15장에서 예수님도 모든 사람에 관하여 이렇게 말씀하셨습니다.

> 사람의 마음에서 나오는 것은 악한 생각과 살인과 간음과 음란과 도적질과 거짓 증거와 훼방이니(마 15:19).

야곱은 사람의 이런 상태를 좀 더 극적으로 잘 보여주는 한 사람일 뿐, 사실 우리 모두는 다 똑같은 사람입니다.

또한 야곱의 가정 이야기는 이 땅에 태어나는 모든 사람이 살아가는 삶의 환경이 얼마나 불완전하고 비참한지를 보여주는 그림입니다. 이 땅에 태어나는 모든 사람은 야곱처럼 불완전한 가정, 불완전한 학교, 불완전한 교회, 불완전한 직장, 불완전한 국가 속에서 평생을 살아갑니다. 물론 사람마다 처한 환경이 상대적으로 다를 수는 있습니다. 어떤 사람은 부유하고 안정적인 가정에서 태어나 유복하게 살 수 있습니다. 어떤 사람은 가난하고 불안한 가정에 태어나 힘들게 살 수 있습니다.

그러나 사람들이 살고 있는 가정과 학교와 교회와 직장과 국가라는 것은 아무리 잘나 봐야 불완전하고 타락한 환경일 뿐입니다. 야곱의 가정이 야곱을 더 심각하게 망가뜨리는 장소가 되었던 것처럼 사람들이 살아가는 모든 환경은 사람들이 가지고 태어난 죄와 부패함을 고치기는커녕 오히려 더 악화시킬 수밖에 없는 환경에 불과합니다.

한번 생각해 보십시오.

사람들은 태어날 때부터 죄와 허물로 심각하게 고장 나 있기 때문에 정말 순수하고 완전한 곳에서 평생 치료를 받아도 시원찮은데 그들이 살고 있는 모든 환경마저도 죄와 허물로 오염되어 있고 그들이 함께 살고 있는 모든 사람들도 죄와 허물로 오염되어 있기 때문에 이 세상에서 오래 살면 살수록 있던 병이 더 깊어지고 없던 병까지 더 얻어서 더 심각한 죄와 부패함 가운데 빠지지 않을 수 없는 그런 상황입니다.

오늘 본문은 야곱의 출생과 성장 배경을 우리에게 살짝 보여주면서 우리 모든 사람이 심하게 망가진 상태로 태어나서 망가진 환경 속에 살고 있다는 것을 일깨워 줍니다. 오늘 본문은 야곱의 못된 성격과 야곱의 못난 가정을 비난하는 것이 아니라 모든 사람의 현실을 안타까움으로 보여줍니다.

성도 여러분!

사람답게 살기 위해서는 제일 먼저 이것을 분명하게 알고 있어야 합니다. 어떤 사람들은 사람답게 살려면 먼저 자기의 뿌리를 알아야 한다며, 자기 조상이 어떤 사람들이었는지를 알려고 족보를 뒤집니다. 어떤 사람들은 사람답게 살려면 많은 공부를 해야 한다고 생각하면서 학문에 정진합니다.

그러나 여러분!

우리가 정말로 알아야 할 우리의 뿌리는, 우리가 정말로 배워야 할 진리는 오늘 본문이 우리에게 보여주고 있는 바 모든 사람이 처한 두 가지 근본적인 상태입니다.

첫째, 우리는 태어날 때부터 우리가 생각하는 것보다 훨씬 더 악하고 부패한 상태로 태어났습니다.

둘째, 우리가 살게 되는 모든 환경도 죄로 심하게 오염되어 있어서 우리는 계속 더 악해지고 더 망가질 수밖에 없습니다.

이것을 바로 알아야 사람답게 살 수 있는 기초가 마련됩니다.

그런데 야곱은 인생을 살면서 이것을 제대로 알지 못했습니다. 야곱은 이것을 심각한 문제로 생각하지 않았습니다. 야곱은 아버지로부터 더 많은 재산을 물려받고 그것을 기반으로 더 많은 돈을 벌고 예쁜 여자와 결혼하고 자식을 많이 낳고 건강하게 오래오래 살면 그것으로 다 되는 줄로 알았습니다. 야곱은 형 에서가 가지고 있다는 장자권을 빼앗기만 하면 자기의 인생이 행복으로 가득 찰 줄로 생각하였습니다.

그래서 야곱에게는 시편 51편 5절에서 시편 기자가 토해냈던 고백이 없었습니다.

> 내가 죄악 중에 출생하였음이여 모친이 죄 중에 나를 잉태하였나이다
> (시 51:5).

또한 야곱에게는 로마서 7장에 기록된 사도 바울의 탄식도 없었습니다.

> 오호라 나는 곤고한 사람이로다. 이 사망의 몸에서 누가 나를 건져내랴?(롬 7:24)

그 결과는 무엇이었습니까?

야곱은 세상에 태어날 때 가지고 태어난 그 못된 성품들을 거의 100년 가까이 그대로 가지고 살았습니다. 77세의 나이에 하란으로 야반 도주를 하여 그후 20년의 세월을 보내면서 하나님의 연단을 받아 변화되기 전까지 야곱은 심하게 뒤틀리고 왜곡된 삶을 살았습니다.

아니, 죄로 오염된 이 세상에 살면서 그 못된 성품들이 더욱 더 악화되어 결국 야곱은 자기 자신만 생각하는 이기적인 괴물이 되었고, 아버지와 사이가 안 좋은 못된 엄마와 손을 잡고 늙고 눈먼 아버지를 속이고 형이 물려받을 유산을 가로채 결국 가정을 풍비박산 나게 만든 세상에서 가장 파렴치한 괴물이 되어버렸습니다.

그리고 그 결과로, 평생 꿈꾸던 성공이나 행복은 고사하고 오랜 세월 불행과 고통을 겪는 비참한 삶을 살아야만 했습니다.

성도 여러분은 어떻습니까?

여러분은 여러분의 뿌리, 이 땅에 사람으로 살아가는 모든 사람의 뿌리를 정말 정확하게 알고 있습니까?

그래서 여러분은 야곱과 달리, 인생의 궁극적인 목표는 돈이나 성공이나 건강이 아니라 우리가 태어날 때부터 가지고 태어난 모든 죄악에서 건짐을 받고 우리를 더 추악한 괴물로 만드는 모든 환경으로부터 구원을 얻는 것임을 분명하게 알고 있습니까?

그래서 여러분은 사도 바울처럼 "오호라 나는 곤고한 사람이로다. 이 사망의 몸에서 누가 나를 건져내랴?"라고 외치면서 여러분을 정말로 부패한 본성에서 구원해 주고 온전하게 변화시켜 줄 구원자를 찾습니까?

그래서 여러분은 비록 이 땅에서 완전한 사람이 될 수는 없지만 온전한 사람으로 계속 변화를 경험하고 있습니까?

여러분은 여러분의 뿌리, 이 땅에 사람으로 살아가는 모든 사람의 뿌리를 정말 정확하게 알고 있습니까?

그래서 여러분은 야곱처럼 자기 잘난 맛에 살지 않고 다른 사람을 늘 이겨 보려고 애쓰지 않고 다른 사람들을 진심으로 불쌍히 여기는 마음을 가지고 있습니까?

"저 사람, 정말 못된 사람이야. 저런 사람은 사람도 아니야"라고 말하고 싶지만, 그 사람도 알고 보면 여러분과 똑같이 죄로 심각하게 오염된 상태로 태어나서 죄로 심각하게 오염된 가정과 학교, 직장과 교회에서 계속 오염되어 그렇게 망가져 있다는 사실을 기억하고 오히려 그 사람을 불쌍히 여기십니까?

그래서 여러분은 가정에서, 교회에서, 직장에서 다른 사람들을 잘 이해해 주고 품어주는 그런 삶을 살고 있습니까?

만일 우리 모두가 오늘 본문의 말씀이 그림처럼 보여주고 있는 모든 사람의 근본적인 상태를 정말로 이해하고 그것을 심각하게 생각한다면, 그리고 인생을 살아갈 때 더 많은 돈이나 더 큰 성공이 아니라 서로의 이 근본적인 상태에서 벗어나기 위해서 진정한 구원을 추구한다면, 그리고 똑같은 처지에서 약간 정도의 차이만 나는 서로를 진심으로 불쌍히 여긴다면, 우리가 살고 있는 이 세상은 크게 다른 모습이 될 것입니다.

야곱처럼 헛된 것을 추구하며 인생의 대부분을 낭비하는 미련한 사람들도 줄어들 것이고, 다른 사람을 해치고 서로 비난하고 미워하는 일도 줄어들 것입니다. 그러므로 오늘 본문이 보여주고 있는 인간의 근본적인 모습을 결코 잊지 말아야 합니다. 이것을 바탕으로 우리 자신의 인생도 바라보고 다른 사람의 인생도 바라볼 줄 알아야 합니다.

그런데 오늘 본문에서 우리는 정말 못된 야곱도 보지만 하나님도 보게 됩니다. 오늘 본문에 보면, 리브가는 뱃속에서 싸우는 쌍둥이 때문에 고민하다가 하나님께 나아가 뱃속에 있는 아기들에 대해서 묻습니다. 그때 하나님은 리브가에게 이렇게 대답하셨습니다.

> 두 국민이 네 태중에 있구나. 두 민족이 네 복중에서부터 나누이리라. 이 족속이 저 족속보다 강하겠고 큰 자는 어린 자를 섬기리라(창 25:23).

하나님은 뱃속에서 싸우는 쌍둥이 아들 중에서 인간적으로 볼 때 더 못되고 악랄한 야곱을 택하셔서 그를 더 크고 강한 자로 만드실 놀라운 계획을 그때 이미 세워놓고 계셨습니다. 사람들은 하나님의 이런 선택에 대해서 못마땅하게 생각할 수 있습니다. 그러나 하나님은 온 우주의 주인으로서 주권을 가지고 계시기 때문에 자신의 뜻대로 행하실 수 있는 권리가 있습니다. 우리는 감히 그 권리에 도전할 수 없는 피조물입니다.

로마서 9장에서 사도 바울은 이 일을 '사랑'이라는 차원으로 다시 설명합니다.

> 리브가에게 이르시되 큰 자가 어린 자를 섬기리라 하셨나니 기록된 바 내가 야곱은 사랑하고 에서는 미워하였다 하심과 같으니라(롬 9:12-13).

그러니까 야곱이 이 땅에 태어나기 전부터, 야곱이 엄마의 뱃속에 있을 때부터, 하나님은 그 못된 야곱을 아무 조건 없이 사랑의 대상으로 선택하셨고, 평생 사랑하기로 작정하셨고, 그 사랑을 그때부터 베풀기 시작하셨다는 것입니다. 하나님의 선택은 대기업에서 사원을 모집하고 선발하는 그런 차원의 선택이 아닙니다. 하나님의 선택은 하나님의 주권적인 사랑에서 비롯되는 선택입니다. 이것이 오늘 본문이 우리에게 중요하게 보여주는, 우리가 반드시 보아야 할 두 번째 진리입니다.

물론 하나님께서 야곱에게 처음 나타나셔서 자기의 선택과 사랑을 분명하게 보여주신 때는 야곱이 77살 되었을 때입니다.

야곱이 늙은 아버지를 속이고 형을 노엽게 해서 멀리 외삼촌의 집으로 도망가던 날 밤중에 하나님은 처음으로 야곱에게 나타나셔서 명확하게 말씀하셨습니다.

"내가 너를 보호해 줄 것이다. 내가 너에게 복을 줄 것이다."

하지만 야곱을 향한 하나님의 선택과 사랑과 보호는 그날 처음으로 갑자기 시작된 것이 아니었습니다.

오늘 본문을 보십시오.

야곱이 엄마 뱃속에 있었을 때부터, 야곱이 이 세상에 태어나기 전부터, 야곱이 하나님의 사랑을 알기 전부터, 이미 하나님은 야곱을 아셨고 사랑하기로 작정하셨고 위대한 계획을 세워놓으셨습니다. 하나님의 사랑은 우리가 이 세상에 존재하기 전부터 이미 시작된 매우 오래된 사랑이었던 것입니다.

어떤 사람들은 이렇게 반문할지도 모릅니다.

"아니, 하나님이 야곱을 엄마 뱃속에서부터 사랑하셨다면, 왜 그렇게 긴 세월 동안 야곱을 그냥 내버려 두셨습니까?"

글쎄요. 성경은 그 이유를 명확하게 설명하고 있지 않습니다. 그러므로 우리는 그 질문에 대해서 함부로 대답할 수 없습니다. 하지만 성경이 우리에게 명확하게 가르쳐 주는 것이 있습니다. 그것은 하나님의 사랑이 언제나 영원한 사랑이라는 것입니다. 그렇기 때문에 하나님의 사랑은 한 번 시작되면 중단 되는 법도 없고 변하는 법도 없습니다.

그러므로 하나님은 야곱이 일흔일곱이 될 때까지 한순간도 빠짐없이 우리가 알지 못하는 방식으로 야곱을 사랑하고 돌보셨을 것입니다.

예를 들면, 야곱이 그래도 믿음의 가정에서 뛰쳐나가지 않고 야곱이 그래도 더 악한 사람이 안 되도록 막아주시는 일을 하나님이 77년 동안 행하지 않으셨을까요?

마침내 하나님이 자기의 선택과 사랑과 보호를 명확하게 드러내기에 가장 적절한 시간이라고 판단하신 날에 하나님은 야곱에게 먼저 찾아오셨습니다. 야곱이 장자권과 관련하여 아버지를 속인 후에 에서는 야곱을 죽이려고 했습니다. 그래서 야곱은 외삼촌 라반이 살고 있는 하란으로 도망을 가게 됩니다. 바로 그때 하나님은 야곱에게 친히 나타나셨습니다.

야곱은 가장 심하게 고장이 나서 가장 큰 잘못을 저지르고 가장 큰 위기에 빠져 있을 그때에도 하나님을 찾을 생각을 하지 못했습니다. 그저 도망가기에 바빴습니다. 잠잘 시간은 있어도 기도할 마음은 없었습니다.

그러나 야곱이 엄마의 뱃속에 있을 때부터 그를 선택하고 사랑하신 하나님은 먼저 야곱에게 찾아오셨고, 야곱의 고장 난 마음과 삶을 하나하나 고쳐주시기 시작하셨으며, 야곱의 남은 평생 그 일을 꾸준히 하셨습니다.

오늘 분문에서 이렇게 못되고 추악한 모습을 하고 있는 야곱이 나중에 어떤 사람으로 변했는지 창세기를 읽어보십시오.

야곱은 형의 발뒤꿈치를 잡고 태어난 사람이었습니다. 그래서 그는 언제나 자기에게 필요하고 유익한 것이 있으면 수단과 방법을 가리지 않고 그것을 자기 손에 넣고야 마는 탐욕스럽고 이기적인 사람이었습니다. 욕심 있는 사람도 꼴 보기 싫은데 야곱은 욕심에다 무서운 집착까지 지닌 사람이었습니다.

그러나 하나님의 손에서 연단을 받은 야곱은 나중에 모든 것을 다 내려놓고 오직 하나님만 붙드는 사람이 됩니다. 인간의 근본적인 비참함에서 건져주시는 하나님의 구원을 생각도 안 하고 살던 그가 노년에는 다음과 같이 고백하게 됩니다.

여호와여, 나는 주의 구원을 기다리나이다(창 49:18).

세월이 야곱을 그렇게 성숙하게 변화시켰다고 말하지 마십시오.

세월은 우리의 기억을 희미하게 할 수는 있지만 우리 마음에 새겨진 부패한 본성을 희미하게 만들지는 못합니다. 하나님께서 야곱의 인격과 삶을 그렇게 변화시켜 주신 것입니다. 야곱은 태어날 때부터 심각하게 고장 나서 회복이 불가능한 사람이었지만, 야곱의 가정과 모든 환경은 야곱의 그런 상태를 더욱 더 악화시켜서 야곱을 무서운 괴물로 만들었지만, 야곱이 가장 심하게 망가졌을 때 하나님은 그렇게 야곱의 인격과 삶을 회복시켜 주셨습니다.

성도 여러분!

하나님은 야곱을 찾아가셔서 죄를 용서해 주시고 나중에 천국에서 만나자고 하시며 야곱을 떠나가지 않으셨습니다. 하나님은 야곱의 인격과 삶을 불쌍히 여기시고 야곱의 인격과 삶을 사랑하셔서 그렇게 야곱을 붙들고 회복시켜 주신 것입니다.

성도 여러분!

성경이 말하고 있는 하나님은 이런 분이십니다. 하나님은 인간으로서는 도저히 이길 수 없는 가난과 질병과 죽음이라는 문제를 끌어안고 힘들게 사는 우리에게 찾아오셔서 우리가 느끼는 불안함을 이용하여 우리로 하여금 자기를 믿고 섬기면 그 모든 문제를 해결 받을 수 있다고 우리를 몰아가시는 치사한 분이 아니십니다.

또한 하나님은 우리의 죄가 자꾸 자기 눈에 거슬리니까 어떻게든 그 거슬리는 죄를 치워서 없애려고 우리의 죄만 자꾸 문제로 삼으면서 우리에게 죄를 회개하고 죄를 용서받고 천국에 들어오라고 윽박지르는 속 좁은 분도 아니십니다. 하나님을 그런 분으로 착각하고 괜히 하나님을 싫어하고 미워하는 분들이 세상에 많이 있습니다. 그러나 그것은 얼토당토 않은 오해입니다.

야곱의 하나님을 보십시오.

하나님은 엄마 뱃속에서부터 죄와 허물로 심하게 망가져서 태어나는 우리를 불쌍히 여기셔서 엄마 뱃속에 있을 때부터 우리를 사랑하기로 작정하시는 하나님이십니다. 하나님은 우리를 둘러싸고 있는 모든 환경이 우리의 타고난 죄와 부패한 본성을 더 심하게 악화시키는 것을 안타깝게 여기시고 우리가 그런 환경 속에서 완전하게 망가지는 것을 여러 가지로 막아주시는 하나님이십니다.

그리고 하나님은 가장 적절한 때에 우리의 삶으로 깊이 들어오셔서 평생 동안 우리의 인격과 삶을 회복시켜 주시는 하나님이십니다. 이처럼 하나님은 엄마 뱃속에서부터 무덤까지 우리의 인격 전체와 우리의 인생 전체를 붙드시고 우리를 사랑하시며 돌봐주시는 하나님이십니다.

성도 여러분!

성경은 여러 곳에서 이런 진리를 우리에게 계시해 주고 있습니다. 시편 139편 15-16절에서 성령의 감동을 받은 시편 기자는 이렇게 고백합니다.

> 내가 은밀한 데서 지음을 받고 땅의 깊은 곳에서 기이하게 지음을 받은 때에 나의 형체가 주의 앞에 숨기우지 못하였나이다. 내 형질이 이루기 전에 주의 눈이 보셨으며 나를 위하여 정한 날이 하나도 되기 전에 주의 책에 다 기록이 되었나이다 (시 139:15-16).

물론 하나님은 우리 한 사람 한 사람에게 이런 사실을 직접 말씀해 주지는 않으십니다. 대신 성경에 이렇게 분명한 기록으로 남겨놓으심으로써 우리가 하나님의 그런 사랑을 믿고 의지하도록 하십니다. 그러므로 시편 139편 15-16절 말씀을 다른 사람의 이야기로 듣지 마십시오.

을 정말로 믿고 신뢰하는 사람에게는 큰 차이가 있습니다.

성도 여러분!

이 세상에서도 보험을 들어놓고 사는 사람을 보면, 그런 사람은 자기의 전부를 보험회사에 맡기지 않습니다. 그냥 매달 일정액의 돈만 납부하고 맙니다. 그것이 전부입니다. 보험회사와 인격적인 관계를 맺는 것도 아닙니다. 사고가 날 때만 연락을 하고 돈을 받아내는 데만 관심이 있을 뿐입니다.

하나님에게 보험을 들어놓고 사는 사람도 그와 비슷합니다. 하나님을 보험회사로 생각하는 사람들은 자신의 인격 전체와 인생 전체를 하나님께 다 맡기지 않습니다. 그냥 어려운 일이 있을 때 하나님을 찾아가기 불편하지 않을 정도로만 하나님과 형식적인 관계를 맺을 뿐입니다.

그러나 야곱의 하나님을 진실하게 믿고 신뢰하는 사람은 자기의 인격과 삶 전체를 하나님께 의지하면서 살아갑니다. 죄로 인해서 이미 심하게 망가져 있고 이 세상에서 계속 오염되어서 더 망가진 자기의 부서진 인격과 부서진 삶을 늘 하나님 앞으로 가지고 나아가서 하나님이 베풀어 주실 수 있는 진정한 용서와 온전한 회복과 놀라운 구원과 영원한 사랑을 겸손히 간구합니다. 이것이 하나님을 진짜로 믿는 삶입니다.

시편 146편 5절은 이런 믿음의 삶을 사는 사람을 복이 있다고 말합니다.

> 야곱의 하나님으로 자기 도움을 삼으며 여호와 자기 하나님에게 그 소망을 두는 자는 복이 있도다(시 146:5).

여러분에게는 이런 믿음이 정말로 있습니까?

성도 여러분!

하나님이 이런 사랑으로 여러분의 삶 속에 찾아오실 때, 하나님의 그 사랑을 결코 무시하거나 외면하지 마십시오.

비록 하나님이 여러분의 인생의 중반이나 후반에 찾아오셔서 여러분의 삶에 개입하신다고 하더라도, 그것은 갑자기 결정된 일이 아닙니다. 하나님이 이 세상을 구경하시다가 갑자기 여러분이 눈에 들어와서 한번 접근해 보시는 것이 결코 아닙니다.

하나님은 야곱이 태어나기도 전부터 그를 택하셨고 그를 사랑하셨던 것처럼 여러분이 이 세상에 태어나기 전부터 여러분을 택하셨고 사랑하셨기에 그 사랑이 여러분의 삶 속에 들어온 것입니다.

그러므로 이 큰 사랑을 외면하지 마시고 야곱의 하나님께 여러분의 모든 인격과 삶을, 여러분의 과거와 현재와 미래를 다 맡기십시오.

이 세상에 태어날 때 심각하게 고장 나 있어서 내 스스로의 힘이나 노력으로, 혹은 교육이나 훈련으로도 도저히 바꾸어 놓을 수 없는 우리, 그리고 가정과 학교와 직장과 교회에서 계속 망가진 사람들과 접촉하고 오염되어 더 심하게 망가질 수밖에 없는 우리, 그리고 그렇게 망가진 상태로 쉴 새 없이 죄를 짓고 하나님의 진노를 머리 위에 쌓아갈 수밖에 없는 우리, 그런 우리를 불쌍히 여기시고 엄마의 뱃속에서부터 우리를 사랑하기로 작정하시고 그 신비한 지혜 가운데 평생을 쉬지 않고 우리의 마음과 삶에 역사하시는 하나님을 믿으십시오.

그리고 하나님의 사랑과 돌봄에 깊이 감사하십시오.

야곱의 하나님은 오늘도 죄인들의 구원자가 되시며 소망이 되십니다.

아멘!

제3장

세상에서 제일 이상한 거래
(창 25:27-34)

²⁷그 아이들이 장성하매 에서는 익숙한 사냥군인고로 들사람이 되고 야곱은 종용한 사람인고로 장막에 거하니 ²⁸이삭은 에서의 사냥한 고기를 좋아하므로 그를 사랑하고 리브가는 야곱을 사랑하였더라 ²⁹야곱이 죽을 쑤었더니 에서가 들에서부터 돌아와서 심히 곤비하여 ³⁰야곱에게 이르되 내가 곤비하니 그 붉은 것을 나로 먹게 하라 한지라 그러므로 에서의 별명은 에돔이더라 ³¹야곱이 가로되 형의 장자의 명분을 오늘날 내게 팔라 ³²에서가 가로되 내가 죽게 되었으니 이 장자의 명분이 내게 무엇이 유익하리요 ³³야곱이 가로되 오늘 내게 맹세하라 에서가 맹세하고 장자의 명분을 야곱에게 판지라 ³⁴야곱이 떡과 팥죽을 에서에게 주매 에서가 먹으며 마시고 일어나서 갔으니 에서가 장자의 명분을 경홀히 여김이었더라(창 25:27-34).

오늘 본문 말씀에는 어느 정도 성장한 야곱과 에서의 행동에 관한 기록입니다. 쌍둥이 형제인 에서와 야곱은 성장하였습니다. 형 에서는 시간만 있으면 들판을 휘젓고 다니면서 사냥을 하는 사람이 되었고 동생 야곱은 언제나 집안에 틀어박혀 얌전하게 지내는 사람이 되었습니다.

그런데 어느 날 에서가 사냥을 마치고 집으로 돌아왔는데 때마침 집에 있던 야곱이 죽을 쑤고 있었습니다. 성경은 그 죽을 '붉은 죽'(30절), 또는 '팥죽'(34절)이라고 설명합니다. 사냥하느라 배가 고팠던 에서는 그 죽을 자기에게 달라고 야곱에게 부탁합니다.

여기까지는 참 평범한 이야기입니다. 어느 가정에서나 이와 비슷한 일은 얼마든지 일어날 수 있습니다. 동생이 집에 하나 남아 있는 라면을 끓여 먹으려는데 형이 들어와서 자기가 배고파 죽겠으니 먹게 해달라고 말하는 것, 얼마든지 가능한 일입니다.

그런데 그 다음부터가 굉장히 이상합니다. 먼저, 야곱의 반응이 예사롭지 않습니다.

"형이 장자의 명분을 나한테 팔면 내가 팥죽을 주겠다"(29절).

아브라함의 집안에서 '장자의 명분,' '장자권'이라는 것은 집안에서 제일 먼저 태어난 아들이 가지고 있는 특별한 권리인데, 부모로부터 복을 받되 유산을 물려받을 때 다른 자식보다 두 배를 물려받고, 가족의 영적 지도자 역할도 할 수 있는 권리였습니다.

더 중요한 사실은 그것은 하나님께서 큰 아들에게 주시는 특별한 복이었다는 것입니다. 그런데 지금 야곱은 그것을 놓고 형과 거래를 하고 있는 것입니다. 그것도 팥죽 한 그릇을 놓고 그러는 것입니다. 오늘 한국적인 표현으로 재구성을 하자면, 동생이 라면 한 그릇을 끓여놓고 형에게 라면을 먹고 싶으면 집문서를 내놓으라고 말하는 것이나 같습니다.

그런데 형 에서의 반응도 놀랍기는 마찬가지입니다. 32절에 보면, 에서는 이렇게 말합니다.

내가 죽게 되었으니 이 장자의 명분이 내게 무엇이 유익하리요?(창 25:32)

에서의 말이 얼마나 어이없는 말인지 생각해 보십시오.

"내가 죽게 되었으니."

아니, 사냥하다가 돌아와서 배가 좀 고픈 것을 가지고 당장 죽게 되었다고 말하다니요.

과장이 너무 지나칩니다.

더구나 야곱의 팥죽이 아니어도 집에 맛있는 음식이 얼마나 많이 있었을 텐데, 굳이 그 팥죽을 먹어야만 살 것 같다고 말하다니요.

괜히 동생을 괴롭히려는 형의 심술이 여기에 배여 있는 것처럼 보입니다. 하지만 가장 어이없는 일은 에서가 야곱의 제안을 받아들여서 하나님의 특별한 복인 장자의 복을 그깟 팥죽 한 그릇에 아무런 주저함도 없이 팔아버렸다는 것입니다. 참 기가 막힌 일입니다.

그런데 그 이후에 일어나는 일은 더욱 더 기가 막힙니다. 야곱은 형 에서를 믿지 못해서 "오늘 내게 맹세하라"(33절)고 말합니다. 맹세한다는 것은 자기의 목숨을 담보로 내놓고 하나님을 증인으로 내세워서 자기의 진실함을 보증하는 것인데 야곱은 형 에서에게 그것을 요구한 것입니다.

이 얼마나 기막힌 일입니까!

그런데 이번에도 에서는 한 순간도 주저하지 않고 야곱이 시키는 대로 맹세를 합니다. 그리고 야곱의 손에서 팥죽을 받아들고 정신없이 먹습니다. 다 먹고 나서는 마치 아무 일도 없었다는 듯이 그냥 가버립니다.

이 얼마나 기막힌 일입니까!

아무리 먹을 것이 없어서 라면 하나를 놓고 다툰다고 해도 이런 식으로 맹세를 하고 이런 식으로 장자권을 팔아버리는 일은 하지 않을 것입니다. 그런데 야곱과 에서는 아무렇지도 않게 그렇게 했습니다.

그런데 오늘 본문 말씀을 해석하는 데 있어서 우리가 주의해야 할 것이 있습니다. 오늘 본문만 들여다보면서 성급하게 어떤 결론을 내려서는 안 된다는 것입니다. 오늘 본문만 들여다보면 야곱은 하나님의 특별한 복인 장자권을 소중히 여기고 사모하였고 에서는 하나님의 장자권을 소홀히 여겼다는 것만 보입니다.

그래서 에서는 정말 못된 사람이고 야곱은 상대적으로 괜찮은 사람이라고 결론을 내리게 됩니다. 그래서 우리는 절대로 에서와 같은 사람이 되어서는 안 되고, 오히려 야곱과 같은 사람이 되어야 한다고 적용을 하게 됩니다. 물론 이런 해석과 적용이 아주 잘못된 것은 아닙니다.

우리는 에서와 같은 사람이 되어서는 안 됩니다. 히브리서 12장에서 사도는 우리에게 에서와 같은 사람이 되어서는 안 된다고 분명하게 말합니다.

> 혹 한 그릇 식물을 위하여 장자의 명분을 판 에서와 같이 망령된 자가 있을까 두려워하라(히 12:16).

하지만 그렇다고 해서 우리는 야곱과 같은 사람이 되어야 하는 것일까요?

성경을 보면, 에서와 같은 사람이 되어서는 안 된다는 말씀은 있지만 야곱과 같은 사람이 되어야 한다는 말씀은 없습니다.

왜 그럴까요?

오늘 본문 말씀은 앞서 기록된 말씀에 비추어서 해석하고 적용해야 정확한 메시지를 찾을 수 있습니다. 지난번에 살펴보았지만, 리브가가 에서와 야곱을 임신했을 때, 하나님께서 리브가에게 뭐라고 말씀하셨습니까?

> 두 국민이 네 태중에 있구나. 두 민족이 네 복중에서부터 나누이리라.

이 족속이 저 족속보다 강하겠고 큰 자는 어린 자를 섬기리라(창 25:23).

바로 이 말씀을 배경으로 세워놓고 오늘 본문의 사건을 살펴보아야 오늘 본문의 이야기를 정확하게 해석할 수 있습니다.

이 말씀을 자세히 들여다보면, 본래 하나님의 특별한 복인 장자의 명분은 제일 먼저 태어난 아들이 갖는 것인데 하나님은 동생 야곱을 선택하셔서 그에게 장자의 권리를 주겠다고 선언하셨습니다. 에서와 야곱이 태어나기 전에 하나님이 그렇게 하셨습니다.

그렇다면 에서와 야곱 중에 실제로 장자권을 가지고 있는 사람은 누구입니까?

예, 눈에 보이는 것만 볼 수 있는 사람들의 눈에는 당연히 형 에서가 장자권을 가지고 있는 것처럼 보입니다. 형 에서가 먼저 태어났으니까 장자권은 당연히 형 에서에게 있다고 본 것입니다.

그러나 실제로는 동생 야곱이 장자권을 가지고 있었습니다. 하나님께서 그 복을 야곱에게 주기로 결정하셨기 때문에 실제로는 동생 야곱이 장자권을 가지고 있었던 것입니다. 엄마 뱃속에 있을 때부터, 태어나는 순간에도, 성장하는 과정에서도, 그리고 어른이 된 오늘 본문에서도 장자권은 동생 야곱에게 있었습니다.

성도 여러분!

이런 배경을 생각하고 본문 말씀을 다시 한번 생각해 보십시오.

오늘 본문에서 지금 무슨 일이 일어나고 있는 것입니까?

단순히 욕심 많은 동생이 형이 받게 될 특별한 복을 팥죽 한 그릇으로 빼앗는 일입니까?

하나님의 복을 소홀히 여기는 형이 팥죽 한 그릇 먹겠다고 하나님의 복을 동생에게 헐값에 팔아넘기는 일입니까?

둘 다 아닙니다. 오늘 본문에서 진짜로 일어나고 있는 일은 장자권을 가지고 있는 야곱이 장자권이 없는 에서에게 장자권을 팔라고 매달리는 것이고, 장자권이 없는 에서가 장자권을 가지고 있는 야곱에게 거드름을 피우면서 장자권을 판 것입니다.

그러니까 오늘 본문에 기록된 거래가 특별하게 이상한 이유는 팥죽 한 그릇에 장자권이라는 어마어마한 특권이 거래되었기 때문이 아닌 것입니다.

야곱을 생각해 보십시오.

야곱은 태어난 순서로 보면 둘째 아들이었고 아버지의 인정을 받지 못하는 아들이었습니다. 하지만 하나님은 야곱이 엄마 뱃속에 있었을 때부터 야곱을 선택하셨고 장자의 축복을 그에게 주기로 결정하셨습니다. 하나님의 선택과 결정은 결코 변할 수 없는 것이었기 때문에 하나님은 그 사실을 야곱의 엄마인 리브가에게 알려주셨습니다.

> 큰 자가 어린 자를 섬기리라(창 25:23).

틀림없이 리브가는 하나님의 선택과 결정을 야곱에게 알려주었을 것입니다. 아버지의 사랑을 형에게 빼앗기고 엄마의 그늘 아래서 자라는 아들 야곱에게 리브가는 하나님의 선택을 말해주었을 것입니다. 그러면 야곱도 어느 때부터는 하나님이 자기를 선택하셨고 장자의 복이 자기 것임을 알았을 것입니다.

그렇다면, 야곱이 장자권과 관련해서 마땅히 취해야 할 태도와 행해야 할 일은 무엇이었습니까?

태어날 때 둘째로 태어났기 때문에 장자권을 가질 수 없는 자기를 오히려 장자로 택해주신 하나님의 은혜에 대한 깊은 감사의 마음을 품었어야 했습니다. 그리고 하나님께서 자신을 장자로 선택하셨고 약속하셨다면, 하나님께서 시작하신 일을 끝까지 이루실 것을 믿고 차분하게 하나님의 일하심을 기다려야 했습니다. 하나님의 선택과 결정이 자기의 삶에 실현될 때까지 하나님을 믿고 기다려야 했습니다.

그리고 한 걸음 더 나아가 자기에게 장자권을 빼앗긴 형 에서에 대한 미안한 마음을 느꼈어야 했습니다. 아주 어렸을 때는 이렇지 않았어도 어느 정도 철이 든 후에는 당연히 이런 태도를 취해야 옳았습니다.

그런데 야곱이 한 일이 무엇입니까?

야곱은 하나님의 선택과 결정에 대해 감사하는 마음도 없었습니다. 야곱은 하나님의 일하심을 믿는 마음도 없었습니다. 야곱은 하나님의 선택에서 밀려난 형에게 미안해하는 마음도 없었습니다.

야곱은 늘 형 에서를 보면서 어떻게 하면 형에게 있는 장자권을 빼앗아 내 것으로 만들 수 있을까 그런 궁리만 했습니다. 야곱은 하나님으로부터 받은 약속과 약속의 성취 사이에 서서 하나님의 일하심을 기다리지 못하고 자기 꾀로 방법으로 해결을 하려고 늘 몸부림쳤습니다.

오죽했으면 팥죽 한 그릇을 놓고 형에게 장자권을 팔라고 요구하고 그것도 모자라서 형에게 맹세까지 시켰겠습니까?

세상에 이렇게 못된 사람이 또 있을 수 있을까요?

오늘 본문에서 야곱은 참 영리한 사람인 것처럼 보입니다. 팥죽 한 그릇을 놓고 이렇게 저렇게 말을 잘 해서 형의 장자권을 순식간에 빼앗은 것처럼 보이니 말입니다. 하지만 실상은 다릅니다. 야곱이 팥죽 한 그릇으로 형에게서 장자의 권리를 사려고 했다는 것은 야곱의 마음이 얼마나 불안하고 초조했는지를 보여주는 증거입니다.

생각해 보십시오.

하나님이 자기를 선택하셨다는 사실을 알고 있으면서도 이렇게 해서라도 형의 장자권을 말로라도 빼앗지 않으면 견딜 수 없는 불안함이 야곱의 마음에 있었던 것입니다. 야곱이 형에게 각서를 받은 것도 아니고 거래 문서를 작성한 것도 아닙니다. 그냥 말로 다짐을 받은 것이 전부입니다.

그것도 아버지가 보는 앞에서 거래를 한 것도 아니고 형제가 팥죽 한 그릇을 놓고 말로 거래를 한 것인데 무슨 효과가 있겠습니까?

하지만 야곱은 이렇게라도 해야 할 만큼 불안했던 것입니다.

나중에 야곱은 아버지 이삭 앞에 서서 이런 주장을 하지 못합니다.

"아버지, 분명히 형이 저에게 장자의 권리를 팔았습니다. 그러니 당연히 제가 축복을 받아야 합니다. 저를 축복해 주십시오."

그러니까 야곱도 팥죽 한 그릇으로 형의 장자권을 산 일이 아버지 앞에서 아무런 효력이 없다는 것을 알았던 것입니다. 그래서 결국 야곱은 다른 방법이 없어서 자기를 에서처럼 꾸미고 벌벌 떨며 아버지 앞에 나아가서 아버지를 속이고 축복을 훔쳐야만 했던 것입니다.

그러니까 오늘 본문의 거래는 야곱에게 아무런 득도 안 되었던 것입니다. 오늘 본문의 거래는 야곱의 마음에도 효과가 없었고, 아버지 이삭 앞에서도 효력이 없었고, 하나님 앞에서도 아무런 효력이 없었던 것입니다. 야곱은 이 일로 형 에서의 장자권을 산 것이 아니었습니다.

야곱의 문제가 무엇인지 보이십니까?

야곱은 하나님이 자기를 선택하셨고 자기에게 장자의 축복을 주기로 결정하셨다는 것을 제대로 깨닫지 못하고 믿지 않았습니다. 그래서 하나님이 그 약속을 이루어주실 때까지 하나님을 잠잠히 기다릴 수 없었습니다. 그래서 자신이 여전히 둘째 아들이고, 아버지의 사랑을 받는 일에 있어서 형에게 밀리는 '낙오자'(loser)라는 생각을 떨쳐버리지 못했던 것입니다. 그래서 수단과 방법을 가리지 않고 자기의 꾀를 동원해서 조금이라도 더 장자권에 가까이 다가가려고 애썼던 것입니다.

그러므로 오늘 본문에서 우리는 야곱의 이런 불신앙을 보게 됩니다. 오늘 본문을 보면, 하나님의 축복을 사모하는 경건한 욕심이 있는 야곱처럼 보이지만 속을 자세히 들여다보면 불신앙에 가득찬 더러운 죄인의 모습을 보게 됩니다.

반면에 에서는 어떻습니까?

에서는 태어나기는 제일 먼저 태어나서 원래는 장자의 권리를 가져야 하는 사람이지만 하나님의 선택과 약속에 의해서 장자권을 받지 못한 사람이었습니다. 하지만 에서는 자기가 분명히 첫째 아들이고, 아버지도 자기를 너무나 특별하게 사랑하고 있었기 때문에 자신에게 장자의 권리가 있다고 생각했고, 그것을 한번도 의심하지 않았습니다. 동생 야곱이 늘 장자의 권리를 탐내고 있다는 것을 알았지만, 그것은 누가 빼앗는다고 빼앗기는 것이 아님을 알았기에 에서는 크게 신경 쓰지 않았습니다.

그런데 에서의 마음에는 자기 거라고 그렇게 철석같이 믿었던 장자의 권리를 진실로 소중히 여기는 마음이 없었습니다.

오늘 본문에서 에서가 야곱의 팥죽 한 그릇을 먹기 위하여 자기의 장자권을 판다고 말하고 맹세까지 한 데는 무슨 일이 있어도 장자의 권리는 자기 거라는 확신도 작용했지만, 하나님의 축복인 장자의 권리를 소중히 여기지 않고 하찮게 여기는 마음이 더 크게 작용을 했습니다. 오늘 본문 34절에서 성경이 뭐라고 결론을 내리는지 보십시오.

> 야곱이 떡과 팥죽을 에서에게 주매 에서가 먹으며 마시고 일어나서 갔으니 에서가 장자의 명분을 경홀히 여김이었더라(창 25:34).

에서는 장자의 명분을 라면 한 그릇보다 더 못하게 여겼습니다. 그래서 히브리서 기자는 이런 일을 행한 에서를 '망령된 자'라고 맹비난을 하는 것입니다.

> 혹 한 그릇 식물을 위하여 장자의 명분을 판 에서와 같이 망령된 자가 있을까 두려워하라(히 12:16).

생각해 보십시오.

아무리 배가 고파도 그렇지요!

이삭의 집이 보통 부자입니까!

집에 음식이 얼마나 많았겠습니까!

요리를 잘 하는 하인들도 얼마나 많았겠습니까!

그런데 그까짓 팥죽 한 그릇 먹겠다고 하나님의 복을 상징하는 장자의 권리를 팔아버리다니요!

사실, 에서는 장자의 축복을 달라고 하나님께 매달려야 할 사람이었습니다. 왜냐하면 첫 아들로 태어나기는 했지만 하나님의 선택과 결정에서 제외가 되어 장자의 권리를 가지고 있지 않았기 때문입니다. 그런데 오히려 팥죽 한 그릇에 장자의 권리를 팔아버리는 행동을 했으니 에서가 미쳐도 보통 미친 게 아닙니다. 지금 제가 욕을 하고 있는 게 아닙니다. 히브리서가 에서를 가리켜서 '망령된 자'라고 부른 것을 좀 더 쉬운 표현으로 그대로 말한 것입니다. 에서는 그런 사람이었습니다.

에서의 문제가 무엇인지 보이십니까?

에서는 자기가 분명히 첫째 아들로 태어났다는 외적인 사실에 취해 있었습니다. 자기가 아버지의 사랑을 독차지한 아들이라는 외적인 사실에 취해 있었습니다. 자기가 사냥도 잘 하고 여러 가지 기술도 많아서 얼마든지 성공할 수 있다는 외적인 사실에 취해 있었습니다.

그래서 사실은 자기에게 장자의 권리가 없는데도 자기에게 장자의 권리가 있다고 철석같이 착각하고 살았고, 장자의 권리를 자기 것으로 착각하고 살았지만 정작 하나님의 특별한 복인 장자의 권리는 소중히 여기지 않았습니다.

오늘 본문에서 우리는 에서의 망령됨을 봅니다. 에서는 야곱처럼 인격적으로 크게 흠이 있는 것 같지는 않지만 인격적인 결함보다 더 심각한 결함을 가지고 있었습니다.

그러므로 지금까지 말씀드린 내용을 종합해서 오늘 본문 말씀이 우리에게 말하고자 하는 메시지를 다시 한번 정리해 보십시오.

오늘 본문의 메시지는 다음과 같은 내용이 절대 아닙니다.

"에서는 하나님의 복을 소홀히 여기는 나쁜 사람이었고 야곱은 하나님의 복을 사모하는 신앙적인 사람이었다. 그러므로 너희는 에서처럼 살지 말고 야곱처럼 살아라."

아닙니다. 오늘 본문 말씀이 우리에게 말하고자 하는 진짜 메시지는 다른 내용입니다.

"하나님의 복을 받는 것과 관련하여 에서도 야곱도 실패한 사람이었다. 그런데 우리도 에서와 야곱처럼 실패할 수밖에 없는 사람이다. 하나님께서 불쌍히 여기시고 건져주지 않으시면 우리도 에서와 야곱처럼 평생 엉뚱한 짓만 골라서 할 사람이다."

여러분은 오늘 본문의 말씀이 우리에게 들려주는 이 메시지의 내용을 들을 때, 절로 고개가 끄덕여지십니까?

"다른 사람은 잘 몰라도 나를 볼 때 정말 그렇다. 우리는 하나님의 복과 은혜를 추구하면서 산다고 하지만 기껏해야 오늘 본문에 기록된 야곱의 모습이든지 아니면 오늘 본문에 기록된 에서의 모습밖에는 더 이상 나올 것이 없다. 하나님께서 정말로 우리를 불쌍히 여기시고 은혜를 주시지 않는다면, 오늘 본문에 기록된 야곱이나 에서밖에는 더 이상 다른 사람이 될 수 없다. 다른 사람은 잘 몰라도 나는 그런 사람이다."

이렇게 진심으로 생각하시고 진심으로 동의하십니까?

그리고 그런 상태에 있는 자기 자신 때문에 부끄러움을 느끼며 하나님의 은혜를 간절한 마음으로 바라게 됩니까?

우리는 얼마나 쉽게 야곱과 같은 삶을 살게 되는지 모릅니다.

한번 생각해 보십시오.

성경에 보면 하나님은 예수를 진실하게 믿는 모든 사람들에게 영원하고 참된 행복을 보장해 주셨습니다.

먼저, 하나님은 예수를 진실하게 믿는 모든 사람들을 자기의 자녀로 삼아주셨습니다. 오늘 본문 말씀의 표현대로 하면 하나님의 모든 영광과 복을 물려받을 장자로 삼아주셨다는 것입니다. 또한 하나님은 그 사람들이 이 땅에서 사는 동안에도 예수님 안에서 신령한 은혜와 복을 늘 공급받아서 시냇가에 심긴 나무처럼 시절을 따라 열매를 많이 맺는 복된 삶을 살게 될 거라고 약속해 주셨습니다. 또한 하나님은 영원한 생명과 천국의 모든 영광과 복을 기업으로 약속하셨습니다.

그런데 야곱의 삶에서 하나님의 약속이 금방 실현되지 않고 아주 천천히 실현되었던 것처럼 우리의 삶에서도 하나님의 약속은 한순간에 뚝딱 이루어지지 않습니다. 그래서 야곱처럼 우리도 오랜 세월을 둘째 아들로 서러움을 겪고 무시를 당하면서 이 세상을 살아가게 되어 있습니다. 경제적으로는 가난하고, 육신은 쉽게 병들고 무너지며, 세상의 기준에 비추어 볼 때 성공하지 못한 삶을 살고, 앞으로 어떻게 될지 알 수 없는 불안한 미래를 끌어안고 살아가게 됩니다.

이런 현실 속에서 살아갈 때, 우리 모두는 너무 쉽게 오늘 본문의 야곱처럼 생각하게 되고 야곱처럼 행동하게 됩니다. 하나님이 약속하신 복이 아직은 내 것이 안 되었고 앞으로는 더더욱 내 것이 안 될 것 같아 보이지만 하나님의 신실하심을 믿고 편안한 마음으로 기다려야 하는데 우리는 야곱처럼 너무 쉽게 불안함을 느낍니다.

내가 이대로 가만히 있으면 하나님의 약속하신 복은 영영 내 것이 안 될 수도 있다는 불안함에 시달립니다. 또 우리보다 앞서 가고 우리보다 큰 복을 받는 사람들이 있으면 괜한 비교의식에 빠지고 열등감을 느끼며 질투합니다.

다른 사람이 아무리 성공하고 복을 많이 받아도 하나님이 예수 그리스도 안에서 나에게 약속하신 복은 그런 사람들 때문에 결코 줄어들지 않는다는 것을 믿고 다른 사람들의 성공을 진심으로 축하해 주어야 하는데 우리는 그렇게 하지 못합니다. 그래서 야곱이 하나님의 일하심을 기다리지 못하고 자기 꾀로 형이 가지고 있는 장자의 권리를 사서 첫째 아들 행세를 해보려고 몸부림쳤던 것처럼, 우리도 어떻게 해서든 첫째 아들이 되고 첫째 아들의 삶을 살려고 몸부림을 칩니다.

그래서 일상적인 삶에서도, 신앙생활에서도, 열심히 살기는 하는데 삶의 목표가 우리도 모르게 잘못 설정됩니다. 우리에게 영원하고 참된 복을 약속하신 하나님을 더 깊이 알고 더 뜨겁게 사랑하고 더 순수하게 섬기는 것이 삶의 목표가 아니라 우리가 받고 싶고 누리고 싶은 복을 더 빨리 더 많이 받아서 더 오랫동안 누리는 데만 열심을 내게 됩니다.

그래서 세상 사람들과 다를 바 없이 복과 성공을 위해서 정신없이 달려가는 삶을 삽니다. 그리고 그것을 위해서는 무한경쟁에 뛰어들어서 가정에서는 다른 형제들과 경쟁하고, 학교에 가서는 다른 친구들과 경쟁하며, 교회에서는 다른 교우들과 경쟁하는 무서운 사람이 됩니다. 굉장히 신앙적인 것처럼 보이지만 정말 무서운 괴물이 되어 버립니다.

우리는 또 얼마나 쉽게 에서와 같은 삶을 살게 되는지요!

우리는 성경을 배우면서 예수를 진실하게 믿는 모든 사람에게는 하나님의 참되고 영원한 모든 복이 그 사람의 영원한 소유로 주어져 있다는 사실을 배웁니다.

그런데 우리는 예수님을 진실하게 믿는 것에는 진심어린 마음을 두지도 않고, 그저 내가 교회를 오래 다녔으니까, 내가 예수님을 믿는다고 고백하고 세례를 받았으니까, 아니면 그 동안 하나님이 내 삶에 많은 복을 주셨으니까, 당연히 나는 하나님의 복을 받은 사람이고 앞으로도 영원하고도 참된 복을 틀림없이 누리게 될 거라고 제멋대로 확신을 가지고 살아갑니다.

이렇게 에서처럼 우리는 예수님을 진실하게 믿는 것, 하나님을 진실하게 믿는 것을 너무나 가볍게 생각하기 때문에 우리 자신의 신앙에 대해서 진지하게 생각하지 않습니다. 나는 세례를 받았고 천국에 갈 거라는 희망을 가지고 있으니까 일단 급한 불은 껐다고 생각하고 그 이상으로 자신의 신앙을 진지하게 생각하지 않습니다. 또 에서처럼 우리는 우리가 하나님의 영원하고도 참된 복을 소유하고 있다는 확신을 너무나 쉽게 가집니다. 사실은 하나님이 예수님을 통해서 우리에게 주시는 신령한 복들을 가지고 있지도 않으면서 나는 복을 많이 받은 사람이라고 착각하고 살아갑니다.

그래서 결국 우리는 현실에서 복을 받고 누리는 것에는 굉장히 민감하지만 하나님이 우리에게 주시는 영원하고도 참된 복은 정말로 소중히 여기지 않습니다. 그래서 돈을 더 많이 벌 수 있는 기회가 생기면, 세상에서 더 크게 성공할 수 있는 기회가 생기면, 세상의 즐거움을 더 크게 맛볼 수 있는 기회가 생기면, 하나님은 그냥 뒷전으로 밀어 놓고, 하나님의 참되고 영원한 복도 아무렇지도 않게 뒷전으로 밀어 놓습니다.

그리고 일단 돈부터 벌려고 하고 우선 성공부터 하려고 하고 우선 세상의 쾌락부터 즐기려고 합니다. 우리는 죽 한 그릇에 장자의 권리를 팔아버린 에서처럼 행동합니다. 아, 우리는 에서를 너무나 많이 닮았습니다.

이처럼 오늘 본문에 등장하는 에서와 야곱은 우리의 모습입니다. 그러므로 우리는 오늘 본문을 보면서 야곱과 에서를 비교하고 평가하고 점수를 매길 처지가 아닙니다.

"나는 에서처럼 안 살고 야곱처럼 살겠다!"

이런 결심을 하고 뭔가를 실천해 보려고 애쓰는 일도 그렇게 시급한 일이 아닙니다.

오늘 본문을 보면서 우리가 제일 먼저 해야 할 일은 하나님의 복과 은혜를 추구하는 삶에 있어서 우리는 아무리 잘 해봐야 야곱처럼 실패하든 아니면 에서처럼 실패하든, 우리 스스로는 처절하게 실패할 수밖에 없다는 것을 겸손히 인정하는 것입니다. 그리고 하나님 외에는 이런 우리를 변화시키고 건져줄 수 있는 분은 없다는 것을 알고 하나님께 전심으로 매달리는 것입니다.

그러므로 오늘 본문 말씀이 우리에게 말하고자 하는 메시지는 다음과 같은 것이 아닙니다.

"너희는 에서처럼 살지 말고 야곱처럼 살아라."

아닙니다. 오늘 본문 말씀이 우리에게 정말로 말하고자 하는 메시지는 이런 내용입니다.

"너희에게는 하나님의 은혜가 필요하다. 야곱이 빠진 함정에 똑같이 빠질 수밖에 없는 너희를, 에서가 빠진 함정에 똑같이 빠질 수밖에 없는 너희를 평생 붙들고 가르쳐 주며 인도해 주시는 하나님의 은혜가 필요하다. 하나님의 은혜가 아니면 하나님의 복을 추구하는 신앙의 삶에서조차 야곱과 에서처럼 실패할 수밖에 없다. 그러니 너희는 하나님의 은혜를 구하여라."

여러분은 오늘 본문의 말씀이 우리에게 들려주는 이 두 번째 메시지의 내용을 들을 때, 절로 고개가 끄덕여지십니까?

그리고 다음과 같이 진심으로 기도하게 되십니까?

"하나님, 다른 사람은 잘 몰라도 나는 정말로 하나님의 은혜가 필요합니다. 하나님께서 정말로 나를 불쌍히 여기시고 은혜를 주시지 않는다면, 나는 오늘 본문에서 야곱이 빠진 함정과 에서가 빠진 함정을 피할 수 없을 것입니다. 그러므로 하나님, 평생 제 모든 인격과 삶을 붙들어 주시고 하나님이 약속하신 신령한 모든 복을 얻어 누릴 때까지 오직 믿음으로 살게 하옵소서."

오늘날 우리는 열심을 강조하고 확신을 강조하는 시대를 살고 있습니다. 물론 열심과 확신은 좋은 것이고 꼭 필요한 것입니다.

하지만 야곱과 에서를 보십시오.

야곱은 신앙적인 열심이 참으로 대단한 사람이었습니다. 그러나 야곱의 열심 속에 무시무시한 불신앙이 들어 있었습니다. 그 불신앙은 야곱의 인격과 삶을 계속해서 망가뜨렸습니다.

반면에 에서는 확신에 찬 사람이었습니다. 그러나 에서의 확신 속에는 심각한 착각과 망령됨이 숨어 있었습니다. 그 착각과 망령됨 때문에 에서는 결국 회개할 기회조차 얻지 못하고 하나님과 무관한 삶을 평생 살게 되었습니다.

그러므로 그냥 열심히 신앙생활 하려고만 애쓰지 마시고, 그냥 확신을 가지고 살아가려고만 애쓰지도 마십시오.

인생을 살면서 우리가 꼭 받아야 하고 꼭 누려야 하는 하나님의 참되고 영원한 복을 오해하게 만들고, 믿지 못하게 만들고, 그것을 함부로 대하며 썩어질 이 세상 것과 바꾸도록 만드는 야곱과 에서가 빠졌던 함정에서 벗어나는 사람이 되십시오.

그런데 우리를 그런 사람으로 만들어 줄 수 있는 분은 오직 하나님 밖에 없습니다. 하나님이 우리를 정말로 불쌍히 여기시고 우리의 평생 우리의 모든 인격과 삶을 붙드시고 지키시며 가르쳐 주시고 인도해 주셔야만 합니다.

그러므로 야곱과 에서의 비참한 실패를 보면서 겸손한 마음으로 하나님의 은혜를 구하십시오.

여러분이 가지고 싶은 복들을 더 많이 더 빨리 얻어내고 그 복들을 더 오래 누리기 위해서 하나님을 이용하지 마십시오.

여러분의 인격과 삶을 붙드시고 인생이 빠질 수 있는 치명적인 함정에서 여러분을 지켜 주시며 참된 믿음의 길로 이끌어 주시는 하나님의 은혜를 전심으로 바라며 하나님께로 가까이 나아오십시오.

그러면 하나님께서 예수 그리스도 안에서 우리에게 약속해 주신 모든 복과 은혜를 이 땅에서와 죽음 이후에 영원토록 누리게 될 것입니다.

야곱처럼 불안하게 살지도 말고 에서처럼 착각 속에서 살지도 마십시오.

믿음으로 예수 그리스도 안에 거하며 현실의 삶에 목매지 말고 하나님의 약속이 성취될 것을 기대하며 살아가십시오.

아멘!

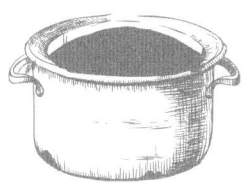

제4장

속인 것 같지만 속은 야곱
(창 27:1-30)

¹이삭이 나이 많아 눈이 어두워 잘 보지 못하더니 맏아들 에서를 불러 가로되 내 아들아 하매 그가 가로되 내가 여기 있나이다 하니 ²이삭이 가로되 내가 이제 늙어 어느날 죽을는지 알지 못하노니 ³그런즉 네 기구 곧 전통과 활을 가지고 들에 가서 나를 위하여 사냥하여 ⁴나의 즐기는 별미를 만들어 내게로 가져다가 먹게 하여 나로 죽기 전에 내 마음껏 네게 축복하게 하라 ⁵이삭이 그 아들 에서에게 말할때에 리브가가 들었더니 에서가 사냥하여 오려고 들로 나가매 ⁶리브가가 그 아들 야곱에게 일러 가로되 … ⁸그런즉 내 아들아 내 말을 좇아 내가 네게 명하는대로 ⁹염소떼에 가서 거기서 염소의 좋은 새끼를 내게로 가져오면 내가 그것으로 네 부친을 위하여 그 즐기시는 별미를 만들리니 ¹⁰네가 그것을 가져 네 부친께 드려서 그로 죽으시기 전에 네게 축복하기 위하여 잡수시게 하라 … ²⁶그 아비 이삭이 그에게 이르되 내 아들아 가까이 와서 내게 입맞추라 ²⁷그가 가까이 가서 그에게 입맞추니 아비가 그 옷의 향취를 맡고 그에게 축복하여 가로되 내 아들의 향취는 여호와의 복 주신 밭의 향취로다 ²⁸하나님은 하늘의 이슬과 땅의 기름짐이며 풍성한 곡식과 포도주로 네게 주시기를 원하노라 ²⁹만민이 너를 섬기고 열국이 네게 굴복하리니 네가 형제들의 주가 되고 네 어미의 아들들이 네게 굴복하며 네게 저주하는 자는 저주를 받고 네게 축복하는 자는 복을 받기를 원하노라 ³⁰이삭이 야곱에게 축복하기를 마치매 야곱이 그 아비 이삭 앞에서 나가자 곧 그 형 에서가 사냥하여 돌아온지라(창 27:1-30).

오늘 본문에서 이삭은 나이가 137세가 되었습니다. 이때 이삭은 눈이 어두워지고 건강도 약해져서 자기가 금방이라도 죽을 수도 있겠다는 생각에 빠져 있었습니다. 그래서 자기가 좋아하는 큰아들인 에서를 조용히 불러서 이렇게 말합니다.

"내가 이제 늙어 언제 죽을는지 알지 못하니 가서 사냥을 해서 맛있는 음식을 만들어 오거라. 내가 그 음식을 먹고 네게 장자의 축복 기도를 해 줄 것이다"(1-4절 참고).

에서는 아버지의 엄숙한 명을 받고 사냥을 하러 들판으로 달려갑니다. 평소에도 아버지를 위하여 최상급 고기를 준비하였지만 이번에는 더 특별한 고기를 사용해 음식을 마련할 각오입니다. 이삭은 에서가 맛있는 음식을 만들어서 돌아올 때를 기다리며 장막에 앉아 있었습니다. 남성미가 넘치는 아들을 사랑하는 온순하고 얌전한 아버지는 둘만의 비밀을 만들어 가고 있었습니다.

그런데 그날 이삭과 에서의 비밀스러운 대화를 엿들은 사람이 있었습니다. 이삭의 아내요 야곱의 어머니인 리브가입니다. 어쩌면 리브가는 남편과 큰아들이 몰래 대화를 나눌 때마다 엿듣고 있었는지도 모릅니다. 리브가는 남편이 큰아들 에서에게 장자의 축복 기도를 해주려고 하는 것을 엿듣고 급하게 둘째 아들 야곱을 불러 이렇게 말합니다.

"가서 염소 새끼 중에 좋은 것을 가져오면 내가 맛있는 음식을 만들어 줄 테니 형 에서인 것처럼 꾸미고 들어가서 장자의 축복 기도를 받아라"(7-10절 참고).

야곱은 아버지를 속이다가 들켜서 저주를 받으면 어떻게 하나 두려운 마음에 망설입니다. 그러나 리브가는 만일 무슨 일이 일어나면 자기가 다 책임지고 저주를 받겠다며 야곱의 등을 떠밉니다.

어미가 그에게 이르되 내 아들아 너의 저주는 내게로 돌리리니 내 말만

쫓고 가서 가져오라(창 27:13).

이렇게 아들과 어머니는 둘만의 비밀을 만들어 가고 있었습니다.
시간 싸움에서 이긴 쪽은 어머니 리브가와 둘째 아들 야곱이었습니다. 아무래도 에서는 들판에 나가 사냥을 하느라 늦을 수밖에 없었습니다. 시간 싸움에서 이긴 야곱은 형 에서인 것처럼 꾸미고 아버지 이삭 앞에 서게 됩니다. 이삭은 눈이 멀어 앞을 볼 수는 없지만 목소리가 에서의 목소리가 아닌 것을 알아차립니다. 하지만 야곱은 계속해서 자기가 진짜 에서라고 아버지를 속입니다. 그래서 이삭은 야곱을 에서라고 생각하고 장자의 축복 기도를 해주게 됩니다.

> 내 아들의 향취는 여호와의 복 주신 밭의 향취로다 하나님은 하늘의 이슬과 땅의 기름짐이며 풍성한 곡식과 포도주로 네게 주시기를 원하노라 만민이 너를 섬기고 열국이 네게 굴복하리니 네가 형제들의 주가 되고 네 어미의 아들들이 네게 굴복하며 네게 저주하는 자는 저주를 받고 네게 축복하는 자는 복을 받기를 원하노라(창 27:27-29).

얼마 후에 진짜 에서가 사냥에서 돌아와서 아버지 이삭에게 장자의 축복 기도를 받으러 들어갔지만 이미 모든 일은 끝난 후였습니다. 이삭은 충격을 받고, 에서는 화가 나서 동생을 죽일 생각을 하게 됩니다. 그래서 결국 야곱은 빈손으로 고향을 떠나 멀리멀리 도망가게 됩니다.

하나님을 믿는다고 하는 가정 안에서 이런 일이 일어나다니요.

참으로 기가 막힌 일이 아닐 수 없습니다. 그런데 이 일은 실제로 일어난 일입니다.

과연 누구 때문에 이삭의 가정에 이런 끔찍한 일이 일어났을까요?

누가 이 사건에 대한 책임을 져야 하는 것일까요?

이 질문 앞에서 우리는 제일 먼저 야곱을 생각하지 않을 수 없습니다. 분명, 야곱만 아니었더라면 이삭의 가정에 이런 일은 일어나지 않았을 것입니다.

하지만 과연 야곱 한 사람에게만 책임이 있는 걸까요?

사실, 야곱의 엄마인 리브가도 오늘 본문에서 일어난 일에 상당한 책임이 있는 사람입니다. 리브가는 야곱의 엄마로서 야곱의 못된 성품과 기질을 누구보다도 잘 알고 있었습니다. 당연히 리브가는 야곱의 그런 성품과 기질을 어릴 적부터 고쳐주어야 했습니다. 하지만 리브가는 그렇게 하지 못했습니다. 오히려 리브가는 야곱을 자기 치마폭에 감싸고 오냐오냐 받아주기만 했습니다.

오늘 본문에서도 눈이 먼 자기 남편을 속이도록 야곱을 설득하고 용기를 불어넣어 주고 필요한 도움을 다 제공한 사람이 리브가입니다. 이런 리브가가 없었더라면 오늘 이 사건은 일어나지 않았을 것입니다. 리브가는 이삭의 아내로서, 에서의 어머니로서, 야곱의 어머니로서 하지 말아야 할 일을 해서 집안을 발칵 뒤집어 놓은 장본인이었습니다.

그러나 이삭에게도 큰 책임이 있습니다. 하나님은 장자의 권리를 큰아들 에서가 아닌 작은아들 야곱에게 주시겠다고 이삭과 리브가에게 알려주셨습니다. 그런데 이삭은 하나님의 결정을 뻔히 알면서도 그냥 자기가 좋아하는 큰아들 에서에게 장자의 축복 기도를 해주려고 고집을 부렸습니다. 자기 아내 리브가가 하나님의 결정을 받아들이고 작은아들인 야곱에게 장자의 축복이 주어지기를 간절히 원한다는 것도 잘 알고 있으면서 그렇게 고집 부린 것이었습니다.

그래서 오늘 본문에서도 자기 마음에 드는 큰아들과만 쏙닥쏙닥해서 장자의 축복을 해주려고 했습니다. 그러다가 리브가에게 들켜서 결국 당하고 만 것입니다. 그러니 이삭도 이 사건에 큰 책임이 있는 사람입니다.

네 사람 중에서 잘못이 없어 보이는 사람, 순전히 피해자인 것처럼 보이는 사람은 에서입니다. 그러나 에서도 잘못이 없는 것은 아닙니다. 에서는 자기 동생 야곱이 정말 집요하게 장자의 권리를 욕심내는 것을 잘 알고 있었습니다. 자기 엄마 리브가도 장자의 권리를 자기에게서 빼앗아 동생 야곱에게 주려고 한다는 것을 잘 알고 있었습니다.

그런데 에서는 장자의 권리에 대해서 정말 소홀하게 생각하고 행동했습니다. 동생이 죽 한 그릇을 놓고 장자의 권리를 팔라고 했을 때도 그냥 팔아버렸고, 이방여인들과 결혼함으로써 엄마의 마음에 "저 놈은 도저히 안 되겠다"는 확신을 심어주었습니다(창 27:46). 분명히 에서도 이 일에 책임이 있습니다.

이렇게 보면 오늘 본문에 기록된 이 사건은 어떤 한 사람이 나쁘고 잘못된 행동을 해서 일어난 사건이 아닙니다. 다시 말해서, 야곱 한 사람의 잘못 때문에 일어난 사건이 아니라는 말입니다. 이삭, 리브가, 에서, 야곱, 이렇게 네 사람 모두 각각 다른 모양으로 고장이 나 있었습니다. 그런데 이 네 사람이 가족이라는 이름으로 함께 살면서 서로의 고장 난 부분을 더 심각하게 고장 난 상태로 만들었습니다. 그래서 결국에는 이런 사건이 일어난 것입니다. 이런 점에서 이 사건은 심각하게 고장 난 네 사람이 한 집에 살면서 만들어낸 작품입니다.

오늘 본문 말씀을 보면서 우리는 이것을 제일 중요하게 생각해야만 합니다. 그리고 하나님의 은혜가 희미한 상태에서 사람들이 함께 어울려 산다는 것이 얼마나 서로에게 위험한 일인지를 진지하게 생각해야 합니다.

이삭의 가정은 아브라함의 직계자손 가정이었습니다. 적어도 이삭은 믿음의 족장으로 가정을 이끌고 있었습니다.

그런데 어떻게 되었습니까?

이삭은 야곱에게 장자의 권리를 주겠다는 하나님의 결정을 알면서도 자기가 좋아하는 에서에게 장자의 축복을 물려주려고 고집을 피웠습니다. 에서는 장자의 축복을 팥죽 한 그릇에 팔아먹고 장자의 축복을 받을 사람이 해서는 안 되는 이방여인들과의 결혼을 감행했습니다.

이런 남편과 큰 아들을 보면서 리브가는 "이 집안에서는 나라도 정신을 바짝 차리고 하나님의 뜻을 지켜야지 그렇지 않으면 하나님의 뜻은 절대로 안 이루어진다"라고 생각하며 모든 것을 컨트롤하려고 하였습니다. 그래서 결국에는 야곱을 시켜서 아버지를 속이고 장자의 권리를 도둑질하도록 한 것입니다.

이런 가정에서 야곱이 어떻게 망가졌는지 잘 보십시오.

물론 야곱은 태어날 때부터 욕심과 집착이 강한 사람이었습니다. 그런데 설상가상으로 심각하게 고장이 나서 극성스러워진 엄마 리브가 때문에 야곱은 태어날 때보다 더 심각하게 망가졌습니다. 야곱은 태어날 때 가지고 태어난 못된 성품을 고칠 틈도 없이 오히려 더 못된 성품을 배우고 더 못된 행동을 하는 사람으로 계속 망가졌습니다.

그래서 하나님이 누구시며 하나님의 복이 무엇인지는 제대로 배우지도 못하고 수단과 방법을 안 가리고 장자의 권리를 물려받는 일만 추구하는 사람으로 성장했던 것입니다. 그리고 결국에는 눈먼 아버지를 속이고 형을 배반하고 하나님 앞에서도 죄를 짓는 무서운 자리로 떨어지고 말았던 것입니다.

이렇게 막 나가는 리브가와 탐욕스러운 둘째 아들 때문에, 이삭도 계속 망가졌습니다. 장자의 축복을 물려주는 일은 집안의 큰 행사입니다. 그러므로 당연히 이런 일을 진행할 때는 가족 전체가 모여서 함께 하는 것이 당연합니다. 그런데 이렇게 중대한 일을 하면서도, 이삭은 가정회의를 소집하지 않습니다. 자기 아내에게 한마디 이야기도 안 합니다. 그저 큰아들만 몰래 불러서 큰아들과만 이야기합니다.

한편, 에서는 이렇게 망가진 아버지가 무조건 자기편을 들어주고 자신이 무슨 짓을 해도 눈감아주고 장자의 권리를 물려주려고 하는 것을 보면서 더욱 더 망가졌습니다. 그래서 결국 이삭의 가정에서 상식적으로 생각할 때도 결코 일어날 수 없는 일이 일어났던 것입니다.

오늘날에도 사람들이 모여서 함께 살아가는 모든 곳에는 이와 똑같은 일이 항상 일어납니다. 흔히 사람들이 이런 말을 합니다.

"사람이 두 세 사람만 모여도 거기에는 항상 문제가 생긴다."

어떤 목사님이 저에게 이런 조언을 해주신 적이 있습니다.

"목사님들이 세 명 이상 모이는 곳에는 절대 가지 마세요. 반드시 거기에는 문제가 생깁니다."

사실, 맞는 말입니다. 목사들이 모인다고 해서 별다를 수는 없습니다. 물론 별다를 수 있으면 좋겠지만 그러기가 쉽지 않다는 것입니다.

그러면 사람들이 모이는 곳에는 왜 항상 그런 일이 일어나는 것입니까? 예수 믿는 사람들이 모여도 왜 항상 그런 일이 일어나는 것입니까?

따로 따로 놓고 보면 그래도 괜찮은 것처럼 보이는 사람들인데 모아놓고 함께 지내라고 해보면, 정말 희한한 일들이 많이 일어납니다.

왜 그럴까요?

이삭의 가정에서 그 대답을 찾을 수 있습니다. 우리 모두는 이삭과 리브가, 야곱과 에서처럼 각각 다른 모습으로 망가져 있는 사람들입니다. 그런데 그런 우리들이 모여서 가정을 이루고 교회를 이루어 함께 살아가게 될 때, 하나님께서 우리의 마음과 우리의 관계와 우리의 모임 속에 정말로 은혜를 베풀지 않으시면, 여지없이 우리는 우리가 고장 나 있는 부분으로 다른 사람의 고장 난 부분을 계속 건드려서 그 사람도 더 심각하게 고장 나고 나도 더 심각하게 고장 나는 상태로 만들어 버립니다.

이렇게 서로가 계속해서 더 심각하게 고장 나기 때문에 항상 나중에 거기에는 별 것 아닌 일로도 심각한 문제가 일어나는 것입니다. 그러므로 가정에서 가족과 함께 생활하면서, 교회에서 다른 교우들과 함께 신앙생활을 하면서, 우리는 이런 사실을 가장 밑바닥에 놓고 관계를 형성하고 유지해야 합니다.

이 사실을 잊어버리고 살면, 그때부터 정말 심각한 일들이 우리 삶과 관계에 일어나게 됩니다. 먼저는, 내가 심각하게 고장 나 있는 사람이라는 사실을 잊어버리고 살면 항상 다른 사람 때문에 문제가 생긴다고 생각하게 됩니다. 그래서 다른 사람들에게 모든 책임을 돌리고 나는 억울한 피해자라고 착각하며 살게 됩니다.

사실, 그 사람도 그 사람이 욕하는 다른 사람 못지않게 대화나 행실을 통하여 다른 사람들에게 독을 뿌리고 상처를 입히는 일을 많이 하고 있는데도 본인은 전혀 그런 사람이 아니라고 생각하면서 자신을 피해자로 둔갑시킵니다. 이런 사람이 가정이나 교회에 한두 사람만 있어도 많은 사람이 그 한두 사람 때문에 깊은 고통을 겪게 됩니다.

이 사실을 잊어버리고 살면, 그때부터 정말 심각한 일들이 우리 삶과 관계에 일어나게 됩니다. 교회에 대해서 너무 낭만적인 생각을 하고 살다가 나중에 오히려 더 큰 상처를 받고 사람들과 담을 쌓고 지내는 일이 생길 수 있습니다. 교회는 예수 믿는 사람들이 모이는 곳이니까 좋은 일만 있을 거라고 너무 낭만적인 쪽으로만 생각을 하다 보니 실망도 크고 절망도 깊은 것입니다.

그래서 결국은 사람들과 관계를 형성하지 않고 그냥 외롭게 살아가는 은둔형 인간이 되는 것입니다. 하지만 그래서는 답이 안 나옵니다. 오히려 우리의 어쩔 수 없는 현실을 정확하게 인식하고, 그런 현실 속에서 어떻게 하면 건강한 관계를 형성하고 유지할 것인지를 배워야 하고 실천해야 합니다. 세상과 담을 쌓고 혼자 살면서 세상을 욕하는 사람은 절대로 건강한 사람이 아닙니다.

또 오늘 본문에서 배워야 할 것을 못 배우고 살면, 우리의 가정생활이나 교회생활 가운데 하나님의 은혜가 절대적으로 필요하다는 것을 잘 모르게 됩니다. 물론 말로는 하나님의 은혜가 필요하다고 합니다. 하지만 실제로는 하나님의 은혜를 진지하게 구하지도 않고 하나님의 은혜에 소망을 두지도 않습니다. 그냥 내 마음에 드는 사람들이 많이 있는 곳에 가면 일단 안심하고 한참을 기분 좋게 지냅니다.

하지만 그러다가 사람들에게 실망을 하고 상처를 받고 힘든 일을 겪게 되면 금방 거기에는 아무런 소망도 없다고 결정을 내리고 그 사람들과 쉽게 등을 지고 떠나버리는 일을 하게 됩니다. 이렇게 하는 사람은 하나님의 은혜에 대한 믿음과 기대가 없는 사람입니다.

우리는 더 이상 그런 식으로 생각하거나 행동해서는 안 됩니다. 우리는 내 자신이 심각하게 고장 나 있기 때문에 나도 모르는 사이에 늘 다른 사람의 고장 난 부분을 건드려 그 상태를 더 악화시키는 일을 하고 있다는 사실을 겸손하게 인정하고 늘 다른 사람들에 대하여 미안한 마음을 품어야 합니다.

그리고 다른 사람들도 고장 나 있기 때문에 어쩔 수 없이 나한테 똑같은 짓을 하고 있다는 사실을 생각하며 다른 사람들을 늘 용서해 주며 살아야 합니다. 다른 사람들이 나에게 하는 나쁜 짓은 내가 다른 사람들에게 하는 나쁜 짓보다 덜한 것이라고 생각하고 너그러이 용서해 주며 살아야 합니다. 그리고 우리의 관계가 서로를 해치는 관계가 아니라 서로를 세워주는 관계가 되려면 하나님의 은혜가 진짜로 필요하다는 것을 믿고 구해야 합니다.

어떤 가정에 있는 모든 사람이 이런 믿음을 가지고 하나님의 은혜를 가족들 간의 관계 속에 진실하게 구한다면, 놀라운 기적이 일어날 수 있습니다. 가족들 한 사람 한 사람의 고장 난 부분이 서서히 고쳐질 것이고, 고장 난 부분이 서로를 건드려도 서로를 악화시키는 대신에 서로를 더 낫게 만들어 주는 기적이 거기에 일어날 것입니다.

어떤 교회에 있는 모든 교우들이 이런 믿음을 가지고 하나님의 은혜를 교우들 간의 관계 속에 진실하게 구한다면, 똑같이 놀라운 기적이 그 교회에 일어날 수 있습니다. 하나님의 은혜가 우리의 마음에, 우리의 관계에 임하면 그런 기적이 일어날 수 있습니다. 보수적인 교회에서 말씀을 많이 배우고 기도를 열심히 해도 관계의 문제가 해결이 안 되는 까닭은 인간에 대한 기본적인 이해가 없기 때문이지 신학이 없기 때문이 아닙니다.

그러므로 오늘 본문이 보여주고 있는 인간의 모습, 여러 사람이 모여서 서로 어떤 일을 하고 있는지에 대한 설명을 주의 깊게 생각하십시오.

그리고 인간에 대한 성경적인 이해를 마음에 품도록 하십시오.

그리고 여러분의 가정을 위하여 하나님의 그런 은혜의 기적을 구하십시오.

이삭의 가정은 하나님을 믿는다고 하는 가정이었지만, 모든 가족이 하나님의 은혜를 구하지 않고 그냥 자기 성격대로 자기 방식대로 삶을 살아가느라 나중에는 지옥 같은 가정이 되고 말았습니다. 그러나 여러분의 가정은 그렇게 되지 않기를 바랍니다.

여러분의 가정과 교회를 위하여 하나님의 그런 은혜의 기적을 구하십시오.

하나님의 은혜가 정말로 우리의 마음과 우리의 관계와 우리의 모임에 임하지 않는다면, 우리는 자주 모이고 함께 일을 하면 할수록 더 힘들고 파괴적인 관계를 맺게 될 것입니다.

그런데 오늘 본문에서 이삭의 가정을 좀 더 자세히 살펴보면, 한 가지 흥미로운 사실을 발견할 수 있습니다. 이삭과 리브가, 에서와 야곱, 이 네 사람 모두 하나님을 향하여 똑같이 심각한 문제를 가지고 있었습니다.

서로 다르고 갈라져 있었지만 이 네 사람은 모두 다 하나님과 인격적인 관계를 맺는 일에는 별로 관심도 없었고 노력도 하지 않았습니다. 이삭은 하나님의 복을 전달해 주고 싶어 했고, 리브가와 야곱은 수단과 방법을 가리지 않고 하나님의 복을 전달 받고 싶어 했으며, 에서는 하나님의 복을 소중히 여기지는 않았지만 그렇다고 하나님의 복을 완전하게 포기하지도 않았습니다. 하지만 네 사람 모두 하나님과 인격적인 관계를 맺는 일에는 소홀했습니다.

성도 여러분!

이삭을 생각해 보십시오.

분명히 하나님께서 둘째 아들인 야곱에게 장자의 권리를 주시겠다고 선언하셨습니다. 그런데 장자에게 복을 줄 때, 아버지가 장자의 머리에 손을 얹고 기도해 주는 형식을 하나님이 정해주셨습니다. 그런데 이삭은 하나님이 그렇게 결정하셨을지라도 자기가 큰아들 에서의 머리에 손을 얹고 장자의 축복 기도를 해주면 그것이 효과가 있을 것처럼 생각을 했습니다.

사실, 복을 주시는 분은 하나님이시고, 복은 하나님과의 관계 속에서 오는 것인데, 이삭은 마치 자기의 기도를 통해서 복이 흘러간다고 엉뚱한 생각을 품고 있었던 것입니다. 다른 사람도 아니고 아브라함의 아들인 이삭이, 후대에 믿음의 족장이라고 불릴 이삭이 이런 식으로 고집을 피웠다는 것은 참으로 놀라운 일이 아닐 수 없습니다.

이번에는 리브가를 생각해 보십시오.

분명히 하나님께서 둘째 아들인 야곱에게 장자의 권리를 주시겠다고 선언하셨습니다. 하나님께서 그렇게 결정하시고 그것을 약속으로도 알려주셨으면 하나님께서 야곱에게 장자의 복을 주실 것이 분명했습니다. 그런데 리브가는 자기 남편 이삭의 축복 기도를 받는 데만 열중했습니다. 설령 남편 이삭이 큰아들 에서에게 축복 기도를 한다고 하더라도 하나님께서 진짜 복은 약속대로 둘째 아들 야곱에게 주실 것을 믿었어야 했습니다. 그런데 리브가도 이삭과 똑같이 형식에 매달렸습니다. 축복 기도를 반드시 받아야만 한다고 생각한 것입니다.

아, 리브가가 하나님과의 인격적인 관계의 중요성을 알고 그것을 야곱에게 가르쳐 주었더라면 얼마나 좋았을까요?

이번에는 에서를 생각해 보십시오.

동생 야곱이 죽 한 그릇을 놓고 장자의 권리를 팔라고 했을 때, 에서는 한번도 망설이지 않고 장자의 권리를 팔아버렸습니다. 그런데 오늘 본문에서 에서가 어떻게 행동하는지 보십시오.

아버지 이삭이 자기에게 장자의 축복 기도를 해 준다고 하니까 그것을 받으면 된다고 생각하는 것입니다.

나중에 야곱이 자기가 받을 축복 기도를 훔쳐간 것을 알았을 때도 아버지에게 울면서 매달리며 축복 기도를 해달라고 간청하는 에서를 보십시오.

> 에서가 아비에게 이르되 내 아버지여 아버지의 빌 복이 이 하나 뿐이리이까 내 아버지여 내게 축복하소서 내게도 그리 하소서 하고 소리를 높여 우니(창 27:38).

에서도 하나님과 자신의 관계를 생각하지 않았고 축복 기도만 받으면 되는 줄 알았던 것입니다.

이번에는 야곱을 생각해 보십시오.

야곱도 사정은 마찬가지입니다. 야곱은 하나님과 자기의 인격적인 관계에 대해서는 진지한 관심도 성실한 노력도 기울이지 않았습니다. 야곱 역시 형이 가지고 있다는 장자의 권리를 빼앗아 자기 것으로 삼고, 아버지의 축복 기도를 속여서라도 받아야만 장자의 복을 받을 수 있는 것처럼 생각하며 거기에 혼신의 힘을 다 기울였습니다. 그래서 이 지경까지 가게 된 것입니다.

야곱이 하나님에 대한 깊은 이해나 믿음이 진짜로 있어서 아버지를 속이면서까지 이렇게 장자의 축복 기도를 가로챈 것이 아니라는 것입니다. 야곱은 그런 신앙의 영웅이 결코 아니었습니다. 야곱은 신앙의 기초도 없는 그런 못난 사람이었습니다.

이렇게 이삭, 리브가, 에서, 야곱은 모두 똑같은 문제를 가지고 있었습니다. 하나님의 복은 나름대로 소중히 여기지만 하나님과의 관계는 돌보지 않는 듯 했다는 것입니다. 이렇게 하나님과의 인격적인 관계를 추구하지 않고 하나님의 복만 추구하는 사람들이 결국 무슨 짓을 하게 되는지 잘 보시기 바랍니다. 다 쓸 데 없는 짓을 하고 있을 뿐입니다.

하나님의 복이라는 것은 인간의 선택이나 노력이나 도둑질로 얻을 수 있는 것이 아닙니다. 하나님의 복은 하나님과의 인격적인 관계를 통해서 얻을 수 있는 것입니다. 그런데 이 네 사람은 자기들의 선택으로, 자기들의 노력으로, 자기들의 도둑질로 하나님의 복을 얻을 수 있다고 착각하고 다 거기에 매달리고 있습니다. 그러면서 이 네 사람은 해서는 안 되는 일을 하고 서로를 크게 해치게 됩니다.

여러분!

이 네 사람이 엉뚱한 짓만 골라서 하고 해서는 안 되는 일만 골라서 한 결과 어떻게 되었습니까?

그들은 하나님의 복을 얻지 못했습니다. 오히려 그들은 불신앙과 악행에 대한 하나님의 징계를 받아 아주 오랫동안 힘든 삶을 살게 되었습니다. 그들의 가정은 산산조각이 났고 서로 쉽게 회복될 수 없는 깊은 상처만 주게 되었습니다.

어떤 사람들은 이 일을 통해서 야곱이 장자의 축복을 받게 되었다고 생각하면서 이 일을 대단히 중요하게 여기기도 하지만 제가 볼 때 이 일은 대단한 일이 아니라, 정말 수치스러운 일입니다. 나중에 야곱이 장자의 축복을 받게 된 것은 하나님께서 야곱을 선택하셨던 결정 때문이지 이일 때문은 아니었습니다. 오히려 이 일로 야곱은 수십 년간 하나님의 혹독한 징계를 받게 됩니다. 이것을 정말 주의 깊게 생각해야 합니다.

사실 우리 모두는 이삭과 리브가, 에서와 야곱처럼 '하나님의 복'은 정신없이 추구하지만 '하나님과의 인격적인 관계'는 소홀히 여기는 본능을 가지고 이 땅에 태어났습니다. 하나님의 복을 얻는 데는 열심을 크게 내지만 하나님 자신을 알고 하나님 자신을 사랑하고 하나님 자신을 즐거워하는 일에는 열심을 내지 않는 것이 우리의 모습입니다.

이게 참 희한합니다. 아무리 신앙생활을 오래 해도 여전히 철없는 어린아이처럼 하나님 자신보다는 하나님이 주시는 복과 은혜, 평안과 기쁨에 더 많은 관심을 가지고 있는 것이 우리의 진짜 모습입니다. 그래서 우리 자신은 신앙적인 일을 열심히 한다고 생각하지만 실제로는 이삭과 리브가, 에서와 야곱처럼 하나님 앞에서 엉뚱한 짓만 하게 되고 해서는 안 되는 일만 하게 될 때가 많은 것입니다.

오늘날 교회들을 보십시오.

많은 교회들이 속을 들여다보면 오늘 본문에 기록되어 있는 이삭의 가정처럼 서로 나누어져 있습니다. 서로 자기가 교회 안에서 하고 싶은 일을 하려고 몸부림치고 그것 때문에 서로 싸우고 서로 원수를 맺는 추한 모습을 보입니다. 겉으로는 다들 하나님을 위해서 그런다고 합니다. 겉으로는 다들 복음을 위해서 그렇게 한다고 말합니다.

그런데 자세히 들여다보면 하나님과의 인격적인 관계에는 다들 관심이 없습니다. 모여서 대화하는 것을 들어보면, 교회의 사역과 누가 어떤 일을 맡았는지, 어떤 부서가 어떤 문제가 있는지 말은 많이 하지만 하나님과 자신의 인격적인 관계에 대한 말은 들어보기가 어렵습니다.

왜 그렇게 된 것입니까?

일주일에 열 번 가까이 교회에 모여서 예배를 드리고, 그렇게 설교도 많이 듣고, 그렇게 찬송도 기도도 열심히 하는데 결국 왜 그런 모습입니까?

하나님과의 진짜 인격적인 관계를 추구하지 않고 엉뚱한 짓만 골라서 하고 해서는 안 될 일만 골라서 하는 우리의 본능이 그만큼 강하기 때문입니다.

그러므로 오늘 본문 말씀을 보면서 우리는 이삭의 가정을 홍보하는 어리석음을 범하지 말아야 합니다. 오히려 다시 한번 우리 자신의 못남과 부족함을 겸손히 고백하면서, 이삭의 가정보다 더 못한 우리 가정 우리 교회를 놓고 회개하는 심정으로 하나님의 은혜와 구원을 간절히 바라야 합니다. 하나님과의 인격적인 관계를 전심으로 추구하기보다는 어떤 것을 해서 하나님의 복을 얻고자 하는 데 더 열심을 내는 인간의 이 얄팍한 종교심에서 우리를 건져주시는 하나님의 은혜와 구원을 간절히 구해야 합니다.

그리하여 우리의 개인적인 삶이, 우리의 가정이, 우리의 교회가 이삭의 가정처럼 이렇게 참혹한 상태에 이르지 않도록 해야 할 것입니다. 우리의 힘으로는 절대로 구원받을 수 없습니다. 하나님께서 우리를 긍휼히 여겨주시고 건져주셔야만 하는 것입니다.

가끔 주일예배에서 다른 것은 몰라도 마지막 축도는 꼭 받아야 한다고 생각하는 분들을 만나게 됩니다. 이런 분들은 주일예배에 늦게 가는 일이 있어도 축도는 꼭 받습니다. 급한 일이 있어서 주일예배가 끝나자마자 어디를 가야 해도 축도는 받고 피아노 후주가 있을 때 서둘러 교회당을 빠져 나옵니다. 물론 축도는 소중한 것입니다.

하지만 축도를 받는다고 복이 저절로 따라오는 것은 아닙니다.

축도에서 인용되는 고린도후서 13장 13절을 가만히 생각해 보십시오.

> 주 예수 그리스도의 은혜와 성부 하나님의 사랑과 성령의 교통하심이 너희에게 있을지어다(고후 13:13).

축도 자체가 삼위일체 하나님과의 관계를 말하고 있습니다. 그러므로 하나님의 복이 전달되는 방법과 통로에 집착하지 말고, 하나님과의 인격적인 관계에 더욱 여러분의 마음을 집중하십시오. 거기에 참된 복이 있습니다.

예수님의 십자가가 우리에게 보여주는 것이 무엇입니까?

예수님은 십자가에서 우리 대신 죽으심으로 죄 사함과 구원의 선물 보따리를 만들어 우리에게 던져주지 않으셨습니다. 예수님은 자신의 죽음으로써 하나님과 우리 사이에 인격적인 관계가 회복되게 하셨습니다.

> 곧 우리가 원수 되었을 때에 그 아들의 죽으심으로 말미암아 하나님으로 더불어 화목되었은즉(롬 5:10).

하나님이 우리를 사랑하시고 우리도 하나님을 사랑하는 관계로 만들어 주신 것입니다. 그리고 그 관계 안에서 우리에게 모든 죄 사함과 구원의 은혜가 주어지도록 하셨습니다. 그렇습니다. 진정한 축복과 참된 은혜는 하나님과의 관계에 있습니다. 하나님과의 관계가 바로 세워질 때 그 관계를 통하여 복과 은혜가 흘러오는 것입니다.

그러므로 하나님과의 인격적인 관계를 맺고 유지하는 것을 우리의 인생에서 제일 소중한 일로 여겨야 합니다. 예수님은 바로 그것을 위하여 십자가에서 중보자로 우리 대신 죽으셨고 부활하셨으며 지금도 하늘에서 우리를 위하여 기도하고 계십니다.

그러므로 내 힘과 노력으로 하나님과의 인격적인 관계를 세워보려고 괜히 고생할 것이 아니라 제일 먼저 예수님의 십자가로 가까이 나아가십시오.

십자가에서 우리의 죄를 대신 짊어지고 죽으신 예수 그리스도를 믿고 의지하십시오.

하나님과 우리 사이에 영원한 화평을 이루기 위하여 십자가에서 고난 받으신 예수 그리스도를 의지하십시오.

그러면 그 예수님이 우리를 하나님과 참된 관계 속에 견고히 세워주실 것입니다. 그러면 우리는 그 관계 속에서 참된 행복을 누리게 될 것입니다.

우리가 즐겨 암송하는 시편 23편의 첫 절을 지금 암송해 보십시오.

여호와는 나의 목자시니 내가 부족함이 없으리로다(시 23:1).

시편 기자가 현재와 장래에 관하여 만족하며 기쁨의 노래를 부르고 있는 이유는 무엇입니까?

하나님과 자신 사이에 맺어져 있는 복된 관계 때문입니다. 하나님께서 자기의 목자가 되시고 자기는 하나님의 양이라는 그 복된 관계 때문에 행복을 누리고 있는 것입니다.

그러므로 여러분도 그런 노래를 부를 수 있도록 하나님과의 관계를 예수 그리스도 안에서 바르게 형성하고 유지하십시오.

여러분 한 사람이 이렇게 되면, 여러분을 통해서 여러분의 가정은 행복한 가정이 될 것입니다. 여러분 한 사람이 이렇게 변화되면, 여러분을 통해서 여러분의 교회가 행복한 교회가 될 것입니다.

아멘!

제5장

도망가는 야곱
(창 28:10-15)

¹⁰야곱이 브엘세바에서 떠나 하란으로 향하여 가더니 ¹¹한곳에 이르러는 해가 진지라 거기서 유숙하려고 그곳의 한 돌을 취하여 베개하고 거기 누워 자더니 ¹²꿈에 본즉 사닥다리가 땅 위에 섰는데 그 꼭대기가 하늘에 닿았고 또 본즉 하나님의 사자가 그 위에서 오르락 내리락하고 ¹³또 본즉 여호와께서 그 위에 서서 가라사대 나는 여호와니 너의 조부 아브라함의 하나님이요 이삭의 하나님이라 너 누운 땅을 내가 너와 네 자손에게 주리니 ¹⁴네 자손이 땅의 티끌같이 되어서 동서남북에 편만할지며 땅의 모든 족속이 너와 네 자손을 인하여 복을 얻으리라 ¹⁵내가 너와 함께 있어 네가 어디로 가든지 너를 지키며 너를 이끌어 이 땅으로 돌아오게 할지라 내가 네게 허락한 것을 다이루기까지 너를 떠나지 아니하리라 하신지라(창 28:10-15).

앞에서 우리는 야곱의 일생에서 초기에 일어났던 세 가지 큰 사건을 살펴보았습니다.

첫 번째 사건은 야곱의 출생 장면이었습니다.

두 번째 사건은 야곱이 죽 한 그릇을 놓고 형 에서에게 장자권을 산 일이었습니다.

세 번째 사건은 야곱이 아버지 이삭을 속이고 장자의 축복 기도를 받은 일이었습니다.

이 세 가지 사건을 살펴보면서, 우리는 야곱이라는 사람이 하나님의 축복을 굉장히 사모하는 사람처럼 보이지만 사실은 하나님과의 관계에는 관심이 전혀 없고 하나님의 약속을 믿지도 않았고 그저 자기 자신의 욕심에 사로잡혀 있는 사람인 것을 확인할 수 있었습니다. 믿음의 가정에서 자랐지만 야곱은 그렇게 형편없는 사람으로 오랜 세월을 보냈습니다. 오늘 본문에 이르면 야곱의 나이가 일흔일곱인데 그때까지 야곱은 그런 사람으로 꾸준하게 살았습니다.

그런데 한 가지 놀라운 사실은 하나님이 그 긴 시간 동안 야곱의 삶에 전혀 간섭하지 않으셨다는 것입니다. 분명히 하나님은 야곱이 엄마 뱃속에 있었을 때, 야곱을 선택하셨고 야곱을 사랑하셨지만 그 긴 세월 야곱을 그냥 내버려 두셨습니다. 야곱이 자기 아버지 이삭을 속이고 장자의 축복 기도를 받았을 때가 일흔일곱 살이었으니 정말로 긴 세월입니다.

그런데 하나님은 그렇게 긴 시간 동안 야곱을 그냥 내버려 두셨습니다. 야곱이 그렇게 못된 성격을 가지고 태어나서 그렇게 못된 삶을 살아도 그냥 내버려 두셨습니다. 야곱이 신앙적으로 망가질 대로 망가져서 자기 아버지 이삭을 속이고 장자의 축복 기도를 훔쳐낼 때까지 하나님은 야곱을 그냥 내버려 두셨습니다. 적어도 성경의 기록을 보면, 하나님께서 야곱의 인생 초기에 적극적으로 개입하셔서 무슨 일을 행하셨다는 기록이 없습니다.

물론 하나님도 야곱의 못된 성격과 행실이 정말로 못마땅하셨을 것입니다. 야곱이 하나님의 복에만 관심이 있고 장자의 축복 기도만 탐낼 뿐 하나님 자신에게 전혀 관심을 두지 않고 하나님의 약속도 믿지 않을 때, 하나님은 그런 야곱이 정말로 못마땅하셨을 것입니다.

우리처럼 불의한 사람들도 야곱을 보면서 "아, 이것은 아니다"라며 눈살을 찌푸리게 되는데 거룩하신 하나님은 오죽하셨겠습니까?

하지만 놀랍게도 그 긴 세월 동안 하나님은 야곱의 삶에 특별히 개입하지 않고 그냥 가만히 계셨습니다. 그렇기 때문에 어쩌면 야곱은 이렇게 생각했을 지도 모릅니다.

'아, 이렇게 살아도 괜찮은 거구나.'

'아, 하나님도 내가 이렇게 하는 것을 괜찮다고 생각하시는 거구나.'

하지만 그것은 순전히 야곱의 착각이었습니다.

하나님께서 야곱의 비뚤어진 삶을 결코 고운 눈길로 바라보지 않으셨다는 것을 이제부터 확인해 볼 수 있습니다. 오늘 본문에서 우리는 들판에서 돌을 베고 잠자고 있는 야곱을 보게 됩니다. 10절과 11절에 이렇게 기록되어 있습니다.

> 야곱이 브엘세바에서 떠나 하란으로 향하여 가더니 한곳에 이르러는 해가 진지라 거기서 유숙하려고 그곳의 한 돌을 취하여 베개하고 거기 누워 자더니(창 28:10-11).

지금 야곱은 여행을 하고 있는 중이 아니라 도망을 가고 있는 중입니다. 아버지 이삭을 속이고 형이 받기로 예정되어 있던 축복 기도를 가로챈 일 때문에 에서가 야곱을 죽이겠다고 했기 때문입니다. 브엘세바는 야곱의 집이 있는 곳이고 하란은 야곱의 외삼촌이 사는 곳입니다. 두 곳은 약 500마일 정도 떨어져 있는데, 지금 야곱은 집을 떠나 외삼촌이 살고 있는 동네로 가고 있었습니다. 그런데 사흘쯤 가서 해가 지니까 잠을 자게 되는데, 그냥 맨 땅바닥에 누워서 돌을 베개하고 잠을 잤다는 것입니다.

야곱이 맨 땅바닥에 누워서 돌을 베개하고 잠을 잤다는 것!

이 얼마나 충격적인 일입니까!

얼마 전에 야곱은 장자의 축복 기도를 받은 사람이었습니다. 비록 아버지를 속이고 받은 것이긴 하지만 일단 받은 사람이었습니다. 야곱은 장자의 축복 기도를 받을 때 드디어 자기 인생에 찬란한 해가 떠올랐다고 생각했을 것입니다.

그런데 오늘 본문에서 야곱은 하루아침에 노숙자가 되어 있습니다. 형 에서가 야곱을 죽이겠다고 난리를 쳐서 더 이상 집에 살 수 없었기 때문입니다. 장자의 축복 기도를 받았지만 결국 빈손으로 집을 뛰쳐나오게 되었습니다. 에서에게 붙잡힐까 봐 사흘 동안 쉬지 않고 도망을 친 후에 드디어 좀 안심하고 잠을 잘 수 있게 되었는데 잠잘 곳이 없어서 땅바닥에 누워서 근처에 있는 돌을 골라 베개로 삼고 잠을 자게 되었습니다.

야곱은 자신의 삶에 이런 일이 일어날 거라고 상상도 하지 못했을 것입니다. 아버지를 속이고 형이 받아야 할 장자의 축복 기도를 훔쳐서 받은 그날, 야곱은 드디어 하나님께서 자기를 그 집안의 장자로 여기시고 자기에게 사랑과 복을 충만하게 주실 거라고 잔뜩 기대했을 것입니다.

그런데 이게 웬일입니까?

하나님의 큰 복은 고사하고 노숙자가 되었습니다. 들판에서 돌을 베개하고 잠을 자야 하는 불쌍한 노숙자가 되었습니다. 물론 도망갈 외삼촌 집이 있고 거기까지 안전하게 가기만 하면 거기에서 어떻게 해서든 다시 일어날 수 있다는 소망이 있었습니다. 하지만 지금처럼 길도 좋지 않고 치안도 보장되지 않는 시대에 혼자서 그 먼 거리를 안전하게 갈 수 있다는 보장은 없었습니다. 지금 당장을 보면 야곱은 불쌍한 사람이었고 미래를 예측할 수 없는 불안한 삶에 떨어지게 되었습니다. 야곱은 하루아침에 인생의 맨 밑바닥으로 떨어졌습니다.

이날 밤 야곱의 마음은 어땠을까요?

장자의 축복 기도를 받았는데 빈손으로 집을 떠나 도망가야만 한다는 사실을 알았을 때 야곱은 깊은 혼란에 빠졌을 것입니다. 그렇게 수십 년 장자의 축복을 탐내면서 꿈꿔왔던 장밋빛 미래와는 전혀 다른 현실이었기 때문입니다. 자기를 죽이려고 하는 형에게 붙잡히지 않기 위해서 잘 알지도 못하는 외삼촌의 집을 향해 무작정 도망가면서 야곱은 극심한 불안함에 떨었을 것입니다. 앞으로 무슨 일이 일어날지 또 집으로 다시 돌아올 수 있을지 아무런 보장이 없었기 때문입니다. 그리고 들판에 숨어서 맨 땅바닥에 드러누워 돌베개를 하고 잠을 청해야만 했을 때, 야곱은 인간이 느낄 수 있는 가장 깊은 절망감을 느꼈을 것입니다.

이런 상황에서 어떻게 안 그럴 수 있겠습니까?

그런데 야곱은 이날 밤만 들판에서 돌베개를 베고 잠을 잔 것이 아니었습니다. 물론 나중에 외삼촌 집에 도착한 다음부터는 집에서 침대에 누워서 편하게 잠을 잘 수 있었을 것입니다. 하지만 사실, 야곱의 인생을 자세히 살펴보면, 야곱은 이날 밤 들판에서 돌베개를 베고 잠자리에 든 것만이 아니라 이후에도 수십 년 동안 그런 삶을 살았습니다. 과거를 돌아보면 후회가 많고 현재를 보면 참된 쉼이 없고 미래를 보면 불안한 삶을 평생 살았다는 것입니다.

외삼촌 라반의 집에서 보낸 20년만 생각해 봐도 야곱은 편할 날이 없었습니다. 늘 속이고 노동력을 착취하는 외삼촌과 그의 아들들, 집에서 야곱 한 사람을 놓고 늘 서로 싸우는 네 명의 부인들, 세월이 흘러가는데 손에 쥐는 것은 하나도 없어서 미래가 전혀 준비되지 않는 상태 등등, 야곱은 하루도 편할 날이 없었습니다.

오죽하면 나중에 야곱이 자기의 인생을 이렇게 요약했겠습니까?

나의 연세가 얼마 못되니 우리 조상의 나그네 길의 세월에 미치지 못하나 험악한 세월을 보내었나이다(창 47:9).

하나님과의 관계를 무시하고 그저 행복을 추구하는 삶을 살 때 우리가 얻게 되는 것은 바로 이렇게 비참한 삶입니다. 겉으로는 하나님을 믿는 척하면서 교회도 열심히 다니지만 실제로는 하나님을 등에 업고 자기의 행복을 추구하는 사람이 나중에 얻게 될 결말도 바로 이런 것입니다.

물론 우리가 더 큰 행복을 추구하면서 열심히 살면 행복은 금방이라도 우리 손에 잡힐 것처럼 우리 앞에 가까이 다가옵니다. 때로는 행복이 정말 우리 것이 된 것처럼 느껴질 때도 있습니다. 하지만 결과는 똑같습니다. 하나님과의 관계를 무시하고 얻은 행복은 겉모습만 화려할 뿐, 겉으로는 대궐 같은 집에서 화려한 삶을 살지만 우리 마음은 늘 돌베개를 베고 들판에 잠을 자는 야곱처럼 비참한 삶을 살게 됩니다.

가끔 대궐 같은 집에서 살고 있지만 마음은 가난한 거지가 사는 움막보다 더 초라하고 좁은 사람들을 만나게 됩니다. 좋은 직업을 가지고 성공한 삶을 살고 있지만 다른 사람들이 자기를 알아주지 않는다며 늘 지옥 같은 삶을 사는 사람들을 만나게 됩니다. 좋은 대학을 나오고 전문적인 직업을 가졌지만 조금만 낮아지면 더 높아질 수 있다는 상식도 배우지 못해서 궂은일에는 손가락 하나 까딱하지 않고 귀족 행세를 하면서 폼 나는 자리만 탐내는 사람들을 만나게 됩니다.

사람들은 그 사람의 재력과 학벌과 안정된 삶 때문에 그 사람을 부러워하는데 사실 알고 보면 그 사람은 오늘 본문에 기록된 야곱과 별반 다를 바 없습니다. 대궐 같은 집에서 최고급 침대 위에 비단 이불을 깔아놓고 잠을 자는지는 모르지만 실상은 들판에서 돌을 베개하고 잠을 자는 야곱과 다를 바 없다는 것입니다.

인생의 참된 행복은 오직 하나님과의 올바른 관계를 통해서만 오게 되어 있습니다. 다른 방법은 없습니다. 따라서 그 원칙을 무시하고 하나님과의 관계를 바르게 세우지 않는 사람이 얻을 수 있는 진짜 행복은 없습니다. 절대 불가능합니다.

야곱을 보십시오.

야곱도 77년 동안 부자인 아버지 이삭의 집에서 편하게 살았고 장자의 축복을 물려받을 상속자가 된 것처럼 보였습니다.

그런데 결국 어떻게 되었습니까?

하루아침에 빈털터리가 되고 노숙자가 되었습니다. 야곱의 이 모습은 하나님과의 관계를 무시하고 행복만 좇아가면 인생의 결말이 어떻게 되는지를 보여주는 한폭의 그림입니다. 그러므로 들판에서 딱딱한 돌을 베고 혼란과 불안과 절망이 한꺼번에 마음을 짓누르는 가운데 잠을 자야 했던 야곱을 보면서 우리는 이 진리를 다시 마음에 새겨야 합니다.

> 스스로 속이지 말라 하나님은 만홀히 여김을 받지 아니하시나니 사람이 무엇으로 심든지 그대로 거두리라 자기의 육체를 위하여 심는 자는 육체로부터 썩어진 것을 거두고 성령을 위하여 심는 자는 성령으로부터 영생을 거두리라(갈 6:7-8).

하나님은 우리의 삶에 이 원칙을 반드시 지키시는 분입니다. 우리는 원칙을 지키지 않아도 눈감아주고 원칙을 지키지 않아야 오히려 잘 되는 일이 많은 시대에 살고 있습니다. 그래서 우리도 모르게 원칙을 지키는 일에 대해서 우습게 생각하는 경향이 있습니다. 원칙을 지키지 않아도 얼마든지 괜찮을 수 있다는 생각이 우리 마음에 깊숙이 들어와 있습니다. 그래서 하나님이 창조하신 세상에 살고 있으면서도 하나님이 정해 놓은 원칙을 무시하고 우리 마음대로 살아갑니다.

그러나 하나님은 원칙과 원리를 철저하게 지키시는 분입니다.

야곱의 삶을 보십시오.

77년 동안 하나님은 침묵하셨습니다. 하나님은 원칙을 안 지키시는 것처럼 보였습니다. 하나님의 원칙대로 안 살아도 얼마든지 괜찮은 것처럼 보였습니다. 하지만 하나님은 마침내 야곱의 삶에 찾아오셔서 원칙을 적용시키셨습니다. 아주 정확하게 원칙을 적용시키셨습니다.

그러므로 하나님의 이 원칙을 따라서 사십시오.

원칙대로 안 살아도 하나님이 여러분의 삶에 특별히 개입하시지도 않고 오히려 일이 잘 풀려간다고 마음을 놓아서는 안 됩니다.

야곱의 삶을 보십시오.

하나님은 70년이 넘는 긴 세월 동안 그렇게 하셨지만 마침내 찾아오셔서 원칙을 무섭게 적용시키셨습니다.

그러므로 여러분이 하나님이 창조하신 세상이 아니라 다른 세상에 살고 있다면 모를까, 그렇지 않다면, 하나님이 정하신 원칙을 따라 사십시오.

그러나 하나님의 원칙을 따라서 하나님과의 관계 속에서 행복을 추구하는 이 일을 너무 쉽게 생각하지 마십시오.

"아! 그 일. 내가 마음만 먹으면 언제든지 할 수 있는 일이야"라고 쉽게 생각하지 말라는 것입니다. 우리가 이 세상을 살면서 아무리 많이 배워도 잘못 배우는 것이 있다면 바로 이 원리입니다. 우리가 이 세상을 살면서 많이 실천한다고 하면서도 실제로 습득되지 않는 일이 있다면, 바로 이 원리입니다. 모든 사람은 하나님과의 바른 관계 속에서 참된 행복을 추구하는 일을 본능적으로 싫어하고 목숨을 내걸고 저항합니다.

오늘날 미국과 전 세계가 어떻게 돌아가고 있는지를 보십시오.

동물도 따르고 있는 하나님의 창조원리를 인간이 정면으로 거스르면서도 얼마든지 행복과 자유를 누릴 수 있다고 자신만만하게 주장하는 사람들이 세상에 넘쳐나고 있습니다.

사실, 우리가 매일매일 살고 있는 이 땅에서의 삶은 하나님과의 관계를 떠나서는 결코 인간이 행복해질 수 없다는 사실을 우리 모두에게 날마다 보여주고 있습니다.

사람들이 왜 먹고 사는 문제로 늘 고통을 당하고 있습니까?
왜 사람들이 좀 먹고 살만 해지면 질병에 걸려서 고통을 받고 있습니까?
왜 사람들이 좀 건강해지면 미래가 불안해져서 두려움에 떨게 됩니까?
왜 사람들의 마음속에는 참된 평안과 만족과 기쁨이 없는 것입니까?
왜 사람들은 오래오래 살고 싶은데 결국 늙고 병들어서 죽고 마는 것입니까?

성경은 이 모든 고통의 이유를 한마디로 설명 해줍니다. 사람이 하나님과의 관계를 버리고 그냥 행복만 냅다 추구했기 때문이라고 말입니다. 창세기 3장이 이것을 우리에게 설명해 주고 있습니다.

그런데 이런 삶을 나 자신이 살고 있고, 내 옆에 있는 다른 사람들도 이런 삶을 힘들게 살고 있는 것을 보면서도, 여전히 하나님과의 올바른 관계에 우리의 참된 행복이 달려있다는 사실을 사람들은 잘 깨닫지 못한다는 것입니다. 여전히 우리에게 필요한 것은 더 많은 돈과 더 좋은 직장과 더 안전한 노후대책이라고 생각하며 여전히 하나님과의 올바른 관계를 무시한다는 것입니다. 심지어 교회 안에 들어와 있는 사람들조차도 하나님과의 관계에는 관심이 별로 없고 그저 하나님께 잘 보여서 더 큰 행복을 얻어 보려는 욕심만 가지고 신앙생활을 한다는 것입니다.

이렇게 오늘날에는 인생의 참된 행복에 관한 이런 잘못된 관념과 하나님과의 관계에는 신경도 안 쓰고 하나님의 복만 추구하는 잘못된 신앙이 전염병처럼 온 세상에 유행하고 있습니다. 오늘날에는 마치 그것이 원칙인 것처럼 세상도 돌아가고 교회도 돌아가는 그런 상황입니다.

그렇기 때문에 이 원칙을 알고 실천하는 일을 너무 쉽게 생각하지 마십시오.

정말 하나님이 우리를 불쌍히 여기셔서 이 원리를 우리 마음에 깊이 새겨주시고 이 원리대로 살 수 있도록 만들어 주지 않으신다면, 우리도 이 세상의 거대한 물결에 휩싸이고 말 것입니다. 그러므로 오늘 들판에서 돌을 베게하고 잠을 자고 있는 야곱을 보면서 우리는 하나님의 은혜와 구원이 우리에게 얼마나 절박하게 필요한지를 새삼 깨닫고 하나님 앞에 나아가 은혜와 구원을 구해야 합니다.

태어날 때부터 야곱과 똑같은 기질을 가지고 태어난 우리라고 무슨 별수가 있겠습니까?

그러므로 하나님 앞에 나아가 우리의 약함과 악함을 아뢰며 은혜와 구원을 구해야 합니다.

"오! 하나님 아버지, 우리가 태어날 때부터 마음에 품고 태어난 이 거짓말, 우리가 살면서 수없이 실천한 이 거짓말, 이 세상이 온갖 감언이설로 속이는 이 거짓말에서 나와 내 가정과 내 교회를 구하옵소서."

오늘 본문에는 들판에서 돌베개를 하고 잠자는 야곱에게 하나님이 나타나셔서 환상을 보여주시는 장면도 기록되어 있습니다. 본문 12절과 13절 앞부분에 이런 말씀이 있습니다.

> 꿈에 본즉 사닥다리가 땅 위에 섰는데 그 꼭대기가 하늘에 닿았고 또 본즉 하나님의 사자가 그 위에서 오르락내리락하고 또 본즉 여호와께서 그 위에 서서(창 28:13-14).

한마디로 말해서, 하나님은 야곱에게 사닥다리를 보여주셨습니다. 이 사닥다리는 하나님이 하늘에서 내려주신 사닥다리였습니다. 하늘에서부터 긴 사닥다리가 야곱이 누워있는 땅까지 내려왔는데 그 위를 하늘의 천사들이 오르락내리락 하였습니다.

그리고 그 사닥다리 꼭대기에는 하나님이 서 계셨습니다. 하나님은 야곱을 처음 찾아오셔서 결코 잊을 수 없는 한가지 광경을 야곱에게 보여주셨는데, 그것이 하늘에서 내려진 사닥다리였던 것입니다.

성도 여러분!

야곱이 어떤 사람이었습니까?

야곱은 지금까지 77년 동안 장자의 권리를 형에게서 빼앗고, 어떻게 해서든 장자의 축복 기도를 받아야만 한다는 강박관념에 사로잡혀서 살아온 사람입니다. 하나님이 주시는 장자의 복을 열심히 사모하는 굉장히 신앙 좋은 사람처럼 보였지만, 하나님 자신에게 관심도 없었고 인간의 행복이 하나님과의 올바른 관계에 달려 있다는 가장 기본적인 진리조차 이해하지 못한 그런 못난 사람이었습니다.

그래서 죽 한 그릇을 놓고도 형과 거래를 했고 나중에는 늙은 아버지를 속이고 장자의 축복 기도를 훔쳐서 받는 일도 한 못된 삶을 살았던 것입니다. 이런 점에서 야곱은 행복을 얻기 위하여 끊임없이 투쟁하는 사람이었습니다. 자기가 태어날 때 가지고 태어나지 못했던 것을 자기 것으로 만들기 위해서 인륜을 저버리고 아버지 이삭을 속이며 형 에서를 배신한 잔인한 사람이었습니다.

그런데 하나님은 그런 야곱을 먼저 찾아오셔서 하늘과 땅을 연결하는 사닥다리를 보여주십니다. 하늘에서 그 사닥다리를 야곱이 누워있는 곳에 내려주십니다. 그리고 하늘의 천사들이 그 사닥다리를 통하여 하나님과 야곱 사이를 오고 가는 것을 보여주십니다.

성도 여러분!

왜 하필 사닥다리의 환상이었을까요?

왜 하늘에서 내려진 사닥다리의 환상이었을까요?

왜 하나님은 야곱을 처음 찾아오셔서 이런 내용의 환상을 보여주셨던 것일까요?

하나님은 세상에서 가장 지혜로운 교사시기 때문에 어떤 사람에게 무엇을 보여주시고 가르쳐 주실 때는 그 사람의 상태와 그 사람이 가지고 있는 문제를 해결하는 데 가장 안성맞춤인 것을 보여주시고 가르쳐 주십니다. 그러므로 하나님이 야곱에게 사닥다리의 환상을 보여주신 것은 하나님과의 관계 속에서 행복을 추구하지 않고, 인류를 버리면서까지 거짓말을 하고 싸워서라도 자기의 힘과 노력으로 행복을 쟁취하려고 하는 야곱의 못된 불신앙과 악행을 고쳐 놓기 위해서는 하늘에서 내려진 사닥다리의 환상만큼 좋은 것이 없기 때문이었습니다.

성도 여러분!

이날 밤에 야곱은 어떤 상태에 있었습니까?

야곱은 깊은 절망감에 빠져 있었습니다. 77년을 살아오면서 평생 형의 장자권을 빼앗고 아버지를 속여서라도 장자의 축복 기도를 받는 것에 목숨을 걸고 살았는데, 그 모든 것을 다 했음에도 불구하고 결국에는 빈손으로 집에서 나와야만 했고, 이제는 노숙자가 되었고, 앞으로는 어떻게 되는지 아무것도 장담할 수 없는 상황이 되었습니다.

그래서 야곱은 깊은 절망감에 빠져 있었습니다. 사방이 꽉 막혀 있는 것처럼 보이는 그런 상황이었습니다. 모든 것이 다 끝났다고, 더 이상 소망이 없다고 생각되는 그런 상황이었습니다. 그런데 하나님은 그런 야곱을 먼저 찾아오셔서 야곱이 누워 있는 곳에 자신의 사닥다리를 내려주셨습니다. 그리고 하늘의 천사들이 그 사닥다리를 통하여 하나님과 야곱 사이를 오르락내리락 하도록 하셨습니다.

하나님은 이 환상을 통해서, 인생을 정말로 복되게 하는 것, 하나님의 복을 야곱의 삶에 가져오게 하는 것은 어떤 것을 내 것으로 소유하는 데 있지 않고, 하나님과 우리 사이를 연결해 주는 사닥다리가 세워져 하나님과의 관계가 형성되고 유지될 때라는 것을 가르쳐 주신 것입니다.

하나님은 이 환상을 통해서 사닥다리가 하늘에서 내려져 땅에 닿은 것처럼 하나님과 우리의 관계라는 것은 우리가 뭘 해서 이루어지는 것이 아니라 하나님이 우리를 불쌍히 보시고 사닥다리를 내려주심으로써 형성되고 유지된다는 것을 가르쳐 주신 것입니다.

하나님은 이 환상을 통해서 사닥다리를 야곱이 돌을 베고 잠을 자는 땅바닥에 내려주심으로써 우리가 어디에 있든 무슨 형편에 처하든 하나님은 우리와의 관계를 유지시켜 주시고 복의 통로인 사닥다리를 내려주신다는 것을 가르쳐 주신 것입니다.

70년이 넘는 긴 인생길에서 행복을 간절히 찾지만 어디에서 어떻게 행복을 찾아야 할는지 알지 못하고 평생 방황한 야곱.

그러다가 미련하고 악하게도 가정을 풍비박산 내면서까지 자기의 행복을 차지하려고 했던 악독한 야곱.

하지만 결국에는 도망자의 신세가 되어 회한과 절망과 두려움 속에서 돌베개를 하고 길바닥에 노숙자처럼 잠을 청해야 했던 야곱.

이런 야곱을 하나님은 찾아오셨던 것이고, 그에게 사닥다리의 환상을 통해서 참된 행복에 이르는 길을 가르쳐 주셨던 것입니다. 가르쳐 주셨을 뿐만 아니라 그에게 참된 행복의 선물 꾸러미를 들고 오셔서 아예 그 선물들을 아낌없이 주셨던 것입니다.

아, 하나님은 얼마나 자비롭고 얼마나 은혜롭고 얼마나 긍휼이 풍성하신지요.

야곱을 찾아오신 하나님을 생각하노라면, 그저 하나님의 선하심에 감탄 또 감탄할 수밖에 없습니다.

성경이 '야곱의 하나님'이라고 말할 때, 하나님은 바로 이런 하나님이십니다. 성경이 우리에게 소망으로 삼으라고 권면하는 '야곱의 하나님'은 바로 이런 하나님이십니다. 하나님은 우리에게 다른 것을 원하시지 않습니다. 하나님은 우리가 참 행복을 영원히 누리기를 간절히 원하십니다. 그냥 막연하게 원하시는 것이 아니라 우리의 삶에 먼저 직접 찾아오셔서 참 행복에 이르도록 우리를 가르쳐 주시고 이끌어 주시는 은혜를 베풀어 주십니다. 그냥 참 행복에 이르는 길을 가르쳐 주실 뿐 아니라 참 행복을 우리에게 선물로 가져오셔서 값없이 나누어 주십니다.

심지어는 야곱처럼 참된 행복에 이르는 방법을 오해하고 평생 못된 삶을 살고 그 결과 비참한 삶에 떨어져도 그런 우리의 삶에 먼저 직접 찾아오시고 우리의 삶에 자신의 사닥다리를 내려주시고 그 사닥다리를 통해서 우리에게 복을 주시는 하나님입니다.

지금도 우리는 야곱처럼 미련하고 악해서 어떤 것을 우리의 것으로 만들어야만 우리 인생이 행복하고 안전할 거라는 착각에 빠져 살고 있습니다. 돈을 많이 벌고, 좋은 대학을 나오고, 좋은 직업을 가지고, 사회에서 높은 자리에 계속 올라가 명예와 권세를 얻어야만 인생이 행복하고 안전할 거라고 착각하며 그것을 소유하기 위하여 정말 힘들게 살고 있습니다.

어떤 사람은 그것들을 얻으려고 했지만 결국 얻지 못해서 누가 봐도 불행한 삶을 살고, 어떤 사람은 그것을 얻었지만 기대했던 참 행복을 거기에서 찾을 수 없어서 겉으로는 행복한 척 하지만 속으로는 불행한 삶을 살아갑니다.

교회 안에 들어와서 성경을 배우고 신앙을 배워도 우리는 야곱이 이삭의 가정에서 이상한 괴물로 성장했던 것처럼, 교회 안에서 오히려 이상한 괴물로 변해갑니다. 굉장히 신앙적인 것 같지만 굉장히 세속적인 사람으로 변해갑니다.

그런데 하나님은 그런 우리를 불쌍히 여기시고, 야곱에게 먼저 찾아오신 것처럼 우리의 삶에도 먼저 찾아오시고, 야곱에게 보여주셨던 사닥다리의 환상을 우리에게도 보여주십니다. 거룩하신 하나님과 죄인인 우리를 연결시켜 줄 수 있는 유일한 사닥다리, 저 높은 곳에 계신 복의 근원이신 하나님과 낮은 땅에 살고 있는 우리를 연결시켜 줄 수 있는 유일한 사닥다리이신 예수 그리스도를 우리에게 말씀으로 보여주십니다.

그리고 우리 인생을 참으로 영원히 행복하게 만들어 줄 수 있는 것은 예수 그리스도를 통하여 하나님과 우리가 연결되어 있을 때라는 것을 가르쳐 주십니다. 하나님은 그 진리를 우리에게 가르쳐 주실 뿐만 아니라, 우리의 삶에 그 사닥다리를 먼저 내려주시면서 우리에게 은혜와 구원을 베풀어 주기 시작하십니다.

오늘 본문에 기록된 야곱의 꿈을 자세히 읽어보면, 하나님은 처음부터 끝까지 일방적입니다. 하나님은 야곱이 찾아와 달라고 요청해서 찾아오신 것이 아니었습니다. 하나님은 일방적으로 야곱을 찾아오셨습니다.

야곱이 "내가 아버지를 속이고 장자권을 가로챈 것도 참 행복에 이르는 길이 아니라면, 그러면 무엇이 참 행복에 이르는 길입니까?"라고 물어서 하나님이 사닥다리의 환상을 설명해 주신 것도 아닙니다. 하나님은 일방적으로 아예 처음부터 사닥다리를 야곱이 누워 있는 곳에 내려놓으셨습니다. 그리고 하늘의 천군천사들이 그 위를 오르락내리락하게 만들어 놓으셨습니다.

야곱이 "그러면 참 행복을 내게 주십시오"라고 간청해서 하나님이 복을 주신 것도 아니었습니다. 하나님은 일방적으로 야곱에게 복을 베풀어 주셨습니다. 이것이 오늘 본문에서 우리가 주의 깊게 보아야 할 것입니다.

> 야곱이 브엘세바에서 떠나 하란으로 향하여 가더니 한곳에 이르러는 해가 진지라 거기서 유숙하려고 그곳의 한 돌을 취하여 베개하고 거기 누워 자더니 꿈에 본즉 사닥다리가 땅 위에 섰는데 그 꼭대기가 하늘에 닿았고 또 본즉 하나님의 사자가 그 위에서 오르락 내리락하고 또 본즉 여호와께서 그 위에 서서 가라사대 나는 여호와니 너의 조부 아브라함의 하나님이요 이삭의 하나님이라 너 누운 땅을 내가 너와 네 자손에게 주리니 네 자손이 땅의 티끌같이 되어서 동서남북에 편만할지며 땅의 모든 족속이 너와 네 자손을 인하여 복을 얻으리라 내가 너와 함께 있어 네가 어디로 가든지 너를 지키며 너를 이끌어 이 땅으로 돌아오게 할지라 내가 네게 허락한 것을 다이루기까지 너를 떠나지 아니하리라

하신지라(창 28:10-15).

야곱의 인생을 자세히 살펴보면, 야곱이 하나님을 잘 믿어서 복을 받았던 것이 결코 아닙니다. 야곱이 죽을 때까지 그런 일은 없었습니다. 하나님이 먼저 야곱의 삶에 복을 가지고 찾아오셨습니다. 오늘 본문에서부터 하나님은 늘 그러셨습니다. 그런 하나님을 야곱은 뒤따라가면서 겨우겨우 믿게 되었습니다.

오늘 본문을 보십시오.

야곱은 자기의 삶을 파괴하였고 인생의 맨 밑바닥으로 떨어졌습니다. 하지만 하나님은 그런 야곱의 삶에 복을 가지고 먼저 찾아오셨습니다. 그리고 복을 받을 만한 조건도 자격도 안 되는 야곱에게 복을 주시겠다고 맹세하셨습니다.

그리고 그 맹세를 야곱의 평생 지키셨습니다. 야곱은 하나님의 이 약속을 뒤따라갔을 뿐입니다. 야곱은 하나님의 이 약속마저도 잘 믿지 못하고 흔들릴 때가 많았습니다. 그러나 하나님은 그런 야곱을 앞서 가시면서 인도하셨던 것입니다.

오늘 우리도 마찬가지입니다. 우리가 하나님을 잘 믿어서 복을 받는 것이 아닙니다. 기본적으로 우리는 야곱처럼 악하고 미련해서 우리의 삶을 자꾸 엉뚱한 방향으로 끌고 갑니다. 신앙을 가진 후에 우리는 신앙적인 모습으로 행복을 열심히 추구하지만 그 과정에서 우리는 또 다시 엉뚱한 일을 너무 많이 해서 결국 스스로 우리 삶을 파괴시킵니다. 그래서 우리는 오늘 본문의 야곱처럼 후회가 많고 불안하고 절망적인 삶을 살 때가 너무 많습니다.

그런데 그런 우리의 삶에 하나님은 조용히 찾아오셔서 예수 그리스도라는 사닥다리를 하늘로부터 내려주시고 예수 그리스도를 통하여 우리의 마음과 삶에 신령한 복들을 부어주기 시작하십니다. 우리는 그런 하나님을 점점 더 알게 되면서 하나님을 뒤따라가며 겨우겨우 믿을 뿐입니다. 우리가 하나님을 잘 믿어서 복을 받는 것이 아니라, 하나님이 은혜로 우리에게 복 주신다는 것을 체험하면서 우리가 하나님을 믿게 된다는 말이 더 정확한 말입니다.

그러므로 성경은 하나님을 잘 믿어서 복을 받으라고 말하지 않습니다. 그렇게 말하는 것처럼 보이는 성경구절들이 있습니다.

그러나 성경이 정말로 우리에게 가르쳐 주는 핵심 진리는 하나님을 잘 믿어서 복을 많이 받으라는 것이 아닙니다. 평생 행복을 추구했지만 결국에는 노숙자가 되어버린 야곱의 삶에 참되고 영원한 복을 가지고 찾아오신 하나님이 오늘도 우리의 무너진 삶에 참되고 영원한 행복을 가지고 찾아오신다는 것입니다.

하나님이 우리의 삶에 예수 그리스도라는 사닥다리를 내려주시고 그를 통해서 우리에게 참되고 영원한 행복을 주신다는 것입니다. 하나님이 우리에게 예수 그리스도 안에서 복과 은혜를 한량없이 내려주시니 그 하나님을 믿으라는 것이 성경의 주된 가르침입니다.

그러므로 여러분이 하나님을 잘 믿어서 은혜와 복을 받으려고 하지 마십시오.

오히려 예수 그리스도 안에서 일방적으로 여러분에게 은혜와 복을 베풀어 주시는 하나님을 잘 믿으려고 하십시오.

여러분 중에 어떤 분들은 이렇게 말씀하실지도 모릅니다.

"목사님, 저에게는 하나님이 그렇게 찾아오신 적이 없습니다. 저는 야곱처럼 그런 꿈을 꾼 적도 없습니다."

성도 여러분!

야곱이 꾼 꿈을 꾸지 않았어도 하나님께서 야곱에게 꿈으로 보여주셨던 것을 말씀으로 여러분에게 가르쳐 주셨다면, 하나님은 여러분의 인생에도 똑같이 찾아오신 것입니다.

혹시 여러분이 성경 읽을 때나 설교 들을 때 하나님께서 예수 그리스도를 하나님과 여러분을 연결시켜 주는 유일한 사닥다리라고 설명해 주시고, 그런 예수님을 통해서 여러분에게 복 주시겠다고 약속하신 적 있습니까?

그렇다면, 야곱의 인생에 찾아오신 하나님이 여러분의 인생에도 찾아오신 것입니다.

그러므로 하나님께서 여러분의 삶에 찾아오셔서 가르쳐 주신 이 한 가지 진리를 붙잡으십시오.

그리고 예수 그리스도 안에서 여러분에게 모든 복을 주시겠다고 약속하시고 맹세하신 하나님을 믿고 따라가십시오.

하나님께서 사닥다리로 여러분에게 보여주시고 여러분의 삶에 세워주신 예수 그리스도가 여러분이 살아 있을 때나 죽어 있을 때나 여러분에게 유일한 소망이라는 것을 진심으로 믿으십시오.

그러므로 이제는 무엇을 소유해야 행복하다는 생각을 버리고 예수님만 있으면 된다고 생각하십시오.

하나님을 잘 믿어서, 하나님께 잘 보여서, 더 많은 복을 받고 더 큰 행복을 누리려고 더 이상 애쓰지 마십시오.

오히려 우리에게 더 많은 복을 주시고 더 큰 행복을 누리게 하시려고 우리의 무너진 삶에 찾아오셔서 복을 약속하시는 하나님을 믿고 따라가십시오.

야곱이 복을 받을 만한 사람으로 변화되었기 때문에 하나님이 야곱에게 복을 주신 것이 아니었습니다. 하나님은 야곱의 인생을 붙드시고 그에게 복과 은혜를 주심으로써 야곱의 인격과 삶을 고치셨습니다. 하나님께서는 오늘도 그런 은혜의 역사를 우리에게 베풀어 주십니다.

그러므로 하나님을 기대하며 따라가십시오.

이것이 믿음으로 사는 삶이며, 이것이 참된 행복에 이르는 길입니다.

하늘의 거룩하신 하나님께서 땅 바닥에 누워 자는 비참한 여러분에게 하늘로부터 내려주신 예수 그리스도라는 신령한 사닥다리를 소중히 여기고 믿으십시오.

우리가 어디에 있든 예수 그리스도가 하나님과 우리 사이에 사닥다리로 서 계시기 때문에 거룩하신 하나님과 죄인인 우리 사이에는 언제나 신령한 교통이 있을 수밖에 없다는 이 복된 진리를 믿고 살아가십시오.

아멘!

제6장

하나님의 심방
(창 28:10-22)

[10]야곱이 브엘세바에서 떠나 하란으로 향하여 가더니 [11]한곳에 이르러는 해가 진지라 거기서 유숙하려고 그곳의 한 돌을 취하여 베개하고 거기 누워 자더니 [12]꿈에 본즉 사닥다리가 땅 위에 섰는데 그 꼭대기가 하늘에 닿았고 또 본즉 하나님의 사자가 그 위에서 오르락 내리락하고 [13]또 본즉 여호와께서 그 위에 서서 가라사대 나는 여호와니 너의 조부 아브라함의 하나님이요 이삭의 하나님이라 너 누운 땅을 내가 너와 네 자손에게 주리니 [14]네 자손이 땅의 티끌같이 되어서 동서남북에 편만할지며 땅의 모든 족속이 너와 네 자손을 인하여 복을 얻으리라 [15]내가 너와 함께 있어 네가 어디로 가든지 너를 지키며 너를 이끌어 이 땅으로 돌아오게 할지라 내가 네게 허락한 것을 다이루기까지 너를 떠나지 아니하리라 하신지라 [16]야곱이 잠이 깨어 가로되 여호와께서 과연 여기 계시거늘 내가 알지 못하였도다 [17]이에 두려워하여 가로되 두렵도다 이 곳이여 다른 것이 아니라 이는 하나님의 전이요 이는 하늘의 문이로다 하고 [18]야곱이 아침에 일찌기 일어나 베개하였던 돌을 가져 기둥으로 세우고 그 위에 기름을 붓고 [19]그곳 이름을 벧엘이라 하였더라 이 성의 본 이름은 루스더라 [20]야곱이 서원하여 가로되 하나님이 나와 함께 계시사 내가 가는 이 길에서 나를 지키시고 먹을 양식과 입을 옷을 주사 [21]나로 평안히 아비 집으로 돌아가게 하시오면 여호와께서 나의 하나님이 되실 것이요 [22]내가 기둥으로 세운 이 돌이 하나님의 전이 될 것이요 하나님께서 내게 주신 모든 것에서 십분 일을 내가 반드시 하나님께 드리겠나이다 하였더라(창 28:10-22).

구약성경 잠언 8장 17절에 이런 말씀이 있습니다.

> 나를 간절히 찾는 자가 나를 만날 것이니라(잠 8:17).

이것은 하나님이 정해 놓으신 법칙입니다. 하나님은 간절히 하나님을 찾는 사람을 만나주십니다. 하나님은 우리에게 말씀하셨습니다.
"내게로 오라!"(Come unto me!)

> 너희는 여호와를 만날만한 때에 찾으라 가까이 계실 때에 그를 부르라 악인은 그 길을, 불의한 자는 그 생각을 버리고 여호와께로 돌아오라 그리하면 그가 긍휼히 여기시리라 우리 하나님께로 나아오라 그가 널리 용서하시리라(사 55:6-7).

그렇기 때문에 하나님은 우리가 그 말씀을 따라 하나님께 오기를 기다리십니다. 우리가 그 말씀을 따라 하나님께 적극적으로 나아갈 때 하나님은 우리를 만나주시고 우리에게 복을 주십니다. 그러므로 우리는 전심으로 진심으로 하나님께 나아가야 합니다.

그런데 성경을 보면 굉장히 운이 좋은 사람들이 있습니다. 이 사람들은 하나님을 전혀 찾지 않았습니다. 아니, 하나님을 찾을 생각도 없었습니다. 어떤 경우에는 하나님을 심하게 미워하고 대적하였습니다. 그러므로 하나님이 정해 놓으신 법칙에 따르면 이런 사람들은 절대로 하나님을 만날 수 없는 사람들입니다. 하나님의 법칙은 "나를 간절히 찾는 자가 나를 만날 것이니라"이기 때문입니다.

그런데 성경을 보면 어떤 사람들은 아주 놀라운 방식으로 하나님을 만났습니다. 그것도 1-2분 잠깐 대충 만난 게 아니라 어마어마하게 하나님을 만났습니다. 그리고 하나님이 주시는 놀라운 은혜를 경험했습니다.

어떻게 된 것일까요?

하나님을 찾을 생각도 없는 사람들이 어떻게 그렇게 어마어마하게 하나님을 만난 것일까요?

언제 하나님은 이런 식으로 우리에게 찾아오시는 것일까요?

오늘 본문 말씀에 등장하는 야곱과 야곱을 찾아오신 하나님을 보면서 우리는 그런 질문에 대한 답을 찾아볼 수 있습니다. 오늘 본문을 보면 야곱은 들판에서 돌을 베고 깊은 잠이 들게 됩니다. 지금 야곱은 형 에서를 피해서 도망가고 있는 중입니다. 형 에서가 야곱을 죽이겠다고 공공연히 말하고 다녔기 때문입니다. 목숨이 위태로워진 야곱은 급하게 짐을 싸서 외삼촌이 살고 있는 먼 하란 땅으로 도망치기 시작합니다.

뛰어난 사냥꾼인 형 에서가 자기를 죽이려고 하니 야곱이 얼마나 정신없이 급하게 도망쳤겠습니까?

급하게 도망가다가 해가 지자 야곱은 길가에 드러누워서 돌을 베개하고 잠을 자게 됩니다. 근처 마을에 들어갔다가는 형에게 발각될 수도 있기 때문에 길바닥에서 잠을 잔 것이겠지요. 길바닥에서 잠을 청하다 보니 베개할 것이 마땅치 않아 결국 딱딱한 돌을 베개하고 잠을 자게 됩니다.

야곱이 돌베개를 하고 잠을 잤다는 사실을 생각해 보십시오.

아무리 기분이 좋고 행복할 때라도 돌을 베개하면 1-2분도 못되어 머리가 아파서 견딜 수 없게 됩니다. 딱딱한 베개를 좋아하는 사람들도 있지만 그런 사람들도 돌을 베개하면 몇 분을 못 넘기고 좀 더 부드러운 베개를 달라고 할 것입니다. 그런데 야곱은 딱딱한 돌을 베개하고 깊은 잠을 잘 수 있었습니다.

그만큼 그날 밤 야곱의 마음이 온통 딴 데 팔려 있었다는 것이고 몸도 피곤했다는 뜻이겠지요.

다시는 가족에게 돌아갈 수 없을 거라는 불안함, 언제라도 형이 추격해 와서 자신을 죽일지도 모른다는 불안함, 여행 중에 강도를 만나 죽을 수도 있다는 불안함, 장자의 축복만 받으면 뭐든지 다 잘 될 거라고 생각했는데 오히려 죽음의 문턱에 서 있게 된 것에 대한 불안함, 그리고 이제는 아무것도 보장된 것이 없는 자신의 미래에 대한 불안함 등등. 야곱의 마음은 조금도 여유가 없었습니다.

그날 밤 야곱은 하나님을 전혀 찾지 않았습니다. 창세기를 읽어보면 야곱이 자기를 죽이려고 하는 형 에서를 피해서 도망가는 동안 그 어디에서도 하나님께 엎드려 기도했다는 기록이 없습니다. 이런 상황이면 하나님을 간절히 찾을 만도 한데 야곱이 하나님을 간절히 찾았다는 기록이 전혀 없습니다. 물론 이때 야곱에게 신앙심이 전혀 없었던 것은 아닐 것입니다. 믿음의 조상 아브라함의 손자요 이삭의 아들로 평생 자랐는데 어려울 때 하나님을 찾아야 한다는 것을 모를 리 없었을 것입니다.

하지만 숨 막히는 위기의 순간에도 야곱은 하나님께 매달리지 않았고 하나님을 찾지 않았습니다. 사람이 위기 상황에 몰리면 하나님을 찾기가 쉬운데, 야곱은 위기 상황 속에서도 하나님을 찾지 않았습니다. 이렇듯 야곱은 신앙의 기본도 제대로 안 되어 있는 그런 사람이었습니다.

그런데 그날 밤 하나님께서 그런 야곱에게 불쑥 찾아오셨습니다. 야곱이 깊은 잠에 들었을 때 하나님은 야곱의 꿈속에 찾아오셔서 야곱이 누워있는 땅에서부터 하늘에 이르기까지 긴 사다리가 연결되어 있고 그 사다리 위로 천사들이 오르락내리락하는 그림을 보여주셨습니다. 그리고 그 긴 사다리 위에서 야곱에게 음성으로 말씀을 들려주셨습니다. 13절부터 15절에 이렇게 기록되어 있습니다.

> 또 본즉 여호와께서 그 위에 서서 가라사대 나는 여호와니 너의 조부 아브라함의 하나님이요 이삭의 하나님이라 너 누운 땅을 내가 너와 네 자손에게 주리니 네 자손이 땅의 티끌 같이 되어서 동서남북에 편만할지며 땅의 모든 족속이 너와 네 자손을 인하여 복을 얻으리라 내가 너

와 함께 있어 네가 어디로 가든지 너를 지키며 너를 이끌어 이 땅으로 돌아오게 할지라 내가 네게 허락한 것을 다 이루기까지 너를 떠나지 아니하리라 하신지라(창 28:13-15).

야곱이 하나님을 찾았기 때문에 하나님이 찾아오신 것이 아닙니다. 하나님이 먼저 야곱에게 불쑥 찾아오신 것입니다.

하나님은 야곱에게 "이렇게 위급한 상황에 있으면서도 나를 찾지 않으면 어떻게 하려고 하느냐? 앞으로는 나를 간절히 찾고 구해라. 그러면 내가 너를 만나주겠다"라고 말씀하시려고 잠시 들르신 것도 아니었습니다.

하나님은 처음부터 많은 복과 은혜의 선물 바구니를 들고 야곱을 찾아오셔서 그 자리에서 다 주셨습니다. 처음부터 그렇게 하려고 야곱에게 친히 찾아오신 것입니다.

그러니 이 얼마나 놀라운 일입니까!

도덕적으로 인격적으로 문제가 많아서 가정을 파탄으로 몰고 간 야곱, 위기에 몰려도 하나님을 간절히 찾을 줄 모르는 야곱, 이런 야곱을 하나님께서 친히 찾아오셨습니다. 하나님께서 먼저 찾아오셨습니다. 하나님께서 은혜로 찾아오셨습니다. 하나님께서 복을 들고 찾아오셨습니다.

하나님은 자기 자리에 가만히 앉아서 우리에게 오라가라 말씀만 하시는 분이 아니십니다. 이사야 1장에 보면 죄인들을 향한 하나님의 초대가 기록되어 있습니다.

오라 우리가 서로 변론하자 너희 죄가 주홍 같을지라도 눈과 같이 희어질 것이요 진홍 같이 붉을지라도 양털 같이 되리라(사 1:18).

죄를 깨닫지도 못하고 회개하지도 않는 우리에게 "오라, 우리가 변론하자!"라고 외치시는 하나님은 얼마나 은혜로운 하나님이십니까?

이사야 55장에 보면 목마른 인생을 향한 하나님의 초대가 기록되어 있습니다.

> 너희 목마른 자들아 물로 나아오라 돈 없는 자도 오라 너희는 와서 사먹되 돈 없이 값없이 와서 포도주와 젖을 사라(사 55:1).

마음속 깊은 곳에 참된 행복과 영원한 의가 없어서 늘 목마른 우리를 향하여 "돈 없이 값없이 와서 포도주와 젖을 사라!"고 부르시는 하나님은 얼마나 은혜로운 하나님이십니까?

이사야 55장에 보면, 악인과 죄인들에게 어떤 방식으로 하나님께 돌아와야 하는지 구체적인 지침을 주시면서 그들을 부르시는 하나님의 초대가 기록되어 있습니다.

> 악인은 그 길을, 불의한 자는 그 생각을 버리고 여호와께로 돌아오라 그리하면 그가 긍휼히 여기시리라 우리 하나님께로 나아오라 그가 널리 용서하시리라(사 55:7).

심판의 대상이 되는 악인과 불의한 사람들을 은혜와 자비로 초대해 주시는 하나님은 얼마나 은혜로운 하나님이십니까?

예레미야 4장에는, 하나님께 돌아오는 시늉만 하고 딴 길로 새어버린 죄 많은 사람들을 다시 부르시는 하나님의 초대가 기록되어 있습니다.

> 여호와께서 가라사대 이스라엘아 네가 돌아오려거든 내게로 돌아오라 (렘 4:1).

하나님께 돌아간다고 해놓고 실제로는 돌아가지 않고 엉뚱한 짓을 하는 우리를 포기하지 않고 끈질기게 부르시는 하나님은 얼마나 은혜로운 하나님이십니까?

그러나 하나님은 우리를 간절히 부르는 일보다 더 큰 은혜를 우리에게 베풀어 주십니다. 그것은 친히 우리에게 찾아오시는 것입니다. 물론 하나님의 통상적인 법칙은 "나를 간절히 찾는 자가 나를 만날 것이니라"입니다. 그러나 때때로 하나님은 친히 그 법칙을 깨뜨리시고 자기를 찾지 않는 죄인에게 먼저 찾아가셔서 자기의 은혜와 복을 안겨주시는 일을 행하십니다.

오늘 본문의 야곱이 그런 예 중의 한 사람입니다. 예수님이 십자가에 달려 있을 때, 옆에 달려 있던 한쪽 강도도 그런 예 중의 한 사람입니다. 예수 믿는 사람들을 핍박하기 위하여 살기 등등한 눈을 하고 다메섹으로 가던 사울도 그런 예 중의 한 사람입니다. 세 사람 모두 하나님을 찾지 않았습니다. 야곱은 도망가느라 정신이 없었고, 십자가의 강도는 예수님을 욕하는 데 정신이 없었고, 사울은 예수 믿는 사람을 핍박하느라 바빴습니다. 그런데 그런 사람들을 하나님이 먼저 찾아주신 것입니다.

어떤 사람은 이렇게 항의할 수 있습니다.

"하나님, 이것은 불공평합니다. 누구는 간절히 하나님을 찾아야 만나주시고 누구는 찾지도 않는데 만나주시다니요! 하나님, 제발 원칙을 지켜주십시오."

하지만 사실 우리는 그렇게 원망할 자격이 전혀 없는 사람들입니다. 사실 우리도 먼저 찾아오시는 하나님의 은혜를 받은 사람이기 때문입니다. 그리고 사실 하나님께서 원칙을 깨뜨리시는 일이 있기에 오히려 우리 같은 사람들에게 소망이 있습니다.

"나에게 오라"고 부르시는 하나님의 음성을 듣고 하나님께로 나아가려는데 어떻게 해야 하는지 알 수 없어서 멍하게 서 있을 때가 얼마나 많습니까?

하나님께로 전심으로 나아가고 싶은데 우리 마음속에 또 우리 밖에 많은 장애물들이 있고 그 장애물들을 치울 힘이 내게 없어서 무력하게 주저앉을 때가 얼마나 많습니까?

또 하나님께로 나아가고 있는데 내 다리에 힘이 너무 없어서 마치 거북이처럼 느릿느릿 답답하게 갈 때도 얼마나 많습니까?

이럴 때 우리 마음은 낙심되고 절망스럽습니다.

하지만 그럴 때마다 우리는 야곱을 먼저 찾아오셨던 하나님에게서 소망을 발견하게 됩니다. 그때 우리는 이렇게 간구할 수 있습니다.

"오, 하나님!

하나님께 나아가고 싶은데 어쩔 줄을 모르겠습니다. 하나님께 나아가고 싶은데 장애물이 너무 많습니다. 하나님께 빨리 나아가고 싶은데 다리에 힘이 없어 그렇게 할 수 없습니다.

그러니 하나님 제게 와 주십시오.

야곱에게 친히 찾아오셨던 것처럼 저에게도 친히 찾아와 주십시오.

그리하여 내가 한시라도 빨리 하나님의 품 안에 있게 해 주십시오."

이렇게 기도하고서 야곱을 먼저 찾아오신 하나님이 우리의 마음과 삶에 친히 찾아오시고 먼저 찾아오시고 은혜와 복을 들고 찾아오시기를 기다릴 수 있습니다.

그러므로 원칙을 깨뜨리는 것처럼 보이는 하나님을 향하여 원망하지 마십시오.

오히려 하나님이 그런 방식으로도 우리에게 은혜와 복을 베푸신다는 것이 우리에게 얼마나 소망스러운 일인지를 깨닫고 하나님께 감사하고 하나님을 기다리십시오.

교회 안에서 교우들의 기도제목을 받아보면, 의외로 가족들 가운데 하나님을 찾지 않고 있는 가족을 위한 간절한 기도제목이 많이 나옵니다. 그렇습니다. 우리 주변에는 야곱처럼 하나님을 의지할 줄 모르고 자기 꾀를 의지하고 사는 사람이 굉장히 많습니다. 인생의 위기를 만나서 하나님을 찾을 것 같은데 오히려 길바닥에 누워 돌베개를 베고 잠을 자면서도 하나님을 찾지 않는 가족이나 친구들이 있습니다. 그런 그들이 너무나 안타까워 우리는 그들에게 "하나님을 찾으라. 하나님께 나아가라"고 권면합니다.

하지만 우리의 권면은 아무런 소용도 없습니다. 그들은 마치 귀가 없어서 듣지 못하는 사람처럼 우리 말을 알아듣지 못합니다. 우리가 아무리 애써서 설명하고 아무리 간절하게 권면해도 아무 소용이 없습니다.

"아, 하나님께 나아가기만 하면 구원의 은혜와 참된 행복을 얻게 되는데 왜 저렇게 고집을 피울까!"

우리는 안타까운 마음으로 그들을 바라봅니다.

그럴 때 우리는 야곱을 먼저 찾아오신 하나님에게서 소망을 발견하게 됩니다. 야곱을 먼저 찾아오신 하나님은 자기를 간절하게 찾는 사람에게만 자기를 나타내시지 않고 때로는 자기를 전혀 찾지 않는 사람에게도 친히 자기를 보여주시는 은혜로우신 하나님이기 때문에 우리는 하나님을 향하여 소망을 품게 됩니다. 그리고 언제나 우리의 기도를 들어주시는 하나님을 향하여 담대함으로 간구하게 됩니다.

"오, 야곱의 하나님!

더러운 죄로 죽음의 위기에 놓여 있던 야곱을 친히 찾아가 주시고 하나님의 은혜를 선물로 주신 것 같이 내 남편, 내 아들, 내 딸, 내 친구에게도 하나님이 찾아가 주십시오.

가서 그들을 구원하여 주옵소서."

아무리 많은 말로 간절하게 설득을 해도 하나님께로 돌아서지 않는 우리 가족이나 친구는 우리를 절망케 하지만, 야곱의 하나님 때문에 우리는 절망 대신 소망을 품고 인내심 있게 기다리게 됩니다.

그러므로 하나님께로 가까이 나아가려고 애쓰지만 말고 야곱을 찾아오신 것처럼 우리에게 먼저 찾아오시는 하나님을 바라십시오.

다른 사람들을 하나님께로 인도하려고만 애쓰지 말고 야곱을 찾아오신 것처럼 하나님을 찾지 않는 사람들에게 먼저 찾아오시는 하나님을 바라십시오.

교회를 다니면서 목사의 심방을 요청해 보신 적이 있습니까?

대개의 경우, 우리는 주일에 교회에 가서 목사의 설교를 듣습니다. 아니면, 교회에서 목사를 만나 목회적인 상담을 받기도 합니다. 하지만 어느 때는 우리가 교회까지 가기가 힘든 때가 있습니다. 그럴 때 우리는 목사에게 심방을 요청합니다. 왜냐하면 목사는 우리가 교회에 가야만 우리를 만나주고 우리에게 가르침을 제공해 주는 것이 아니라, 우리가 있는 곳으로 찾아와서 우리를 가르치고 돌봐주는 심방사역을 하기 때문입니다.

그와 같이 하나님의 심방을 요청하십시오.

그런데 오늘 본문에서 하나님이 야곱에게 찾아오신 시점을 보면 굉장히 흥미로운 사실을 발견하게 됩니다. 성경을 연구하는 학자들은 야곱이 들판에서 돌베개를 하고 잠을 잘 때 야곱의 나이가 77세 정도 되었다고 생각합니다. 물론 그 당시는 사람이 150세를 훌쩍 넘겨서 살기도 했으니까 오늘날 우리 시대의 77세와는 좀 다릅니다. 하지만 한 가지 분명한 사실은 야곱이 70년 넘게 이 세상을 이미 살았다는 것입니다. 그것도 믿음의 가정에서 신앙교육을 받으면서 살았다는 것입니다.

야곱의 아버지가 누구입니까?

이삭입니다.

그럼, 야곱의 할아버지는 누구입니까?

믿음의 조상 아브라함입니다.

그러니까 야곱은 믿음의 명문 가정 중에서도 최고의 명문 가정에서 수십년 동안 신앙교육을 받은 셈입니다. 하지만 이번처럼 하나님께서 야곱에게 개인적으로 인격적으로 친밀하게 찾아오신 일은 한번도 없었습니다.

그런데 하나님께서 야곱을 처음으로 찾아오셔서 자기 자신을 분명하게 드러내신 시점이 언제인지 잘 생각해 보십시오.

야곱이 집에서 도망쳐서 길바닥에 자리를 깔고 돌베개를 하고 잠을 청하는 날이었습니다. 하나님은 이 날에 야곱을 찾아주셨습니다. 이날은 이기심과 욕심으로 행복을 추구하다가 망가질 대로 다 망가졌을 때입니다. 이날은 이기심과 욕심으로 행복을 추구하는 그 모든 것이 다 헛된 몸부림이었다는 사실을 야곱이 비참하게 깨닫게 되었을 때입니다. 이날은 언제 죽을지도 모르는 위급한 상황에서 야곱이 모든 것을 다 잃고 혼자서 외롭게 버텨야만 했던 때입니다.

그런데 바로 이날 하나님은 야곱의 삶에 특별하게 찾아오셨고 자기 자신을 분명하게 나타내 보여주셨습니다. 오늘 본문에서 우리는 하나님이 야곱을 심방하기로 선택하신 이날을 눈여겨보아야 합니다. 왜냐하면 하나님이 일하시는 방식이 여기에 숨어 있기 때문입니다.

어떤 사람은 이렇게 말할 수도 있을 것입니다.

"아니, 하나님이 야곱의 삶에 더 일찍 찾아가셨더라면 얼마나 좋았을까?

그래서 야곱을 반듯한 사람으로 만드시고 야곱이 이렇게 망가지지 않게 하셨더라면 얼마나 좋았을까?"

물론 하나님께서 그것을 원하셨다면, 하나님은 얼마든지 그렇게 하실 수 있었을 것입니다. 그러나 하나님은 그렇게 하지 않고 야곱의 나이가 일흔일곱이 될 때까지 기다리셨습니다. 아니, 좀 더 정확하게 말하자면, 야곱이 자기의 욕심과 이기심을 따라 하고 싶은 일을 다 해볼 때까지 기다리셨습니다. 야곱이 하나님을 의지하지 않고 자기 꾀를 따라 하고 싶은 일을 다 해볼 때까지 기다리셨습니다. 그런 다음에 야곱이 모든 것을 다 했어도 완전하게 실패했을 때, 그래서 마음에 깊은 절망감과 두려움을 느끼고 있었을 때, 바로 그때를 놓치지 않고 하나님은 전격적으로 야곱을 찾아가 만나 주셨습니다.

어떤 사람이 물에 빠져서 허우적거리는데 구조를 해야 할 사람이 당장 물에 뛰어들지 않고 그냥 서 있었다고 합니다. 그러자 옆에서 지켜보던 성질 급한 사람이 소리를 버럭 질렀습니다.

"아니, 사람이 당장 죽게 생겼는데 팔짱 끼고 구경만 할 거요? 당장 물에 뛰어들어 저 사람을 건져내요!"

하지만 구조를 해야 할 사람은 엉뚱한 대답을 합니다.

"조금 더 기다려야 합니다. 조금 더 기다려야 합니다."

그러는 사이에 허우적거리던 사람은 힘이 다 빠져서 이제는 허우적거리지도 못하게 됩니다. 그러자 구조요원이 물에 뛰어들어 그 사람을 건져냅니다. 오늘 본문에서 야곱이 일흔일곱이 되어서야 야곱의 삶에 개입하시고 찾아오신 하나님은 마치 그런 구조요원과 같습니다.

구조요원이 물에 당장 뛰어들지 않았던 것은 그 사람을 건져낼 의사가 없어서가 아닙니다. 또 그 사람을 건져낼 능력이 없어서도 아닙니다. 물에 빠져 허우적거리는 사람은 공포를 느끼고 있어서 온 힘을 다하여 몸부림을 치기 때문에 구조하는 사람이 당장 뛰어 들어가도 순순히 구조를 받지 못합니다. 그래서 능숙한 구조요원은 그 사람이 힘이 빠질 때까지 기다리는 것입니다. 그래야 그 사람을 쉽게 끌고 육지로 나올 수 있기 때문입니다.

하나님께서 야곱의 삶에 더 일찍 찾아가지 않으신 이유도 이와 같습니다. 야곱은 욕심과 꾀가 굉장히 강한 사람인지라 그 힘이 다 빠질 때까지 하나님은 기다리신 것입니다. 야곱이 자기 꾀로 자기 욕심으로 결코 행복을 얻을 수 없다는 것을 뼈저리게 깨닫게 되자 하나님은 정말 급하게 야곱을 찾아오셨습니다. 그리고 야곱에게 참된 행복과 안전을 주실 수 있는 분은 오직 하나님 한 분뿐이라고 분명하게 가르쳐 주셨습니다.

오늘 우리의 삶에도 하나님은 시간을 정확하게 보시면서 가장 좋은 시간에 우리를 찾아오십니다. 그러므로 하나님이 우리의 삶에 더디게 찾아오시는 것 같을 때, 우리는 하나님을 원망할 것이 아니라 아직도 우리 힘으로 살아보겠다고 허우적거리는 우리 자신을 탓해야 합니다. 그리고 우리 힘으로 허우적거리는 일을 멈추고 하나님께서 찾아오셔서 우리를 붙들어주실 것을 기다려야 합니다. 그러면 하나님은 어김없이 정확한 시간에 우리에게 찾아오시고, 은혜와 복을 선물로 우리에게 안겨주십니다.

그러므로 늦게 찾아오는 것 같지만 정확하게 우리를 찾아오시는 하나님께 소망을 두십시오.

우리 주변에 있는 믿지 않는 가족들, 믿지 않는 친구들에게도 하나님께서 그러한 은혜를 베풀어 주시기를 소망 가운데 기도하십시오.

그리고 하나님을 기다리십시오.

오늘 본문에 보면 하나님은 야곱에게 사닥다리의 환상을 보여주실 뿐 아니라 하늘로부터 말씀도 들려주셨습니다. 야곱이 환상을 보고도 그 의미를 분명하게 깨닫지 못할까 봐 하나님은 친히 음성도 들려주셨습니다.

하나님께서 야곱에게 들려주신 말씀을 잘 들어보십시오.

> 나는 여호와니 너의 조부 아브라함의 하나님이요 이삭의 하나님이라 너 누운 땅을 내가 너와 네 자손에게 주리니 네 자손이 땅의 티끌 같이 되어서 동서남북에 편만할지며 땅의 모든 족속이 너와 네 자손을 인하여 복을 얻으리라 내가 너와 함께 있어 네가 어디로 가든지 너를 지키며 너를 이끌어 이 땅으로 돌아오게 할지라 내가 네게 허락한 것을 다 이루기까지 너를 떠나지 아니하리라 하신지라 (창 28:13-15).

여기에 보면, 하나님은 '내가'라는 단어를 계속 강조하십니다.

"내가 너와 네 자손에게 복을 주리니, 내가 너와 함께 있어 너를 지키며, 내가 네게 허락한 것을 다 이루기까지 너를 떠나지 아니하리라."

지금까지 야곱의 인생의 모토는 "내가 한다"라는 것이었습니다. 야곱은 태어날 때 둘째로 태어났기 때문에 자기 힘으로, 자기 꾀로 형이 가지고 있는 장자의 권리를 빼앗아야 한다고 생각했습니다. 형만 좋아하고 형에게 장자의 축복을 물려주려는 아버지를 속이면서라도 자기가 장자의 권리를 쟁취해야 한다고 생각했습니다.

하지만 루스 땅 길바닥에 누워서 돌베개를 하고 잠을 자는 날 야곱은 어떤 생각을 했겠습니까?

'아! 내가 욕심낸다고 되는 게 아니구나.'

'아! 내가 꾀를 쓴다고 되는 게 아니구나.'

수십 년간 형 에서가 가지고 있는 장자의 축복이 탐나서 그렇게 욕심을 부리고 결국 최고의 꾀를 써서 장자의 축복 기도를 받았지만 결국 며칠도 못되어 이렇게 빈털터리가 되고 도망자가 되어 버린 자기 신세를 보면서 야곱은 그런 생각을 했을 것입니다.

이렇게 자기 힘을 다 잃어버린 야곱에게 하나님은 급하게 찾아오셔서 말씀하십니다. 야곱이 다시금 주먹을 불끈 쥐고 "지금은 이렇게 무너졌지만 내가 다시 일으켜 세울 거야"라고 결심하기 전에 급하게 찾아오셔서 말씀하십니다.

"야곱아, 이제 알겠니?

너를 참으로 행복하고 영원히 안전하게 만들어 줄 수 있는 것은 오직 나뿐이다. 너 누운 땅을 내가 너와 네 자손에게 주리니 네 자손이 땅의 티끌같이 되어서 동서남북에 편만할지며 땅의 모든 족속이 너와 네 자손을 인하여 복을 얻으리라 내가 너와 함께 있어 네가 어디로 가든지 너를 지키며 너를 이끌어 이 땅으로 돌아오게 할지라 내가 네게 허락한 것을 다 이루기까지 너를 떠나지 아니하리라."

이렇게 해서 하나님은 야곱이 일흔일곱 살이 될 때까지 붙들고 살았던

"내가… 내가… 내가…"라는 모토를 야곱의 인생에서 치워버리시고 "하나님께서… 하나님께서… 하나님께서…"라는 모토로 바꾸어 주셨던 것입니다.

하나님께서 우리의 인생에 찾아오셔서 우리에게 만들어 주시는 가장 근본적인 변화는 "내가 해야지"라는 모토를 가지고 살던 우리를 "하나님께서 하신다"라는 모토를 가지고 살아가는 새로운 사람으로 만들어 주시는 것입니다. 물론 하나님의 은혜를 받았다고 해서 하루아침에 우리가 새로운 모토에 충실한 삶을 사는 것은 아닙니다. "내개 해야지"라는 모토가 우리의 무의식 깊은 곳까지 내려가 자리를 잡고 있기 때문에 한참 시간이 흘러가야 정말로 "하나님께서 하신다"라는 모토를 붙잡고 인생을 믿음으로 살게 됩니다.

중요한 것은 하나님께서 우리를 불쌍히 여기셔서 그렇게 먼저 친히 찾아오셔서 인생의 참된 행복과 안전을 얻을 수 있는 믿음의 길을 가르쳐 주신다는 것입니다.

성도 여러분은 어떻습니까?

여러분에게도 이런 변화가 일어났습니까?

하나님의 은혜를 깨달았기 때문에 이런 변화가 정말로 일어났습니까?

어떤 분들은 하나님께서 내 삶에, 내 가족의 삶에 정말 특별하게 찾아와 만나주시기를 오랫동안 기다리고 있는데 하나님께서 그냥 지켜만 보고 계신 것 같아 답답하신 분들도 있을 것입니다. 금방이라도 죽을 것 같고 금방이라도 망할 것 같은데 하나님께서는 조용히 지켜만 보고 계신 것 같아 섭섭한 분들도 있을 것입니다.

하지만 답답해하지도 마시고 섭섭하게 여기지도 마십시오.

야곱의 삶에 하나님이 찾아오신 시점을 기억하십시오.

일흔일곱이 될 때까지 야곱의 고집과 아집은 꺾일 줄을 몰랐습니다. 그러나 그 긴 세월을 하나님은 기다리셨고 야곱이 가장 연약해졌을 때 당장 찾아오셔서 소망을 주셨고 은혜를 베풀어 주셨습니다. 그리고 그 이후로 하나님은 야곱을 한번도 떠나지 않으시고 두 손으로 붙잡고 인도하셨습니다.

그러므로 하나님을 신뢰하며 잠잠히 기다리십시오.

> 무릇 기다리는 자에게나 구하는 영혼에게 여호와께서 선을 베푸시는도다 사람이 여호와의 구원을 바라고 잠잠히 기다림이 좋도다(애 3:25-26).

사도 바울은 이렇게 고백하였습니다.

> 깊도다 하나님의 지혜와 지식의 부요함이여 그의 판단은 측량치 못할 것이며 그의 길은 찾지 못할 것이로다(롬 11:33).

지금 당장은 하나님의 속마음을 알 수 없고 하나님이 어떻게 행하실지 짐작할 수도 없지만 하나님은 지혜로우신 분이기 때문에 내 삶에, 내 가족의 삶에 가장 정확한 시점에 찾아오셔서 우리가 그토록 간절히 기다리고 있는 은혜와 구원을 베풀어 주실 거라고 믿으십시오.

그리고 하나님을 다시 기다리십시오.

들판에서 돌을 베고 잠든 야곱을 찾아오신 하나님을 바라보십시오.

하나님은 정확한 시간에 여러분을 심방하실 것이고 여러분에게 정말로 필요한 근본적인 복을 선물로 잔뜩 들고 찾아오실 것입니다. 지금도 하나님은 여러분의 상황을 예의주시하시면서 여러분에게 찾아오실 가장 적절한 타이밍을 계산하고 계실 것입니다.

그러므로 지금도 하나님이 여러분을 지켜보고 계시며 여러분의 상황을 다 아신다는 것을 기억하십시오.

그리고 그 하나님의 은혜로운 심방을 기다리십시오.

인생을 살다보면 온 몸과 마음에서 힘이 쭉 빠질 때가 있습니다. 정말 더 이상 살고 싶지 않을 정도로 힘이 빠질 때가 있습니다.

나름대로 목표를 세우고 오랫동안 힘써 살아왔는데 몸뚱이 하나밖에는 남은 것이 없다는 것을 깨닫게 될 때!

뭔가 큰일을 할 수 있을 거라 생각하면서 열심히 살아왔는데 세끼 밥을 먹고 사는 것마저도 보장되지 않는 현실에 부딪치게 될 때!

몸만 건강하면 무슨 일이라도 해서 살 수 있을 거라 생각하며 건강을 다져왔는데 그 몸까지 고장이 나서 더 이상 기댈 데가 없을 때!

치열한 경쟁사회 속에서 뒤처지지 않으려고 꾀를 내어 살았는데 오히려 그것 때문에 내 인생이 무너지게 되었을 때!

인간적으로 보면 가장 비참하고 가장 힘든 때입니다.

그러나 절망하지 마십시오.

바로 이런 때가 하나님께서 매우 특별한 방식으로 우리에게 찾아오셔서 자기 자신을 우리에게 보여주시고 우리에게 은혜를 베풀어 주시며 우리를 새롭게 하시는 때입니다.

많은 사람들이 이런 때 다시 한번 주먹을 불끈 쥐면서 이렇게 결심합니다.

'어떻게 살아온 삶인데 이렇게 여기에서 무너질 수 없다. 이전보다 더 악착같이 살면 될 거야. 이전보다 더 부지런히 일해야지. 이전보다 더 높은 목표를 세우고 매진해야지. 이전보다 더 건강을 챙겨야지. 이전보다 더 영리하게 살아야지. 그러면 다시 올라갈 수 있을 거야. 이전의 영광을 회복할 수 있을 거야.'

물론 이런 결심이 아주 나쁜 것은 아닙니다. 하지만 그렇게 결심하는 것 말고 다른 방법도 있습니다. 들판에서 돌베개를 하고 잠을 자던 야곱에게 하나님께서 보여주신 환상과 야곱에게 들려주신 말씀을 붙드는 것입니다. 그리고 주먹을 불끈 쥐고 다짐하는 대신 주먹을 펴고 하나님께

손을 들어 이렇게 말씀드리는 것입니다.

"하나님!

그렇습니다.

내 힘과 내 노력으로 최선을 다해서 살았지만 결국 저는 들판에서 돌을 베고 잠들었던 야곱처럼 되었습니다. 그러나 바로 이런 상황에서 하나님께서 저를 긍휼히 여겨주시고 예수 그리스도께서 저와 하나님을 연결시켜주는 사다리가 되어 주시기 때문에 하늘의 복과 은혜가 제 삶에 풍성히 부어질 것을 믿습니다. 저의 행복과 구원은 전적으로 하나님께 있습니다. 이제는 진심으로 하나님만 의지하며 살겠습니다."

오늘 본문에서 야곱은 꿈을 꾼 다음 날 아침에 일어나서 베고 잤던 돌을 기둥으로 세우고 거기에 기름을 부었습니다(18절). 그리고 하나님이 자기를 정말로 살게 해주시고 고향 집으로 돌아오게 해주시기만 하면 그 돌기둥이 서 있는 자리에 하나님을 위해서 큰 성전을 지어드리겠다고 큰 소리를 쳤습니다(21절).

그러나 사실, 야곱은 오랫동안 그 돌기둥을 잊고 살았습니다. 라헬이라는 한 여자를 얻기 위해서 20년을 낭비했습니다. 하지만 야곱의 삶 가운데 한번 찾아오신 하나님은 이후로 한순간도 야곱을 떠나지 않으셨습니다. 야곱은 자기 마음에 드는 아름다운 한 여자를 얻기 위해서 20년을 헌신하였지만 하나님은 추하고 더러운 죄인을 얻고 지키기 위하여 야곱의 평생 헌신하셨던 것입니다.

또한 하나님은 야곱이 하나님의 은혜를 기리기 위해 세운 작은 돌기둥과는 비교도 안 되게 큰 기둥이 되셔서 야곱을 평생 지탱해 주셨습니다. 야곱이 흔들리고 요동할 때마다 야곱을 붙드셔서 넘어지지 않게 하셨습니다. 야곱은 하나님을 위해 성전을 짓겠다는 약속을 못 지켰지만 하나님은 야곱의 가문을 일으켜 주시고 하나님의 거룩한 나라를 세우게 하셨습니다.

성도 여러분!

여러분에게도 야곱을 찾아오신 하나님을 만난 경험이 있습니까?

여러분이 하나님을 찾아가서 하나님이 여러분을 만나주신 것이 아니라 하나님께서 먼저 은혜로 여러분을 찾아오셔서 구원의 은혜와 복을 선물로 안겨주신 그런 경험이 있습니까?

그래서 지금도 그 하나님이 여러분의 마음과 삶에 거대한 기둥으로 여러분을 지탱해 주시고 붙들어 주시는 복을 누리고 있습니까?

지금도 자주 흔들리고 요동하지만 중심을 잡아주시는 하나님 때문에 오히려 영적으로 더욱 성숙해가는 신비를 경험하고 있습니까?

그렇다면, 여러분은 날마다 더 하나님께로 가까이 나아가셔야 합니다. 그때 그런 경험이 있었다고 해서 지금도 앉은 자리에 그냥 편하게 앉아 있으면서 하나님에게 또 다시 그 법칙을 깨뜨리고 나를 찾아와 달라고 떼를 써서는 안 됩니다. 하나님께서 이미 한번 그렇게 기가 막힌 은혜를 베풀어 주셨다면, 여러분에게 있는 모든 힘을 다하여 하나님께 나아가야 합니다. 성경은 하나님의 은혜를 받은 사람들에게 명합니다.

하나님을 가까이 하라 그리하면 너희를 가까이 하시리라(약 4:8).

혹시 여러분에게는 야곱이 경험했던 이 경험이 필요한 분이 있습니까?

그렇다면, 오늘 하나님 앞에 구하십시오.

"오, 하나님!

야곱에게 찾아오셨던 것처럼 저에게도 찾아오셔서 하나님을 알 수 있게 해주십시오."

많은 말로 하나님을 설득할 필요가 없습니다. 진심으로 구하면 하나님께서 들어주실 것입니다.

아멘!

제7장

야곱의 어설픈 반응
(창 28:16-22)

[16]야곱이 잠이 깨어 가로되 여호와께서 과연 여기 계시거늘 내가 알지 못하였도다 [17]이에 두려워하여 가로되 두렵도다 이 곳이여 다른 것이 아니라 이는 하나님의 전이요 이는 하늘의 문이로다 하고 [18]야곱이 아침에 일찌기 일어나 베개하였던 돌을 가져 기둥으로 세우고 그 위에 기름을 붓고 [19]그곳 이름을 벧엘이라 하였더라 이 성의 본 이름은 루스더라 [20]야곱이 서원하여 가로되 하나님이 나와 함께 계시사 내가 가는 이 길에서 나를 지키시고 먹을 양식과 입을 옷을 주사 [21]나로 평안히 아비 집으로 돌아가게 하시오면 여호와께서 나의 하나님이 되실 것이요 [22]내가 기둥으로 세운 이 돌이 하나님의 전이 될 것이요 하나님께서 내게 주신 모든 것에서 십분 일을 내가 반드시 하나님께 드리겠나이다 하였더라(창 28:16-22).

오늘 본문에 보면, 야곱이 돌베개를 하고 들판에서 잠자고 있을 때 하나님이 야곱을 찾아오셨을 때 하나님의 찾아오심에 대한 야곱의 반응이 기록되어 있습니다. 야곱의 반응은 여러 가지로 나타났는데 크게 두 가지로 정리해 볼 수 있습니다.

야곱의 첫 번째 반응은 하나님을 경배한 것입니다. 16-19절에 보면, 야곱은 잠에서 깨어나서 자기가 누워서 잠을 잔 곳이 하나님의 성전이요 하늘의 문이라고 말하면서 베개 하였던 돌을 기둥으로 세우고 그 위에 기름을 붓고 그곳 이름을 '벧엘'이라고 부릅니다. 전날 밤에 잠을 잘 때는 하나님에 대한 생각도 못 했었는데 꿈속에서 자기를 찾아오신 하나님을 만난 후에는 하나님을 생각하고 경배하는 행동을 한 것입니다. 오늘 본문의 기록을 다시 한번 읽어보면 이렇습니다.

> 야곱이 잠이 깨어 가로되 여호와께서 과연 여기 계시거늘 내가 알지 못하였도다 이에 두려워하여 가로되 두렵도다 이 곳이여 다른 것이 아니라 이는 하나님의 전이요 이는 하늘의 문이로다 하고 야곱이 아침에 일찌기 일어나 베개하였던 돌을 가져 기둥으로 세우고 그 위에 기름을 붓고 그곳 이름을 벧엘이라 하였더라 이 성의 본 이름은 루스더라 (창 28:16-19).

야곱의 두 번째 반응은 하나님 앞에서 서원(vow)을 한 것입니다. 서원은 하나님 앞에서 정말 진지하게 약속을 하고 맹세를 하는 것입니다. 누가 억지로 시켜서 하는 것이 아니라 자기 마음에서 우러나서 자발적으로 맹세하는 것입니다. 그런데 20절에 보면, 야곱이 잠에서 깨어나서 그런 서원을 하였다고 기록하고 있습니다. 20-22절에 보면, 야곱이 서원한 내용은 이렇습니다.

하나님이 나와 함께 계시사 내가 가는 이 길에서 나를 지키시고 먹을 양식과 입을 옷을 주사 나로 평안히 아비 집으로 돌아가게 하시오면 여호와께서 나의 하나님이 되실 것이요 내가 기둥으로 세운 이 돌이 하나님의 전이 될 것이요 하나님께서 내게 주신 모든 것에서 십분의 일을 내가 반드시 하나님께 드리겠나이다(창 28:20-22).

그런데 야곱의 이런 반응을 놓고 성경을 해석하는 학자들 가운데 의견이 크게 둘로 나뉘어져 있습니다. 어떤 학자들은 오늘 본문에 기록된 야곱의 반응을 매우 긍정적으로 해석합니다. 하나님께서 야곱의 꿈에 찾아오신 일이 있은 후에 야곱은 참으로 변화를 받아서 하나님을 예배하고 하나님께 감사하는 사람이 되었다고 좋은 쪽으로 해석하는 것입니다. 대개의 경우, 이런 쪽으로 해석을 하고 싶어 합니다. 그래야 하나님이 찾아오셨다는 사실이 무색해지지 않기 때문입니다.

하지만 모든 성경학자들이 다 그렇게 해석하는 것은 아닙니다. 어떤 학자들은 오늘 본문에 기록된 야곱의 반응을 약간 부정적으로 해석합니다. 하나님께서 야곱의 꿈에 찾아오신 일이 있은 후에 야곱이 조금 변화는 되었어도 크게 변하지는 않았고 여전히 신앙적으로 유치한 상태에 있었다는 것입니다.

두 번째 해석을 하는 성경학자들은 특별히 야곱이 서원한 내용을 문제로 삼습니다. 20-21절에 보면, 야곱이 이렇게 서원합니다.

하나님이 나와 함께 계시사 내가 가는 이 길에서 나를 지키시고 먹을 양식과 입을 옷을 주사 나로 평안히 아비 집으로 돌아가게 하시오면 여호와께서 나의 하나님이 되실 것이요(창 28:20-21).

성경학자들이 야곱의 이 서원을 문제 삼는 까닭은 야곱의 서원이 조건부 서원이라고 보기 때문입니다. 하나님은 조건 없이 야곱에게 찾아오셔서 은혜를 베풀어 주셨는데, 야곱은 여전히 자기중심적인 조건을 내걸고 하나님이 자기의 조건을 충족시키면 그때 하나님을 섬기겠다고 약속했다고 보기 때문입니다. 이렇게 보면, 야곱의 서원은 분명히 문제가 있습니다. 감히 하나님께 조건을 내걸고 "내 조건을 충족시키면 내가 하나님을 나의 하나님으로 섬기겠습니다"라는 식으로 말한다는 것은 정말 심각한 문제가 아닐 수 없기 때문입니다.

이처럼 오늘 본문에 기록된 야곱의 반응을 놓고 서로 다른 두 가지 해석이 존재한다는 것을 기억하면서 본문 말씀을 다시 한번 살펴보면, 하나님 앞에서 야곱이 보인 반응을 마냥 좋게만 생각할 수도 없다는 것을 인정하지 않을 수가 없습니다. 얼핏 보면 야곱은 하나님을 만나고 크게 변화를 받아서 진실한 믿음으로 하나님을 예배할 줄 아는 사람이 된 것처럼 보입니다. 얼핏 보면 야곱은 하나님의 은혜를 경험하고 진실한 감사로 하나님께 거룩한 맹세를 하는 것처럼 보입니다.

그런데 좀 더 자세히 들여다보면 야곱의 반응에는 뭔가 문제가 있습니다. 야곱의 서원뿐만 아니라 전체적으로 야곱의 반응이 어딘가 조금 이상하고 어딘가 조금 어색하고 어딘가 조금 부족합니다. 잠에서 깨어 베고 잤던 돈을 세워 기둥을 세우고 기름을 부은 일도, 동네 이름을 '루스'에서 '벧엘'로 자기 마음대로 바꾼 것도, 하나님께 맹세를 한 일도, 마냥 좋게만 보기 어려운 점이 있습니다.

야곱의 첫 번째 반응을 다시 생각해 보십시오.

야곱은 잠에서 깨어나자마자 자기가 누워서 잠잤던 장소에 집착을 보입니다.

> … 여호와께서 과연 여기 계시거늘 내가 알지 못하였도다 … 이곳은 하나님의 전이요 이곳은 하늘의 문이로다 (창 28:16-17).

그러면서 제일 먼저 한 일이 그 장소를 거룩한 곳으로 구별한다는 의미에서 자기가 베고 잤던 돌로 비석을 세우고 그 비석 위에 기름을 붓고 그 동네의 이름도 바꾸어 버립니다.

18-19절 말씀을 보십시오.

> 야곱이 아침에 일찍이 일어나 베개 하였던 돌을 가져 기둥으로 세우고 그 위에 기름을 붓고 그곳 이름을 벧엘이라 하였더라(창 28:18-19).

물론 좋은 쪽으로 생각하고 바라보면, 야곱의 행동은 참으로 신앙적인 행동일 수 있습니다. 왜냐하면 하나님이 자기에게 찾아오신 장소를 잊지 않고 나중에라도 다시 찾아오려고 그곳에 돌 비석을 세우고 그 위에 기름도 붓고 그 동네 이름도 '하나님의 성전'이라는 이름으로 바꿨다고 볼 수 있기 때문입니다.

하지만 조금만 깊이 생각해 보면, 야곱이 보인 이 첫 번째 행동이 어딘가 좀 이상합니다. 물론 하나님께서 그곳에서 자기를 만나주셨기 때문에 그곳은 특별한 의미가 있는 장소가 된 것이 분명합니다. 하지만 야곱에게는 그렇게 하는 것보다 더 중요하게 할 일이 있었습니다. 그날 아침에 야곱이 더 중요하게 생각해야 할 것은 따로 있었습니다. 하나님이 자신의 마음과 삶에 찾아오셨고 하늘로부터 사닥다리를 내려서 설치해 주셨고 그 사닥다리를 통해서 하늘의 신령한 복들을 자기에게 내려주신다는 사실을 야곱은 가장 중요하게 생각해야 했습니다.

그러므로 야곱은 자기가 누워서 잔 곳에 돌비석을 세우는 것보다는 하나님이 하늘로부터 내려주신 사닥다리를 더 굳게 세워야 했고, 그 장소를 거룩하게 구별하는 것보다는 자기의 삶을 거룩하게 구별하여 이제부터는 정말 하나님을 위해서 살아야 했고, 동네 이름을 바꾸는 것보다는 자기의 마음과 삶을 바꿔야 했던 것입니다.

그런데 야곱은 하나님이 자신을 찾아오신 장소에만 집착할 뿐입니다. 하나님이 자신을 찾아오셔서 보여주신 진리에 대해서는 그렇게 큰 집착을 보이지 않습니다. 물론 들판에서 잠을 자면서도 하나님을 찾을 줄 몰랐던 어제 밤과 비교하면 야곱은 어느 정도 변화한 것이 분명합니다. 적어도 하나님을 향하여 야곱의 마음이 열려졌기 때문입니다. 하지만 야곱은 여전히 옛날 모습을 그대로 드러내고 있습니다.

지금까지 야곱은 하나님과의 관계에 집착하지 못하고 하나님이 특별한 복을 주신다는 장자의 권리에만 집착했던 사람이 아닙니까?

야곱은 항상 알맹이는 빼놓고 껍데기에만 집착하는 어리석은 사람이 아니었습니까?

그런데 오늘 본문에서도 여전히 그런 모습을 보여주고 있는 것입니다. 이런 점에서 우리는 야곱의 변화가 우리가 생각하는 것처럼 그렇게 크고 위대한 것은 아니었음을 인정하지 않을 수 없습니다.

이번에는 야곱의 두 번째 반응을 다시 생각해 보십시오.

야곱은 하나님 앞에서 서원을 하였습니다.

야곱이 서원한 내용을 다시 한번 살펴보십시오.

> 야곱이 서원하여 가로되 하나님이 나와 함께 계시사 내가 가는 이 길에서 나를 지키시고 먹을 양식과 입을 옷을 주사 나로 평안히 아비 집으로 돌아가게 하시오면 여호와께서 나의 하나님이 되실 것이요 내가 기둥으로 세운 이 돌이 하나님의 전이 될 것이요 하나님께서 내게 주신 모든 것에서 십분일을 내가 반드시 하나님께 드리겠나이다 하였더라(창 28:20-22).

물론 좋은 쪽으로 생각하고 바라보면, 야곱의 행동은 참으로 신앙적인 행동일 수 있습니다. 왜냐하면 야곱이 하나님의 은혜에 대해 감사하는 마음을 품고 서원을 했다고 볼 수 있고, 야곱이 하나님을 신뢰하는 마음으로 서원을 했다고 볼 수 있기 때문입니다.

그런데 곰곰이 생각을 해보면 야곱의 서원의 내용도 방식도 좀 애매합니다. 물론 하나님께서 찾아오셔서 여러 가지로 말씀해 주셨는데 아무런 말씀도 안 드리는 것보다는 나을 수 있습니다. 하지만 야곱의 서원은 분명히 뭔가 문제가 있습니다. 지난 밤 꿈에 하나님은 야곱에게 나타나셔서 은혜와 복을 먼저 다 약속해 주셨고 보장해 주셨습니다. 하나님은 조건을 달지 않고 은혜로, 선물로 은혜와 복을 다 주셨습니다.

하나님의 약속을 다시 읽어보십시오.

> 너 누운 땅을 내가 너와 네 자손에게 주리니 네 자손이 땅의 티끌같이 되어서 동서남북에 편만할지며 땅의 모든 족속이 너와 네 자손을 인하여 복을 얻으리라 내가 너와 함께 있어 네가 어디로 가든지 너를 지키며 너를 이끌어 이 땅으로 돌아오게 할지라. 내가 네게 허락한 것을 다 이루기까지 너를 떠나지 아니하리라(창 28:13-15).

하나님께서 이 정도로 약속과 보장을 해주셨으면, 자기와 같은 죄인에게 은혜와 복을 먼저 약속해 주시는 하나님의 은혜에 대한 깊은 감사를 분명하게 표현해야 정상이 아니겠습니까?

또한 하나님의 약속과 보장을 믿는 신뢰를 분명하게 표현해야 정상이 아니겠습니까?

또한, 그런 은혜를 주시는 하나님을 평생 섬기겠다는 헌신의 각오를 분명하게 표현해야 정상이 아니겠습니까?

성경을 읽고 공부하다가도 하나님의 은혜를 깊이 깨닫게 되면 그런 심정을 풍성히 느끼면서 기도하게 되어 있는데, 하나님이 친히 환상 가운데 찾아오셔서 하늘로부터 말씀을 들려주신 경험을 한 사람에게서 그런 심정이 잘 보이지 않고 그런 기도가 터져 나오지 않는다면, 그것은 분명히 이상한 일입니다. 그런데 오늘 본문에 기록된 야곱의 서원에는 그런 내용이 분명하게 드러나지 않습니다.

야곱의 서원이 과연 조건부 서원이냐 아니냐에 관해서 성경학자들은 해석을 다르게 합니다. 설령 야곱의 서원이 어떤 사람들이 의심하는 것처럼 조건부 서원이 아니었더라도 야곱의 서원은 분명히 문제가 있습니다. 왜냐하면 하나님의 은혜에 대한 깊은 감사, 하나님의 약속에 대한 분명한 신뢰, 하나님께 자신의 삶 전체를 드리겠다는 헌신이 분명하게 나타나고 있지 않기 때문입니다. 야곱의 서원은 마치 하나님과 흥정을 하는 것 같은 인상을 주는 내용으로 이루어져 있습니다.

"하나님이 나를 지켜 주시고 나를 살려주시면, 나를 집으로 돌아오게 해주시면 내가 하나님을 내 하나님으로 섬기고 이곳에 성전을 지어드리고 십일조도 성실하게 바치겠습니다."

야곱의 이런 서원에는 팥죽 한 그릇을 놓고 형 에서와 능숙하게 거래를 하던 야곱의 옛 모습이 살짝 엿보입니다. 야곱은 변한 것 같지만 우리가 생각하는 것처럼 대단하게 변하지 않았습니다.

그러므로 오늘 본문에서 우리는 야곱의 반응을 마냥 좋게만 볼 것이 아니라 야곱의 반응을 신중하게 생각해 볼 필요가 있습니다. 하룻밤 사이지만 하나님을 만나고서 야곱은 신앙적인 내용과 태도에 변화가 생겼습니다.

전날 밤 들판에 누워서 잠을 잘 때는 하나님에 대한 생각도 없었는데 이날 아침에는 하나님을 생각하며 하나님을 경배했습니다. 야곱이 변한 것입니다. 야곱은 지금까지 장자권만 소유하면 자기의 삶이 행복할 거라고 생각하며 살았지만 이날 아침에는 하나님께 복과 은혜를 구하고 있습니다. 야곱이 변한 것입니다. 하지만 그렇다고 야곱의 변화가 그렇게 크거나 위대한 것은 아니었습니다. 앞에서 살펴본 것처럼 야곱의 변화는 어딘가 어색하고 어딘가 의심스러운 구석이 있었습니다.

야곱의 이런 변화를 하나님의 찾아오심에 비교해 보십시오.

하나님께서 야곱을 찾아오신 일은 얼마나 분명하고 얼마나 선명했습니까?

하나님은 사닥다리의 환상을 통해서 야곱의 눈에 보여주시고 말씀을 통해서 야곱에게 장차 어떤 복을 주실 것인지 다 알려주셨습니다.

또한, 하나님이 야곱에게 가져오신 모든 은혜와 복은 얼마나 크고 얼마나 위대했습니까?

하나님은 야곱이 자신에게 필요하다고 생각하고 추구하는 은혜와 복보다 더 많고 더 크고 더 위대한 은혜와 복을 들고 야곱을 먼저 친히 찾아오셨고 아무런 대가도 요구하지 않고 그 모든 은혜와 복을 야곱에게 다 주셨습니다.

그런데 이런 하나님 앞에서 야곱이 보인 반응은 어땠습니까?

야곱이 보인 반응은 분명하지도 않았고 선명하지도 않았습니다. 야곱이 보인 반응은 크지도 않았고 위대하지도 않았습니다.

아직도 야곱은 인생의 맨 밑바닥에 떨어져 있는 자기에게 모든 복과 은혜를 가지고 먼저 찾아오신 하나님을 만나고서도 정말로 깨달아야 할 것을 제대로 깨닫지 못했음이 분명합니다. 야곱은 정말로 느껴야 할 것을 느끼지 못했음이 분명합니다. 야곱은 정말로 믿어야 할 것을 믿지 못했음이 분명합니다.

그래서 야곱은 하나님 앞에서 정말로 보여야 할 반응을 제대로 보이지 못하고 그저 돌비석 세우는 반응, 그 앞에서 약간 이상하게 들리는 맹세를 하는 반응, 그리고 그곳 동네 이름을 자기 혼자서 바꾸는 반응 그 이상을 하지 못했던 것입니다. 하나님을 향하여 좀 더 분명하고 좀 더 신앙적인 반응을 얼마든지 할 수 있었을 텐데 야곱은 그렇게 하지 못했습니다. 그러므로 우리는 오늘 본문에 기록된 야곱의 변화된 행동에 너무 높은 점수를 주지 말아야 합니다. 야곱이 보여준 반응이라는 것이 박수

칠 일인 것은 분명하지만 그렇다고 기립박수를 칠 일은 아닙니다.

이날 아침 야곱은 이 장소를 잊지 않고 언제라도 다시 찾아오겠다며 돌비석을 세웠습니다. 거기에 기름까지 부어서 거룩하게 구별하였습니다. 그 동네 이름을 자기 마음대로 '벧엘'로 고쳐 불렀습니다. 그리고 자기가 아버지 집으로 무사히 돌아올 수 있도록 보호해 달라고 하나님께 매달렸고, 그렇게만 해주시면 하나님을 자기 하나님으로 섬기고 십일조도 하고 성전도 지어드리겠다고 약속하였습니다.

하지만 나중에 어떻게 되었습니까?

야곱은 외삼촌의 집이 있는 하란에 가서 라헬이라는 여자를 만나 사랑에 빠진 후에는 이 모든 것을 잊어버렸습니다. 그리고 그 여자를 자기 아내로 만들기 위해서 14년이라는 긴 세월을 하란에서 보냅니다. 생각해 보면, 정말 어이없는 일입니다.

하지만 어쩌겠습니까?

야곱의 영적인 상태가 그런 상태에 머물러 있었으니 말입니다.

그러므로 오늘 본문에서 우리는 야곱을 통해서 우리들의 어리석음과 모자람을 다시 보게 됩니다. 하나님은 우리의 인생을 불쌍히 여기시고 우리에게 친히 찾아오십니다. 찾아오실 때 빈손으로 찾아오시는 것이 아니라 두 손에 은혜와 복이라는 선물 보따리를 잔뜩 들고 우리를 찾아오십니다. 하나님은 그렇게 우리의 삶에 들어오셔서 우리에게 복을 주실 거라고 약속해 주시고 여러 가지 복을 설명해 주시고 그 복을 실제로 주십니다.

그런데 우리는 얼마나 어리석은지 그런 하나님 앞에서 여전히 제대로 반응할 줄을 모릅니다. 우리를 친히 찾아오셔서 많은 복과 은혜를 선물로 주시는 하나님의 방문 앞에서 정말 깨달아야 할 것을 깨닫지 못하고, 정말 믿어야 할 것을 믿지 못하고, 정말 해야 할 반응을 제대로 하지 못한다는 것입니다. 우리가 잘난 척을 많이 하면서 살지만 그렇게 못난 사람들입니다.
오죽했으면 성경이 우리에게 이런 권면을 다 하겠습니까?

> 우리가 하나님과 함께 일하는 자로서 너희를 권하노니 하나님의 은혜를 헛되이 받지 말라(고전 6:1).

하나님이 은혜를 주셔도 그 은혜를 헛되이 받고 엉뚱한 짓을 하는 일이 우리 가운데 너무나 많기 때문에 "하나님의 은혜를 헛되이 받지 말라"고 간절히 권면했던 것입니다.

"아! 다른 사람은 몰라도 나는 그런 사람이 아닙니다"라고 쉽게 말하지 마십시오.

성경은 "너희를 권하노니"라고 말함으로써 우리 모든 사람에게 그렇게 권면했습니다. 그러므로 오늘 본문에 기록된 야곱의 행동을 보면서, 우리는 우리 자신의 모습을 뒤돌아보아야 합니다. 하나님께서 우리의 마음과 삶에도 예수 그리스도라는 사닥다리를 하늘로부터 내려주시고 우리에게 모든 은혜와 복을 약속하셨는데, 그런 하나님 앞에서 우리가 정말로 어떤 반응을 보이고 있는지를 정말 진지하게 반성해 보아야 한다는 것입니다.

여러분은 지금까지 하나님의 은혜 앞에서 어떤 반응을 보여 왔습니까?

혹시 야곱처럼 정말로 반응해야 할 것은 반응하지 못하고 어설프고 불분명하게 반응하는 삶을 살아오지는 않았습니까?

그러면서도 여러분 자신은 매우 흡족하게 생각하고, 더구나 다른 사람들이 여러분에게 박수를 쳐주니까 여러분은 하나님의 은혜 앞에서 잘 반응하며 살고 있다고 자부하십니까?

그렇게 너무 쉽게 생각하지 말고 정말 진지하게 여러분의 반응을 살펴보십시오.

여러분이 스스로 인정하는 것 말고, 다른 사람들이 박수쳐주는 것 말고, 하나님께서 박수를 쳐줄 만큼 하나님의 은혜 앞에서 올바르게 반응하였습니까?

만일 그렇지 않다면, 만일 이런 질문에 대답할 자신이 없다면, 하나님 앞에서 여러분의 약함을 회개하며 은혜를 구하는 시간을 가지십시오.

그러면 지나간 과거야 돌이킬 수 없겠지만 하나님께서 용서해 주시고 과거의 잘못을 반복하지 않도록 도와주실 것입니다.

여러분은 지금 하나님의 은혜 앞에서 어떤 반응을 보이며 살고 있습니까?

야곱처럼 하나님의 은혜를 받은 후에 많은 일을 하는 것 같고 뭔가 대단한 일을 하는 것 같은데 속을 들여다보면 정말 알맹이는 쏙 빠져 있는 그런 형편은 아닙니까?

하나님의 은혜에 대한 깊은 감사도 없고, 하나님의 약속을 믿는 진실한 신뢰도 없고, 하나님의 사랑에 사랑으로 보답하는 참된 헌신도 없는 그런 삶을 살고 있지는 않습니까?

그저 교회 열심히 다니고, 헌금 생활 좀 열심히 하고, 교회 봉사에 좀 참여하는 일로 "나는 하나님의 은혜 앞에서 제대로 반응하고 있다"라고 착각하고 있지는 않습니까?

오늘 본문에 기록된 야곱을 거울로 삼아 여러분 자신의 신앙생활을 한번 진지하게 반성해 보십시오.

그리고 회개할 일이 있다면 즉각 회개하고 고쳐야 할 일이 있다면 힘들더라도 고치십시오.

그러나 오늘 본문을 보면서 우리는 한 가지를 더 생각해 볼 수 있습니다. 그것은 사람의 변화에 관한 우리의 고정관념을 깨뜨릴 필요가 있다는 사실입니다. 교회 안에 있는 우리는 사람의 변화에 대해서 극단적인 생각을 가지고 있을 때가 많습니다.

제가 만나본 어떤 사람들은 "사람은 하나님의 은혜를 받아도 절대로 안 변한다"라고 생각합니다. 단순하게 생각하는 것이 아니라 거의 신념에 가깝게 그것을 믿고 삽니다. 이런 사람들은 다른 사람들의 변화에 대해서 기대도 안 하고 자기 자신의 변화도 별로 기대하지 않습니다.

반면에 어떤 사람은 "사람이 하나님의 은혜를 받으면 그 사람은 정말 크고 위대하게 바뀌게 되어 있다"라고 생각합니다. 단순하게 생각하는 것이 아니라 거의 신념에 가깝게 그것을 믿고 삽니다. 이런 사람들은 크고 위대한 변화가 안 나타나면 진짜로 변화한 게 아니라고 생각하면서 실망하고 의심합니다. 이렇게 우리는 사람의 변화를 생각할 때 극단적으로 생각을 합니다.

그러나 오늘 본문에 기록된 야곱을 보십시오.

오늘 본문에서 야곱은 하나님의 놀라운 은혜를 경험하게 되었습니다. 야곱은 인생의 밑바닥으로 떨어진 자기 삶에 친히 찾아오셔서 축복의 사닥다리를 설치해 주시고 모든 은혜와 복을 약속해 주시는 하나님을 만나게 되었습니다. 그래서 야곱은 변했습니다.

이런 상황에서 안 변할 수 있는 사람이 어디 있겠습니까?

분명 야곱은 변했습니다. 하지만 야곱의 변화는 그렇게 크고 위대한 변화가 아니었습니다. 하나님께서 야곱에게 부어주신 은혜는 정말로 크고 위대한 것이었지만, 하나님께서 야곱에게 약속으로 주신 복도 정말로 크고 위대한 것이었지만, 야곱의 변화는 그렇게 크고 위대한 변화가 아니었습니다. 성경을 해석하는 학자들조차도 이 시점에서 야곱이 정말로 변했다 안 변했다 논쟁을 할 정도로 야곱의 변화는 작고 연약했습니다. 안타깝고 부끄럽지만, 하나님의 크고 놀라운 은혜가 주어진 곳에서도 이렇게 작고 연약한 변화만 일어날 수 있다는 사실을 우리는 인정해야 합니다.

물론 하나님은 어떤 사람들의 경우처럼 첫 번째 방문에서 완전하게 뒤집어 놓으시고 엄청나게 변화시키는 경우도 있습니다. 사도행전에 나오는 사울이 그런 경우입니다. 사울은 다메섹으로 가는 길 위에서 예수님을 만나고서는 하루아침에 완전히 새로운 사람이 되었습니다. 그러나 하나님이 은혜를 주신 모든 사람이 다 그렇게 하루아침에 놀랍게 변화되는 것은 아닙니다.

사울과 같이 한 순간에 정말 놀랍게 변하는 사람들이 이 세상에 많다면 얼마나 좋겠습니까?

하지만 안타깝게도 그런 사람들은 그리 많지 않습니다. 오히려 오늘 본문에 기록된 야곱처럼 작고 연약하게 변하는 사람들이 더 많습니다. 처음에는 정말 아무 것도 안 변한 것 같았는데 서서히 변화가 나타나고 서서히 성장하는 사람들이 사실은 더 많습니다. 야곱도 하나님을 만난 이후에 20년 가까이 연단을 받으면서 변화가 온전한 모습으로 나타나게 된 그런 케이스입니다.

그러므로 우리 자신의 변화나 다른 사람의 변화에 대해서 좀 너그럽게 여유롭게 생각할 필요가 있습니다. 물론 우리는 크고 위대한 변화를 늘 꿈꾸어야 합니다. 하나님이 어떤 은혜를 주시든 크고 위대한 변화를 열매로 맺어서 하나님의 은혜가 헛되지 않게 최선을 다해야 합니다.

하지만 그렇다고 해서 내가 만족하는 수준이 안 되면 결코 참된 변화로 인정하지 않는 속 좁은 사람이 되어서는 안 됩니다. 예수를 믿고 하나님의 은혜를 받았다고 생각하는데 내 마음과 삶에서 어떤 부분이 잘 안 바뀌는 것을 보고서 "아, 나는 변한 게 하나도 없어. 나는 하나님의 은혜를 안 받았나 봐"라고 성급하게 결론 내려서는 안 됩니다.

우리 주변에 있는 다른 사람이 예수 믿고 하나님의 은혜를 받았다고 생각하는데, 그 사람의 마음과 삶에 내가 기대하고 생각하는 뚜렷한 변화가 없다고 해서 "아, 저 사람은 변한 게 하나도 없어. 저 사람은 하나님의 은혜를 안 받았나 봐"라고 성급하게 결론 내려서도 안 됩니다.

야곱을 보십시오.

하나님은 야곱에게 얼마나 큰 은혜와 사랑을 보여주셨습니까?

그런데 야곱이 보여주는 변화라는 것은 어떻게 보면 아주 미미하고 작은 것이었습니다. 그러므로 우리 자신에게 나타나는 변화나 다른 사람이 보여주는 변화의 크기와 강도를 보면서 하나님의 은혜와 사랑이 얼마만큼 부어졌는가를 측정하면 안 됩니다. 그렇게 해서는 정확한 계산이 나오지 않습니다.

오늘 본문에서 보는 것처럼 하나님이 우리에게 정말로 큰 은혜와 복과 사랑을 베풀어 주셔도 야곱의 경우처럼 우리의 삶에는 작고 미미한 변화만 나타날 수도 있기 때문입니다. 하나님의 은혜는 크고 놀라운데 그것을 헛되이 받는 우리의 약함 때문에 하나님의 은혜에 걸맞지 않는 작고 미미한 변화만 나타날 수 있기 때문입니다.

그러므로 우리 자신의 변화나 다른 사람의 변화에 대해서 좀 너그럽게 여유롭게 생각할 필요가 있습니다. 우리가 만족할 만큼 크고 위대한 변화가 당장 나타나지 않는다 하더라도 하나님의 은혜가 결국에는 서서히 그런 열매를 맺을 것을 믿고 하나님을 신뢰할 필요가 있다는 것입니다.

다시 야곱을 보십시오.

하나님은 야곱에게 모든 복과 모든 은혜를 가지고 찾아오셨고, 한 자리에서 그 모든 것을 야곱에게 약속으로 다 주셨습니다. 하지만 야곱의 마음과 성품과 삶을 변화시키는 일은 하나님이 차근차근 평생 해주셨습니다.

오늘 우리에게도 마찬가지입니다. 하나님께서 우리에게 구원의 은혜를 주시는 것은 순간적인 일입니다. 우리가 예수를 믿는 그 즉시 하나님은 우리의 죄를 용서해 주시고 우리를 구원해 주십니다. 하지만 하나님께서 우리의 성품과 삶을 변화시켜 주시는 일은 시간 속에서 점진적으로 진행되고 평생 진행됩니다. 어느 때는 그것이 크게 나타나기도 하고 어느 때는 작게 나타납니다.

혹시 예수를 믿는다고 하지만 잘 변하지 않는 여러분의 모습 때문에, 예수를 믿는다고 하지만 잘 변하지 않는 여러분의 가족 때문에 실망하고 지쳐 있습니까?

야곱을 기억하고 야곱의 하나님을 기억하십시오.

그리고 하나님의 은혜가 느린 것 같지만 결국 만들어내는 위대한 변화를 기대하고 소망하십시오.

그러나 오늘 본문을 보면서 우리가 가장 중요하게 생각할 것은 따로 있습니다. 그것은 하나님의 침묵입니다. 오늘 본문에서 야곱은 잠에서 일어나자마자 막 바쁘게 움직입니다. 야곱은 바쁘게 많은 일을 하고 많은 말을 하지만 사실 실속은 별로 없습니다.

오늘날 성경을 읽는 우리도 야곱의 이런 반응과 행동이 실망스러운데, 완전하신 하나님은 오죽 실망하셨겠습니까?

정말로 아무런 가치도 없고 자격도 안 되는 사기꾼에게 하나님은 하나님의 모든 은혜와 복을 가지고 먼저 찾아가셔서 보여주시고 말씀해 주시고 하실 만한 일을 다 하셨습니다. 하지만 그런 하나님을 향한 야곱의 반응과 행동은 많이 부족하였습니다. 우리 생각에는 77년이나 헛발질을 하면서 살아놓고 지금도 충분히 정신을 못 차리고 있는 야곱이니 하나님께서 불러 세워놓고 눈물 쏙 빠지게 혼내시면 좋을 것도 같습니다.

그런데 하나님은 야곱을 불러 세워놓고 왜 이런 식으로 애매하게 반응하느냐고 따지지 않으십니다. 하나님은 야곱을 불러 세워놓고 "앞으로는 이렇게 해라 저렇게 해라" 잔소리를 늘어놓지도 않으십니다. 하나님은 야곱을 불러 세워놓고 이런 식으로 나오면 내가 주겠다고 약속했던 복을 절반만 주겠다고 협박하지도 않으십니다.

오늘 본문을 보십시오.

하나님은 그냥 조용히 넘어가십니다. 지금 우리는 야곱의 반응이 이렇다 저렇다 분석하고 평가하고 비평하고 있지만 하나님은 야곱의 반응에 관해서 성경에도 아무런 평가를 남겨놓지 않으셨습니다. 하나님은 야곱의 모자람과 연약함을 그냥 넘겨버리십니다. 하나님은 야곱의 모자란 반응과 행동에 철저히 침묵을 지키셨습니다. 야곱의 삶을 계속 살펴보면, 하나님의 이런 침묵이 계속 등장합니다. 우리가 볼 때는 하나님이 이 때쯤 나타나서 야곱에게 책망도 하시고 잔소리도 하시면 좋을 것 같은데 많은 경우 하나님은 침묵을 지키십니다.

우리가 아이들에게 선물을 줄 때, 가끔 아이들이 한 손으로 받을 때가 있습니다.

그러면 한국 어른들이 잘 하는 일이 있지요?

아이들에게 내밀었던 선물을 도로 달라고 한 다음 어른한테 선물을 받으려면 두 손을 내밀어야 한다고 가르치는 것입니다. 그런 다음에 아이가 두 손을 내밀면 그때 선물을 주는 것입니다. 사실, 우리가 아이들에게 주는 선물이라는 것은 별 것 아닐 때가 많습니다. 뭐 대단한 선물이 아닐 때가 많다는 것입니다. 그런데도 우리는 우리가 어른이라고 그런 식으로 줬던 선물도 내놓으라고 하고 긴 잔소리를 한 다음에 다시 선물을 주는 치사한 행동을 합니다.

어른 입장에서 보면, 아이들을 바르게 양육하기 위해서 꼭 필요한 잔소리라고 생각할지 모르지만 아이들 입장에서는 마음이 별로 좋지 않는 일입니다. 선물을 받아놓고 그 잔소리 때문에 기분이 상해서 별로 즐겁지가 않을 수 있습니다. 아니면, 선물은 좋은데 선물 준 어른은 별로 안 좋게 느껴질 수 있습니다. 그런데 오늘 본문에서 하나님은 그렇게 하지 않으십니다. 하나님은 그냥 넘어가십니다. 그냥 선물을 주십니다.

하나님은 야곱의 엉성한 반응과 어설픈 행동에 관하여 침묵을 지키셨습니다. 그 대신 야곱의 삶에 깊숙이 들어가셔서 큰 소리 내지 않고 야곱을 고쳐나가기 시작하셨습니다. 하나님은 야곱이 죽을 때까지 계속해서 그 일을 행하셨습니다. 그래서 마침내 야곱을 믿음의 족장으로 만드셨습니다. 우리는 하나님이 이런 방식으로 우리 가운데 행하신다는 것을 주의 깊게 생각해야 합니다.

여러분은 하나님의 이런 침묵이 얼마나 큰 은혜요 사랑인지 생각해 보신 적이 있습니까?

우리는 하나님께서 우리의 삶에 요란하게 나타나시고 일을 하셔야만 은혜인 줄 압니다. 그러나 하나님의 이런 침묵도 정말로 위대하고 큰 은혜입니다.

한번 생각해 보십시오.

만일 하나님께서 우리가 잘못 행할 때마다, 우리가 어리석게 굴 때마다, 우리에게 나타나셔서 지적을 하시고 '이것 고쳐라 저것 고쳐라'고 말씀하신다면, 어떻게 될까요?

아마도 우리는 신경쇠약에 걸려서 며칠 살지 못하고 죽게 될 것입니다.

그렇지 않겠습니까?

그런데 감사하게도 하나님은 우리에게 그렇게 안 하신다는 것입니다. 하나님은 한이 없는 인내로 우리를 참아주시고 우리의 잘못되고 모자란 행동을 못 본 체 하시고 그냥 넘어가주십니다. 그뿐만 아니라 하나님은 그렇게 못되고 어리석은 우리의 삶에 깊숙이 들어오셔서 평생 우리를 떠나지 않으면서 우리를 계속 고쳐 주십니다. 자기의 사랑하는 아들이신 예수 그리스도의 형상을 닮아갈 수 있도록 하나님이 친히 우리를 그렇게 계속 변화시켜 주신다는 것입니다.

그래서 정말 잘 안 변하는 우리가, 정말 변할 것 같지 않은 우리가 변하도록 만들어 주신다는 것입니다. 저는 이런 하나님이 너무나 좋고 감사합니다. 우리에게 말씀하시기를 즐거워하시는 하나님께서 우리에게 이렇게 침묵도 하실 줄 안다는 사실 때문에 너무나 행복합니다.

성도 여러분!

혹시 하나님을 정말 잘 믿어보려고 최선을 다 하는데, 잘 안 되고 자꾸 엉뚱한 짓만 하는 것 같아서 하나님 앞에 설 때마다 자신이 없고 부끄러운 분이 있습니까?

여러분의 부족함을 부끄러워하십시오.

하지만 그것 때문에 하나님에게서 멀어지지는 마십시오.

하나님이 여러분에게 폭풍 잔소리를 할까봐 두려워하지도 마십시오.

하나님은 우리의 연약함을 참아주시고 오히려 연약한 우리를 붙들어 주시고 조용히 우리의 삶 가운데 들어오셔서 우리의 고장 난 부분, 우리의 못난 부분을 고쳐주실 것입니다.

그러므로 부끄러워하지 말고 하나님께 더 가까이 나아오십시오.

성도 여러분!

혹시 주변에 아무리 잘 설명을 해줘도 못 알아듣고 잘 믿지 못하고 엉뚱한 짓만 하는 그런 사람이 있습니까?

그런 사람 때문에 여러분의 마음이 아무리 답답하고 신경질이 나도 잔소리를 늘어놓지 마십시오.

하나님도 잔소리를 잘 안 하시는데 여러분이 누구라고 잔소리를 늘어놓으려 하십니까?

하나님께서 그 사람의 마음과 삶 속에 들어가셔서 꾸준히 일하실 것을 믿고 그 사람을 조용히 기다려 주십시오.

아, 우리가 믿는 하나님은 얼마나 은혜로운 하나님이신지요!

야곱은 태어날 때부터 심하게 고장 난 사람이었습니다. 야곱은 믿음의 가정에서 77살이 될 때까지 살았지만 신앙의 기본 도리도 배우지 못한 사람이었습니다. 그래서 인생의 위기 앞에서도 적극적으로 하나님을 찾지 않는 그런 사람이었습니다. 그런데 하나님은 그런 야곱을 먼저 찾아주셨습니다. 그리고 야곱에게 복과 은혜를 약속으로 주셨습니다.

하지만 야곱은 하나님이 은혜와 복을 가지고 찾아오셔도 제대로 반응하지 못한 사람이었습니다. 그러나 하나님은 그런 야곱을 또 참아주시고 잔소리를 하시지도 않고 오히려 그의 삶에 더 깊숙이 들어오셔서 야곱의 마음과 삶을 계속 변화시키십니다. 그래서 결국 야곱을 믿음의 족장으로 만들어놓으십니다. 이런 야곱의 하나님이 오늘도 우리의 삶에 은혜를 베풀어주고자 하십니다.

아! 그러니 우리는 정말 얼마나 행복한 사람인지요!

아멘!

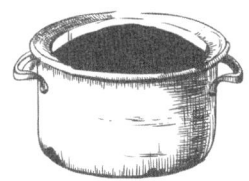

제8장

하란에서의 울음
(창 29:1-14)

¹야곱이 발행하여 동방 사람의 땅에 이르러 ²본즉 들에 우물이 있고 그 곁에 양 세 떼가 누웠으니 이는 목자들이 그 우물에서 물을 양떼에게 먹임이라 큰 돌로 우물 아구를 덮었다가 ³모든 떼가 모이면 그들이 우물 아구에서 돌을 옮기고 양에게 물을 먹이고는 여전히 우물 아구 그 자리에 돌을 덮더라 ⁴야곱이 그들에게 이르되 나의 형제여 어디로서뇨 그들이 가로되 하란에서로라 ⁵야곱이 그들에게 이르되 너희가 나홀의 손자 라반을 아느냐 그들이 가로되 아노라 ⁶야곱이 그들에게 이르되 그가 평안하냐 가로되 평안하니라 그 딸 라헬이 지금 양을 몰고 오느니라 ⁷야곱이 가로되 해가 아직 높은즉 짐승 모일 때가 아니니 양에게 물을 먹이고 가서 뜯기라 ⁸그들이 가로되 우리가 그리하지 못하겠노라 떼가 다 모이고 목자들이 우물 아구에서 돌을 옮겨야 우리가 양에게 물을 먹이느리라 ⁹야곱이 그들과 말하는 중에 라헬이 그 아비의 양과 함께 오니 그가 그의 양들을 침이었더라 ¹⁰야곱이 그 외삼촌 라반의 딸 라헬과 그 외삼촌의 양을 보고 나아가서 우물 아구에서 돌을 옮기고 외삼촌 라반의 양떼에게 물을 먹이고 ¹¹그가 라헬에게 입맞추고 소리내어 울며 ¹²그에게 자기가 그의 아비의 생질이요 리브가의 아들됨을 고하였더니 라헬이 달려가서 그 아비에게 고하매 ¹³라반이 그 생질 야곱의 소식을 듣고 달려와서 그를 영접하여 안고 입맞추고 자기 집으로 인도하여 들이니 야곱이 자기의 모든 일을 라반에게 고하매 ¹⁴라반이 가로되 너는 참으로 나의 골육이로다 하였더라 야곱이 한달을 그와 함께 거하더니(창 29:1-14).

야곱은 집을 떠나 하란으로 가다가 루스 땅에서 하나님의 은혜로운 방문을 받았습니다. 하란은 야곱의 외삼촌 라반이 살고 있던 도시인데 야곱의 집에서 약 500마일 정도 떨어진 곳이었습니다. 성인 남자가 부지런히 걸으면 한 달 정도 걸리는 먼 곳에 있는 도시였습니다. 야곱이 하나님의 은혜로운 방문을 받은 루스 땅이 야곱의 집에서 약 사흘 정도 걸리는 거리에 있었다고 알려져 있으니까 루스 땅에서 하나님의 은혜로운 방문을 받은 후에 야곱은 20일이 넘게 여행을 해야 했습니다.

오늘날처럼 자동차가 발달해서 차로 간다고 해도 이틀만 넘게 되면 우리는 굉장히 부담스러워하고 힘들어합니다. 그런데 걸어서 20여 일을 여행해야 한다면, 그것도 치안이 발달하지 않은 시대에 그런 여행을 해야 했다면, 참으로 힘든 일이었을 것입니다. 처음 며칠이야 정신없이 도망쳐야 하는 상황이기 때문에 이것저것 생각할 것도 없지만 어느 정도 시간이 흐르게 되면 길을 가는 동안 여러 가지 생각이 밀려와서 머리도 복잡하고 마음도 복잡하고 그랬을 것입니다. 아무튼 야곱은 20일이 넘는 길을 걸어서 마침내 목적지인 하란에 도착하게 됩니다.

오늘 본문에 보면 하란에 도착한 야곱의 모습이 기록되어 있습니다. 하란에 도착해서 야곱은 어떤 우물에 이르게 되는데, 바로 그곳에서 촌수를 따지자면 외사촌이 되는 라헬을 처음 만나게 됩니다. 라헬을 만나자마자 야곱이 한 행동이 좀 의아합니다.

야곱은 라헬을 만나고 라헬이 자기 외삼촌 라반의 딸이라는 소리를 듣자마자 라헬을 와락 끌어안고 소리 내어 울었습니다. 본문 11절은 그 장면을 이렇게 기록합니다.

그가 라헬에게 입 맞추고 소리 내어 울며 (창 29:11).

이 상황을 가만히 생각해 보십시오.

지금 야곱은 태어나서 처음으로 라헬을 만난 것입니다. 라헬도 태어나서 처음으로 야곱을 만난 것입니다. 더구나 한쪽은 남자고 다른 한쪽은 여자입니다.

그러니 서로 얼마나 어색한 상황입니까?

그런데 야곱은 라헬이 자기 외삼촌 라반의 딸이라는 사실을 확인하자마자 라헬을 끌어안고 소리 내어 엉엉 울었습니다. 이런 행동은 두 사람이 서로 오랜 만에 만나서 굉장히 반가우면 얼마든지 가능한 일이지만 만나서 반갑다고 해서 다 할 수 있는 일은 아닙니다. 일흔일곱 살이나 된 야곱이 그렇게 한 이유를 생각해 볼 필요가 있습니다.

야곱은 왜 그렇게 울었을까요?

야곱의 이런 감정을 볼 때, 그 동안 하란 땅으로 걸어오면서 야곱의 마음이 굉장히 힘들었다는 것을 추측해 볼 수 있습니다. 물론 다르게 해석하는 분들도 있습니다. 어떤 성경 해석가들은 야곱이 집을 떠나 하란으로 도망할 때 처음 사흘 길은 굉장히 힘들었지만 루스 땅에서 하나님이 꿈에 찾아오신 일이 있은 후에는 소망을 가지고 하란 땅으로 힘차게 걸어갔을 거라고 생각합니다. 그렇게 해석하는 것도 크게 무리가 있는 것은 아닙니다. 하나님께서 야곱에게 주신 약속이 어마어마하게 큰 약속이었기 때문에 야곱이 소망을 가지고 힘차게 하란 땅으로 걸어갈 수도 있었습니다.

하지만 그렇게 해석하는 것은 너무 순진한 해석입니다. 지난번에 살펴본 것처럼 루스 땅에서 야곱의 신앙은 그렇게 철저하지 않았습니다. 하나님께서 약속해 주신 복을 다 파악하고 그것을 철저히 믿기에는 야곱의 신앙이 아직 어렸습니다. 설령 야곱의 신앙이 어리지 않고 성숙했더라도 하란 땅을 향해서 걸어가는 20여 일의 여정 동안 여러 가지 생각에 시달리며 힘들었을 것입니다. 더구나 라반의 딸 라헬을 만나자마자 끌어안고 소리를 내서 엉엉 울었다는 것을 보면, 야곱이 하란을 향해 여행하던 그 20여 일 동안 결코 마음이 편하지만은 않았던 것 같습니다.

여러분이 야곱의 입장이었다면, 하란을 향해서 걸어가는 20여 일 동안 마음이 어떠했겠습니까?

아마도 하란을 향해 걸어가면서 야곱의 마음에는 이런 질문이 계속 맴돌았을 것입니다.

"왜 하나님은 나를 계속 하란으로 보내시는 것일까?

하나님이 정말로 나를 사랑하신다면, 나를 미워하고 나를 죽이려고 하는 형의 마음을 지금 당장 고쳐놓고 나를 집으로 돌아가게 하시면 될 텐데 왜 하나님은 나를 계속 하란으로 보내시는 것일까?"

루스 땅에서는 하나님이 자기를 찾아오셔서 은혜와 복을 주신 것이 놀랍고 감사해서 다른 생각을 할 수 없었지만 하란을 향해서 끝없이 걸어가야 하는 20여 일의 시간 속에서 이런 질문이 야곱의 마음에 계속 떠올랐을 것입니다. 길을 걷다가 해가 지면 야곱은 누워 잠을 청하면서 혹시라도 하나님이 자기를 다시 찾아오시는 일을 기다렸을 지도 모릅니다. 하나님께서 다시 찾아오셔서 이렇게 말씀해 주시기를 기대했을지도 모릅니다.

"야곱아, 내가 다시 생각해 보니 굳이 하란까지 갈 필요는 없겠다. 다시 집으로 돌아가거라. 내가 도와주겠다."

하지만 야곱이 꿈꾸는 일은 일어나지 않았고 결국 야곱은 어느 새 하란 땅에 도착하게 되었을 것입니다.

이런 관점으로 야곱이 라헬을 끌어안고 소리 내어 엉엉 운 일을 생각해 보면, 야곱의 울음은 단순히 외사촌 조카를 처음 만난 반가움에서만 터져 나온 울음은 아니었을 것입니다. 야곱의 울음은 여러 가지 복잡한 감정이 얽혀서 터져 나온 복잡한 울음이었을 것입니다.

형 에서가 죽인다고 난리를 피우는 바람에 집을 도망쳐 나와야만 했던 일 때문에 마음에 억울함이 있어서, 위험한 길을 한 달 정도 여행하는 동안 마음에 있었던 불안함 때문에, 자기에게 온갖 복을 다 약속해 주시면서 결국 하란 땅으로 보내신 이해할 수 없는 하나님의 행동에 대한 섭섭함 때문에, 한 달 동안 힘든 여행을 하면서 고생을 많이 했지만 그래도 제대로 외삼촌의 집에 도착했다는 안도감 때문에 야곱은 라헬을 만나자마자 와락 끌어안고 펑펑 울었던 것으로 보입니다.

하지만 이렇게 울었을 때 야곱의 마음에서 가장 큰 비중을 차지하고 있는 감정은 하나님에 대한 섭섭함 내지 질문이었을 것입니다.

"왜 하나님은 나를 사랑하시고 복 주신다고 하면서도 굳이 하란으로 보내실까?

나는 왜 집을 떠나 하란에서 살아야 하는가?"

사실, 야곱의 이런 질문은 이런 상황에서는 얼마든지 해볼 수 있는 것입니다. 아니, 사람이라면 그런 상황에서 그런 질문을 안 하기가 어렵습니다.

그렇지 않습니까?

그래서 우리도 힘든 상황에 떨어지게 될 때 야곱이 품었던 심정을 똑같이 느끼고 야곱이 했던 것과 똑같은 질문을 하게 됩니다.

"왜 하나님은 나를 사랑하신다고 말하면서 이렇게 힘든 일을 겪게 하실까?

왜 하나님은 나를 위로해 주시면서 이 상황에서 나를 꺼내주지 않으실까?"

이런 질문이 마음에서 치밀어 올라오는데 답을 알지 못하면, 질문은 마음의 병이 되어 하나님을 향해서는 섭섭함을 느끼게 되고 우리 자신을 향해서는 연민을 느끼게 됩니다. 그러면 어지간해서는 울지 않던 사람도 걸핏하면 눈물을 흘리게 됩니다. 하지만 섭섭함이나 자기 연민은 우리에게 아무런 도움이 안 됩니다. 그것은 질병이기 때문에 우리를 더 아프게 할 뿐입니다. 그러므로 우리는 질문이 마음의 병으로 이어지지 않을 수 있게 질문에 대한 답을 찾아야 합니다.

"왜 하나님은 나를 사랑하신다고 말하면서 이렇게 힘든 일을 겪게 하실까?

왜 하나님은 나를 위로해 주시면서 이 상황에서 나를 꺼내주지 않으실까?"

야곱의 삶을 들여다보면서 우리가 가지고 있는 그 질문에 대한 답을 찾을 수 있습니다. 하나님이 야곱을 하란에 보내신 이유를 찾아보면 우리가 가지고 있는 질문에 대한 답이 나오기 때문입니다. 하나님은 야곱을 사랑하셨습니다. 하지만 하나님은 야곱을 하란 땅으로 보내셔야 할 분명한 이유가 있었습니다. 야곱의 마음과 인격과 삶에 깊이 스며들어 있는 죄의 독을 제거하기 위해서 하란 땅에서 연단을 받는 일이 꼭 필요했기 때문입니다.

물론 야곱은 루스 땅에서 꿈을 꾸면서 하나님을 만났고 하나님의 복을 받았습니다. 그리고 야곱은 어느 정도 변하였습니다. 하지만, 야곱의 마음과 인격과 삶에 오랫동안 깊이 스며들어 있는 죄의 독이 제거된 것은 아니었습니다.

태어날 때부터 가지고 태어난 그 독이, 77년 동안 마음과 생활에서 길러온 그 독이 어떻게 한 순간에 다 제거가 되겠습니까?

그렇기 때문에 야곱이 하나님을 만난 직후에 하는 행동도 가만히 보면 그 독이 여전히 남아 있는 모습이 아니었습니까?

그러므로 야곱에게서 그 독을 제거하기 위해서는 하란이 꼭 필요했습니다. 그래서 하나님은 야곱을 하란으로 보내신 것입니다.

그렇다면, 야곱의 마음과 인격과 삶에 깊이 스며들어 있는 대표적인 독은 무엇입니까?

그냥 놔두면 또 다시 야곱의 마음과 삶을 죄로 물들게 하고 파괴시킬 대표적인 독은 무엇입니까?

하나님과의 인격적인 관계 속에서 행복을 찾지 않고 많은 것을 소유하는 것에서 행복을 찾으려고 하는 불신앙입니다. 자기의 삶을 행복하고 안전하게 해줄 것처럼 보이는 것을 만나게 되면 그것을 자기 것으로 만들 때까지 결코 포기하지 않고 수단과 방법을 가리지 않고 매달리는 무서운 집착입니다. 자기 행복을 위해서는 다른 사람을 속이고 다른 사람의 것을 빼앗는 것을 아무렇지도 않게 생각하는 이기적인 마음입니다.

야곱은 마음과 인격과 삶에 그런 독을 품고 있으면서도 그것이 얼마나 더럽고 얼마나 무섭고 얼마나 악한 것인지를 전혀 몰랐습니다. 나이가 일흔일곱이 될 때까지 몰랐습니다. 그동안 그 독 때문에 야곱은 괴물이 되고, 가정은 파탄 났지만 야곱은 잘 몰랐습니다. 하나님은 그런 독을 야곱의 마음과 삶에서 빼내기 위해 하란으로 야곱을 보내신 것입니다.

하란에는 야곱 안에 있는 독이 얼마나 무섭고 얼마나 더럽고 얼마나 악한 것인지를 뼛속 깊이까지 느끼게 해주는 여러 가지 장치가 있었습니다. 우선, 하란에는 들판에서 양을 치는 고된 일이 야곱을 기다리고 있었습니다. 하란에서 야곱은 외삼촌 라반의 집에서 20년을 지내게 되는데, 매일같이 양을 치면서 고된 일을 해야 했습니다.

한번 생각해 보십시오.

본래 야곱은 부잣집 막내아들로 곱게 성장한 사람이었습니다. 그런 야곱에게 사막에서 양을 돌본다는 것은 힘든 일이 아닐 수 없었습니다. 더구나 어떻게든 장자의 축복을 받아서 행복하고 부유한 삶을 살려고 했던 야곱에게는 자존심도 상하고 자괴감도 드는 그런 일이었습니다.

그렇게 하란은 야곱을 인생의 밑바닥으로 떨어뜨려서 하나님을 의지하지 않는 불신앙이 결국 우리의 인생을 어떻게 망가뜨리는지를 처절하게 체험하게 하는 장소였습니다. 하나님은 77년이나 불신앙 속에서 살아온 야곱을 하란에 20년을 묶어놓으시고 지독한 불신앙의 독을 서서히 제거하셨던 것입니다. 이런 점에서 야곱에게 하란은 꼭 필요한 곳이었습니다.

또한 하란에는 자기 행복을 위해서는 징그러울 정도로 집념을 가지고 자기 형제와도 무섭게 경쟁하는 레아와 라헬이 기다리고 있었습니다. 옛날에 야곱이 형 에서와 경쟁하고 다투었던 것처럼 끊임없이 다투고 싸우는 두 여자가 야곱을 기다리고 있었습니다. 레아와 라헬은 야곱의 외삼촌 라반의 딸인데, 나중에 두 사람 다 야곱의 부인이 됩니다. 그런데 레아와 라헬은 야곱의 사랑을 독차지하기 위해서 끊임없이 전쟁을 합니다. 그래서 야곱은 하란에 머무는 동안 두 여인의 전쟁 속에서 늘 시달리게 됩니다.

일이 힘들어도 집안이 평안하면 괜찮은데 야곱은 집에 들어오기가 무서울 정도였습니다. 왜냐하면 첫째 부인인 레아와 둘째 부인인 라헬이 서로 야곱의 사랑을 더 많이 차지하고 서로 야곱의 아들을 낳으려고 십 년이 넘게 총성 없는 전쟁을 집안에서 벌였기 때문입니다.

야곱은 자기의 행복을 확보하려고 서로 싸우는 두 여자의 무서운 집념을 보면서 자기 자신에게 있는 자기 행복을 향한 집념이 얼마나 무섭고 추악한 것인지를 보지 않을 수 없었습니다. 하나님은 그렇게 레아와 라헬을 통해서 야곱의 마음 깊은 곳에 있는 무서운 집착의 독을 서서히 제거하셨던 것입니다. 이런 점에서도 하란은 야곱에게 꼭 필요한 장소였습니다.

또한 하란에는 야곱보다 속이는 일에 실력이 더 좋은 라반이 있었습니다. 뛰는 놈 위에 나는 놈이 있다는 말은 바로 이것을 두고 하는 말일 것입니다. 야곱도 다른 사람을 속이는 데 탁월한 기술을 가지고 있었지만 야곱의 외삼촌인 라반은 그런 야곱을 자기 손안에 넣고 이렇게 속이고 저렇게 속이는 탁월한 사기꾼이었습니다. 야곱도 속이는 데는 실력이 대단한 사람이었지만 외삼촌 라반은 도저히 이겨볼 수가 없었습니다.

그래서 야곱은 늘 라반에게 당하는 억울한 삶을 살게 됩니다. 야곱은 라반의 둘째 딸인 라헬을 부인으로 맞이하기 위해서 7년을 일했는데 라반은 신혼 첫날밤에 큰딸 레아를 집어넣어서 야곱이 원하지 않는 여자와 결혼하게 만들고, 7년 더 일하면 라헬도 주겠다고 야곱을 속여 야곱의 노동력을 착취하였습니다.

이런 라반과 생활하면서 야곱은 거짓말과 속임수가 얼마나 악한 것인지 느끼지 않을 수 없었을 것입니다. 하나님은 이런 라반에게 야곱을 20년 동안 묶어 놓으심으로써 야곱의 마음에 있던 거짓이라는 독을 서서히 제거하셨던 것입니다.

이처럼 하란에는 야곱의 마음과 인격과 삶에 깊이 스며들어 있는 나쁜 독을 야곱이 미워할 수밖에 없도록 만드는 놀라운 장치가 있었습니다. 야곱은 하란에서 지내는 시간이 오래될수록, 하란에서 자기보다 더 심한 사람들 밑에 들어가 고통을 당하는 일이 많으면 많을수록, 이전에 아무렇지도 않게 생각하던 자기의 불신앙, 자기의 집념, 자기의 속임수를 더러운 오물처럼 여기게 되었고, 미워하게 되었고, 부끄러워하게 되었고, 버리게 되었을 것입니다. 이것을 위해서 야곱에게는 하란이 필요했던 것입니다.

이것을 오늘 중요하게 생각해야 합니다. 하란 땅에 들어서서 라헬을 붙잡고 울었던 야곱처럼 우리도 힘들고 어려운 상황 속에 끌려들어가게 될 때, 눈물을 흘리며 울기가 쉽습니다. 하나님에게 대한 섭섭함 때문에, 마음을 괴롭게 하는 여러 가지 일 때문에 눈물이 나오는 것은 어쩔 수가 없습니다. 그러니 울어야 합니다. 하지만 오래 울어서는 안 됩니다. 하나님께서 우리가 알지 못하는 방식으로 우리에게 선을 행하시려고 그런 환경에 우리를 밀어 넣고 계심을 믿고 안심해야 합니다.

성도 여러분!

야곱의 삶에서 하나님이 일하신 순서를 잘 생각해 보십시오.

하나님은 루스 땅에서 야곱을 먼저 용서해 주시고, 루스 땅에서 야곱을 먼저 축복해 주셨습니다. 하나님은 야곱이 어떤 사람인지 다 아시고,

야곱의 마음과 인격과 삶에 어떤 독들이 있는지 다 아시지만, 야곱이 무슨 짓을 했는지 다 아시지만, 은혜로 사랑으로 야곱에게 나타나셔서 놀라운 복을 선물로 다 주셨습니다. 심하게 망가진 야곱을 하나님은 그렇게 사랑하셨고, 그렇게 용서하셨고, 그렇게 복을 주셨습니다. 이래서 하나님은 은혜로우신 하나님이십니다.

하지만 하나님은 야곱을 집으로 돌려보내지 않으셨습니다. 하나님은 야곱을 하란으로 보내셨습니다. 그렇게 해서 야곱에게 있는 독을 제거해 주시는 일을 행하셨습니다. 하나님은 자기가 사랑하는 야곱을 이런 식으로 이끌어 주셨습니다. 우리는 이 순서를 반드시 기억해야 합니다. 왜냐하면 지금도 하나님은 자기가 사랑하는 사람들에게 이런 순서를 그대로 지키시기 때문입니다.

하나님은 우리의 있는 모습 그대로 우리를 사랑해 주십니다. 하나님은 우리가 부족하면 부족한 대로 받아주시고 우리를 사랑해 주십니다. 그래서 성경은 우리가 죄인 되었을 때, 우리가 원수 되었을 때에 하나님께서 우리를 사랑하셔서 자기 아들을 십자가에 내어주셨고 그것을 통해서 우리를 얼마나 진실하게 사랑하시는지를 확증해 주셨다고 말합니다(롬 8:24).

하지만 그렇다고 해서 하나님은 우리를 있는 모습 그대로 놔두시는 분은 아닙니다. 하나님은 우리 안에 남아 있는 죄의 독을 제거하기 위하여 우리를 하란으로 보내십니다. 우리의 삶에 하란이라는 지역을 주십니다. 그래서 어느 때는 우리의 삶 전체가 하란이 되어 버립니다. 하는 일마다 잘 안 되서 고달픈 삶을 살아야 하고 거기다가 사람들과의 관계 때문에 고생을 해야 하고 거기다가 속이는 나쁜 사람을 만나서 어려움을 당하게 됩니다.

어느 때는 이 모든 일이 한꺼번에 우리의 삶에 일어날 수도 있습니다. 그래서 우리의 인생 전체가 하란 땅이 됩니다. 또 어느 때는 우리 삶의 한 부분이 하란으로 변해 버립니다. 다른 부분에서는 다 괜찮고 행복한데 삶의 어느 한 부분에서는 심한 고생을 하든지 관계 때문에 어려움을 겪든지 속이는 일을 당하든지 그런 어려움을 당하게 됩니다.

예를 들면, 가정에서는 행복한데 직장에만 가면 야곱이 하란 땅에서 겪었던 온갖 어려움을 다 겪게 됩니다. 이런 식으로 하나님은 야곱이 살았던 하란 땅으로 우리도 보내십니다. 하지만 이제 우리는 왜 하나님이 우리를 하란으로 보내시는지 그 이유를 분명하게 압니다. 하나님이 우리를 하란으로 보내시는 것은 우리를 미워하시기 때문이 아닙니다. 하나님이 우리를 사랑하신다는 것은 십자가에서 분명하게 나타났습니다. 하나님은 우리를 살리기 위하여 자기 아들을 죽이셨습니다.

하나님이 우리를 하란에 오랫동안 묶어 놓으신 것은 우리가 지은 죄와 어리석음에 대한 대가를 톡톡히 치르게 하기 위함이 아닙니다. 우리 죄의 대가는 예수님이 십자가에서 다 지불하셨습니다. 하나님이 우리를 하란에 보내시는 목적은 죄의 무서운 독을 우리에게서 제거하기 위함입니다.

사실, 하나님의 말씀은 죄의 무서운 독을 제거하는 탁월한 해독제입니다. 그래서 우리가 하나님의 말씀만 잘 받아서 먹고 그 말씀이 우리의 마음속에 제대로만 들어가면 놀랍게 해독이 됩니다. 그런데, 우리는 하나님의 말씀을 마음에 담지 못하고 한쪽 귀로 듣고 한쪽 귀로 흘려보내는 일이 너무 많습니다. 그렇기 때문에 어쩔 수 없이 하나님은 우리를 하란으로 보내셔야 하는 것이고 우리에게는 하란이 꼭 필요한 것입니다. 그러므로 하나님이 우리를 하란으로 보내실 때, 우리는 겸손히 하나님의 인도를 따라 하란에 들어가야 하고 하란에 살아야 합니다.

물론 우리의 삶 전체가 하란으로 바뀔 때, 아니면 우리의 삶의 일부분이 하란으로 바뀔 때, 우리는 참 힘듭니다. 사방이 꽉 막힌 것 같고 금방이라도 망할 것만 같고 금방이라도 죽을 것만 같은 느낌이 듭니다.

그래서 우리는 이렇게 따지기 쉽습니다.

"하나님, 왜 나를 자꾸 하란으로 보내십니까?"

"하나님, 왜 나를 자꾸 하란에 묶어두십니까?"

"하나님, 도대체 언제까지 나를 하란에서 이렇게 고생만 시키실 것입니까?"

이렇게 질문을 던지고 따지고 들면서 우리는 몸부림을 칩니다. 어떻게 해서든 거기에서 빨리 빠져나오려고 몸부림을 칩니다. 하지만 그렇게 하는 것은 우리에게 전혀 도움이 되지 않습니다. 뱀에 물린 사람이 몸부림을 치면 독이 더 빨리 온 몸에 퍼지는 것처럼 그것은 해로운 일입니다. 그렇게 해봐야 아무 소용도 없습니다. 하나님은 우리의 질문에 대답하지 않으실 것입니다. 우리가 울며불며 매달려도 하나님은 꿈쩍하지 않으실 것입니다. 하나님은 우리의 엄살이나 급한 성질에 휘둘리는 분이 아니시기 때문입니다.

하나님은 아주 냉정한 의사처럼 우리에게 있는 죄의 독을 뺄 때까지 우리를 하란에 붙들어 두실 것입니다. 그러므로 우리는 수술을 받는 환자가 의사의 손에 자기의 모든 것을 맡기듯이 우리 영혼의 의사이신 하나님께 우리의 인생 전부를 맡겨야 합니다. 하나님께서 우리에게 있는 죄의 무서운 독을 다 제거하실 수 있도록 우리의 인생 전부를 다 맡겨야 합니다. 그리고 하루하루를 성실하게 살아가야 합니다.

그렇게 할 때 하나님께서 우리를 정결하게 만들어 주실 것이고 하란에 붙들려 있는 시간이 줄어들 것이며 정한 시간에 하란에서 벗어날 수 있게 됩니다. 하나님께서 선한 뜻이 있어서 우리를 하란으로 인도하시고 하란에 머물게 하실 때, 우리는 하나님의 뜻에 순응해야 합니다. 하나님에게 우리의 시간표를 들이밀고 이렇게 해달라고 저렇게 해달라고 할 것이 아니라 하나님의 수술대에 올라가 얌전히 누워 있어야 합니다. 이것이 정말로 지혜로운 삶이고 믿음의 삶입니다.

그런데 야곱의 인생을 가만히 생각해 보면, 하나님은 하란에서 야곱의 마음과 인격과 삶에 깊이 스며들어 있는 죄의 독만 제거하신 것이 아닙니다. 하나님은 하란 땅에서 야곱의 삶을 신비로운 방식으로 일으켜 세워주시는 일도 하셨습니다.

사실, 야곱에게 있어서 하란은 많은 열매를 맺거나 좋은 일을 기대할 만한 곳이 못 되었습니다.

들판에서 밤낮 양을 치는 일을 했는데 무슨 좋은 일을 기대할 수 있겠습니까?

그것도 처음 14년은 월급을 한 푼도 못 받았는데 무슨 열매를 기대할 수 있겠습니까?

나중에 겨우 협상해서 월급을 받게 되었는데 그것마저도 외삼촌이 자꾸 속여서 제대로 받은 적이 없으니 어떻게 거기에서 가문을 일으켜 세울 것을 기대할 수 있겠습니까?

집안은 여자들의 싸움 때문에 전쟁터나 다름없었습니다. 애들은 한꺼번에 태어나서 어린아이들만 주렁주렁 매달려 있는 복잡한 삶이었습니다. 야곱의 입장에서 봐도 그렇지만, 우리가 보아도, 하란은 많은 열매를 맺거나 좋은 일을 기대할 수 있는 장소가 아니었습니다.

그런데 놀랍게도 하나님은 야곱이 불모지와 같은 하란에 머무는 동안 야곱의 인격과 신앙과 가문을 일으켜 세워주셨습니다. 사실, 하란에서 야곱은 자기의 마음과 인격과 삶에 깊이 스며들어 있는 죄의 독을 빼내는 일 하나도 제대로 못하고 있었습니다. 하란에 도착한 지 얼마 되지 않아서 야곱에게는 인생의 목표가 생겼습니다. 그런데 그 목표는 라헬이라는 미인과 결혼하는 것이었습니다. 야곱에게는 자기의 인격을 바꾸고 신앙을 바르게 세우는 것은 그렇게 중요한 일이 아니었습니다.

하지만 하나님은 혼자서 계속 엉뚱한 일을 하고 있는 야곱에게 신비로운 방법으로 역사하셔서 야곱에게 있는 죄의 독을 제거해 주시는 일을 하시면서 동시에 야곱의 인격과 신앙과 가문을 세워주시는 일을 하셨던 것입니다. 그래서 성경을 읽어보면 분명히 하란 땅에서 야곱은 엉뚱한 짓을 하면서 살았는데 나중에 보면 어느 새 야곱은 모든 일을 하나님께 의지할 수 있는 믿음의 사람으로, 더 이상 많은 것을 소유하는 것을 집착하지 않고 하나님 한 분에게만 매달리는 사람으로, 변해 있는 것을 보게 됩니다.

또한 하나님은 야곱이 하란에 머무는 동안 야곱의 가정을 세워주셨고 야곱의 그 문제 많은 가정에서 태어난 열두 아들이 나중에 이스라엘의 열두 지파를 이루도록 만들어 주셨습니다. 사실, 야곱의 가정은 정말 문제가 많고 복잡하게 얽혀 있는 그런 가정이었습니다. 야곱은 집에만 들어가면 네 명이나 되는 부인들의 눈치를 보고 열두 명이나 되는 서로 배다른 아이들 때문에 골치가 아팠습니다. 야곱이 볼 때 자기 가정은 자기 아버지 이삭의 가정보다 더 콩가루 가정이었습니다.

제가 만일 야곱이었다면, 집에 들어갔다가도 밥만 먹고 밖으로 나와서 밤하늘을 보며 한숨짓는 일이 굉장히 많았을 것입니다. 야곱이 볼 때 정말로 소망이 없는 가정이었습니다. 그런데 하나님은 하란에서 야곱의 그런 가정을 일으켜 세워주셨고 나중에 이스라엘 민족의 열두 지파가 거기에서 형성되도록 신비로운 일을 행하셨습니다.

또한 하나님은 야곱이 하란에 머무는 동안 야곱의 가정이 안정적으로 살아갈 수 있는 경제적인 기반도 만들어 주셨습니다. 창세기 30장 마지막 절에 보면, 야곱이 하란에 머문 지 20년이 되었을 때 이렇게 설명합니다.

> 이에 그 사람이 심히 풍부하여 양떼와 노비와 약대와 나귀가 심히 많았더라(창 30:43).

그런데 야곱의 그 많은 재산은 20년 동안 열심히 일해서 번 것이 아닙니다. 사실, 야곱이 하란에서 머문 20년 중에 처음 14년은 월급을 받지 않고 일했습니다. 그러니까 나머지 6년만 월급을 받은 것인데 그것도 제대로 받은 적이 없었습니다. 그러니까 인간적으로 계산을 해보면, 야곱은 도저히 큰 부자가 될 수 없는 상황이었습니다.

사기꾼 같은 라반 밑에서 늘 착취를 당하고 있는데 무슨 재주로 재산을 모을 수 있겠습니까?

그러므로 야곱이 이렇게 거부가 된것은 하나님께서 야곱에게 기적적으로 복을 주셨기 때문입니다(창 31장 참고).

이 얼마나 놀라운 일입니까!

루스 땅에서 하나님의 방문을 처음 받았을 때, 야곱은 자기 목숨 건지는 것에 연연했습니다. 죽지만 않고 살아서 고향집으로 돌아올 수만 있다면, 평생 하나님을 열심히 섬기겠다고 다짐했습니다. 야곱은 입을 것과 먹을 것이 떨어지지 않게만 해달라고 하나님께 간구하였습니다. 그것만 확실하게 해결을 해주시면 하나님을 자기 하나님으로 섬기고 하나님을 위하여 성전을 지어드리고 하나님께 십일조를 드리겠다고 서원했습니다.

> 야곱이 서원하여 가로되 하나님이 나와 함께 계시사 내가 가는 이 길에서 나를 지키시고 먹을 양식과 입을 옷을 주사 나로 평안히 아비 집으로 돌아가게 하시오면 여호와께서 나의 하나님이 되실 것이요 내가 기둥으로 세운 이 돌이 하나님의 전이 될 것이요 하나님께서 내게 주신 모든 것에서 십분 일을 내가 반드시 하나님께 드리겠나이다 하였더라(창 28:20-22).

그런데 보십시오.

하나님은 하란 땅에서 야곱의 인격과 신앙과 가문을 일으켜 주셨습니다. 정말 숨쉬기도 어렵게 느껴졌던 그 땅에서 하나님은 놀라운 기적을 일으켜 주셨습니다. 그래서 야곱은 하란에서의 20년 생활을 마무리할 때 큰 부자가 되어 있었고 큰 가문을 이루고 있었고 고향으로 돌아올 수 있는 상황에 이르게 되었습니다.

이 얼마나 놀라운 일입니까!

야곱은 하란에서 험악한 인생을 살았습니다. 하나님은 하란에서 야곱을 무너뜨리는 분처럼 보였습니다. 그러나 하나님은 하란에서 야곱을 오히려 세워주고 계셨습니다. 하나님이 무너뜨린 것은 야곱의 불신앙이었고 무서운 집착이었고 못된 이기심이었습니다. 하나님은 하란에서 한순간도 야곱을 무너뜨린 적이 없으셨습니다. 하나님은 야곱의 삶에서 하나님의 나라를 일으켜 세우셨습니다. 불모지 같은 하란이 하나님 때문에 열매 맺는 옥토가 되었습니다.

그러므로 여러분이 하란에 머물게 될 때, 그곳에서 하나님이 여러분에게 복을 주실 것을 믿으십시오.

하란에 살다보면 하나님은 항상 우리를 흔드시기만 하고 무너뜨리시기만 하는 것처럼 보입니다. 하지만 우리 눈에 보이는 것만 믿으면 안 됩니다. 우리의 느낌대로 믿어서도 안 됩니다. 사실 하나님은 하란에서 우리를 견고하게 세우시는 일을 하십니다.

야곱의 삶에 하나님이 일하신 순서를 보십시오.

하나님은 루스 땅에서 야곱을 찾아가셨고 야곱에게 모든 복과 은혜를 약속해 주셨습니다. 그런데 하나님이 약속하신 그 복을 실제로 야곱에게 이루기 시작하신 곳은 '하란'이었습니다.

잘 생각해 보십시오.

하나님은 하란 땅에서 야곱에게 있는 죄의 독만 빼어내시고, 야곱을 처음 만났던 벧엘로 불러내신 후 거기에서 복을 주기 시작하지 않았습니다. 물론 하나님이 야곱에게 약속하신 모든 복을 하란에서 다 주신 것은 아니었습니다. 하지만 하란은 하나님이 약속하신 모든 복이 이루어지기 시작했을 뿐만 아니라 굉장히 많이 주어진 장소였습니다.

야곱은 하란에 처음 도착했을 때, 라헬을 붙잡고 엉엉 울었습니다. 하란에 도착했을 때 야곱의 마음은 그만큼 힘들었습니다. 하지만 한번 크게 울었다고 해서 문제가 해결된 것은 아니었습니다.

이후에 야곱이 하란에 살면서 얼마나 많은 한숨을 쉬었을지 상상해 보십시오.

악랄하게 속이는 외삼촌 라반 때문에, 날마다 자기를 놓고 싸우는 부인들 때문에, 미래가 불투명한 자신의 삶을 보면서 야곱은 땅이 꺼져라 한숨을 많이 쉬었을 것입니다. 하지만 나중에 야곱은 하란에서 서서히 웃을 수 있었을 것입니다. 왜냐하면 하나님께서 하란 땅에서 자기의 삶을 복주시고 하나님의 나라를 세워 가신다는 것을 조금씩 볼 수 있었기 때문입니다.

그리고 더 나중에 야곱은 하란에서 큰 소리로 웃을 수 있었을 것입니다. 왜냐하면 하나님께서 자기를 사랑하신다는 것을 주변에 있는 모든 사람들이 다 알 수 있을 정도로 하나님께서 자기의 사랑을 확실하게 표시해 주셨기 때문입니다. 하나님의 뜻대로 부르심을 입은 사람들, 곧 하나님을 사랑하는 사람들에게 하란은 알고 보면 기쁨의 땅입니다.

여러분!

혹시 지금 여러분의 삶이 전체적으로 하란과 같아서 그곳에서 힘들어하며 울고 계십니까?

혹시 하란에서 사는 것이 너무나 힘들어서 늘 땅이 꺼져라 한숨만 쉬고 있습니까?

여러분이 힘들어서 우는 것 하나님도 뭐라고 하지 않으실 것입니다. 여러분이 힘들어서 한숨을 쉬는 것 하나님도 뭐라고 하지 않으실 것입니다.

그러니 주체할 수 없게 눈물이 나는 것 때문에 또는 한숨이 절로 나오는 것 때문에 여러분 자신을 자책하지 마십시오.

힘들면 울고 답답하면 한숨을 내쉬십시오.

하지만 그러면서 야곱의 하나님을 여러분의 소망으로 삼으십시오.

하나님은 야곱을 웃게 하신 것처럼 여러분도 웃게 만들어 주실 것입니다. 그리고 하나님께서 정한 시간이 되면 그 힘들었던 하란 땅에서 여러분을 건져내실 것입니다.

그러므로 하란에 머물 때, 그래서 힘들 때, 낙심하지 말고 포기하지 마십시오.

어떤 학자들에 따르면, '하란'이라는 동네 이름의 뜻은 '열매를 맺을 수 없는 곳'이라는 의미가 있다고 합니다. 그러나 하나님은 그런 곳에서 위대한 열매를 우리의 삶에 맺게 해주시는 위대한 일을 행하십니다.

그 하나님을 믿으십시오.

성도 여러분!

참으로 신기하지 않습니까?

우리는 어떤 일이 잘 되려면 세 가지가 꼭 필요하다고 생각합니다. 상황이 좋아야 하고 주변에 있는 사람들과의 관계도 좋아야 하고 나쁜 사람도 안 만나야 한다고 생각합니다. 그렇지 않으면 일이 될 수 없다고 우리는 생각합니다.

그런데 하란에서 야곱의 삶을 보십시오.

일이 제대로 되려면 기본적으로 있어야 할 모든 것이 없는 상황이었습니다. 모든 상황이 안 좋았습니다. 사람들의 관계는 복잡하게 얽혀 있었습니다. 거기다가 속이는 라반이 힘을 가지고 야곱의 삶을 괴롭히고 있었습니다.

이런 곳에서 야곱의 삶이 어떻게 일어날 수 있겠습니까?

그런데 하나님은 야곱의 삶을 일으켜 세우셨습니다. 우리 하나님에게는 그런 능력이 있습니다. 무에서 유를 창조해 내시는 하나님에게는 그런 능력이 있습니다.

그러므로 하란에서 위대한 일을 꿈꾸십시오.

우리는 어떤 일을 하다가 상황이 안 좋아지면 안 될 거라고 쉽게 포기합니다. 우리는 사람들의 관계가 복잡해지고 갈등이 생기면 안 될 거라고 쉽게 포기합니다. 우리는 나쁜 사람이 한 사람이라도 설치고 다니면 안 될 거라고 쉽게 포기합니다.

하지만 야곱의 삶을 보십시오.

하나님은 그 모든 악조건이 다 모여 있는 하란 땅에서 자기가 사랑하는 야곱의 삶을 일으켜 세워주셨습니다.

그러므로 하란에서 포기하지 마십시오.

우리가 하란이라는 땅에 들어가 매일 매일 힘든 삶을 살아 모든 상황이 안 좋을 때, 사람들과의 관계가 너무나 복잡해서 숨 막힐 지경이 될 때, 우리를 힘들게 하는 나쁜 사람들이 있을 때, 그 때에도 우리는 하나님께서 신비한 방법으로 우리에게 약속하신 은혜와 복들을 베풀어 주실 수 있다는 것을 믿고 기다리고 기대해야 합니다. 전능하신 하나님께는 불가능한 일이 없습니다. 그러므로 하나님을 믿는 사람들은 포기할 권리가 없습니다. 하나님을 믿는 사람은 하나님을 끝까지 믿고 신뢰할 권리만 있을 뿐입니다.

그러므로 하란에서 벗어나서 더 좋은 곳에 가서 복을 받으려는 생각을 하지 마시고 하란 땅에서 기적을 베풀어 주시는 하나님, 원수의 목전에서 우리에게 푸짐한 상을 차려 주시는 하나님을 바라고 기대하십시오.

그래서 하란 땅에서 탈출하게 될 때 울면서 탈출하는 사람이 아니라 웃으면서 탈출하는 사람이 되어야 합니다.

성도 여러분!

참 신기하지 않습니까?

야곱은 평생 형의 장자권을 빼앗아서 아버지 이삭의 재산을 많이 물려받아서 자기의 가문이 일어설 것을 기대했습니다.

그런데 하나님은 어떻게 하셨습니까?

하나님은 열매 맺을 수 없는 땅 하란에 야곱을 빈손으로 보내시고 바로 거기에서 야곱에게 친히 복을 주셔서 야곱의 가문을 일으켜 세워주셨습니다. 이렇게 함으로써 하나님은 자기 자신이 복의 근원이라는 것을 야곱에게 확실하게 보여주셨습니다. 하나님 자신이 아니라 다른 것을 통해서 복을 받으려고 그렇게 몸부림쳤던 야곱에게 평생 잊을 수 없는 방식으로 교훈을 주셨던 것입니다. 그래서 야곱의 비뚤어진 인격과 왜곡된 신앙을 분명하게 고쳐 주셨던 것입니다.

하나님은 지금도 우리의 삶에 이런 방식으로 일하실 때가 많습니다. 그래서 우리가 나중에 딴 소리 못하게 하시는 것입니다. 우리의 고질적인 영적 질병을 고쳐 주시는 것입니다. "나의 나 된 것은 다 하나님의 은혜다"라고 진짜로 고백하게 만들어주십니다.

성도 여러분!

하란은 야곱이 영원히 살 곳이 아니었습니다. 그렇다고 하란은 야곱에게 며칠만 머무는 호텔도 아니었습니다. 야곱은 하란에서 오래 머물렀습니다. 그러나 마침내 하나님께서 야곱을 하란에서 끌어내시고 집으로 돌려보내시는 날이 왔습니다. 하란에 살게 되면, 마치 그곳이 우리 무덤처럼 느껴질 때가 많습니다.

'아, 이제는 여기에서 망하게 되었구나.'

그렇게 생각될 때가 많습니다. 하지만 결코 그렇지 않습니다. 하나님께서 우리에게 할 일을 다 하시면 하나님은 하란에서 우리를 건져내실 것입니다.

그러므로 하나님이 여러분을 하란으로 보내실 때, 하나님이 여러분을 하란에 오래 머물게 하실 때, 낙심하지 말고 포기하지 말고 야곱의 하나님께 여러분의 모든 인생을 맡기십시오.

인격적으로 못되고 신앙적으로도 못된 야곱에게 은혜와 긍휼을 베풀어주셨던 하나님께 나아가서 여러분의 인생에도 동일한 은혜를 베풀어달라고 호소하십시오.

그러면 하나님께서 야곱의 인생을 복 주셨던 것처럼 여러분에게도 은혜를 베풀어주실 것입니다. 그래서 성경은 이렇게 말합니다.

> 야곱의 하나님으로 자기 도움을 삼으며 여호와 자기 하나님에게 그 소망을 두는 자는 복이 있도다(시 146:5).

아멘!

제9장

하란에서의 방황

(창 29:15-30)

¹⁵라반이 야곱에게 이르되 네가 비록 나의 생질이나 어찌 공으로 내 일만 하겠느냐 무엇이 네 보수겠느냐 내게 고하라 ¹⁶라반이 두 딸이 있으니 형의 이름은 레아요 아우의 이름은 라헬이라 ¹⁷레아는 안력이 부족하고 라헬은 곱고 아리따우니 ¹⁸야곱이 라헬을 연애하므로 대답하되 내가 외삼촌의 작은 딸 라헬을 위하여 외삼촌에게 칠년을 봉사하리이다 ¹⁹라반이 가로되 그를 네게 주는 것이 타인에게 주는 것보다 나으니 나와 함께 있으라 ²⁰야곱이 라헬을 위하여 칠년 동안 라반을 봉사하였으나 그를 연애하는 까닭에 칠년을 수일 같이 여겼더라 ²¹야곱이 라반에게 이르되 내 기한이 찼으니 내 아내를 내게 주소서 내가 그에게 들어가겠나이다 ²²라반이 그곳 사람을 다 모아 잔치하고 ²³저녁에 그 딸 레아를 야곱에게로 데려가매 야곱이 그에게로 들어가니라 ²⁴라반이 또 그 여종 실바를 그 딸 레아에게 시녀로 주었더라 ²⁵야곱이 아침에 보니 레아라 라반에게 이르되 외삼촌이 어찌하여 내게 이같이 행하셨나이까 내가 라헬을 위하여 외삼촌께 봉사하지 아니하였나이까 외삼촌이 나를 속이심은 어쩜이니이까 ²⁶라반이 가로되 형보다 아우를 먼저 주는 것은 우리 지방에서 하지 아니하는 바이라 ²⁷이를 위하여 칠일을 채우라 우리가 그도 네게 주리니 네가 그를 위하여 또 칠년을 내게 봉사할지니라 ²⁸야곱이 그대로 하여 그 칠일을 채우매 라반이 딸 라헬도 그에게 아내로 주고 ²⁹라반이 또 그 여종 빌하를 그 딸 라헬에게 주어 시녀가 되게하매 ³⁰야곱이 또한 라헬에게로 들어갔고 그가 레아보다 라헬을 더 사랑하고 다시 칠년을 라반에게 봉사하였더라(창 29:15-30).

야곱은 하란 땅에 도착해서 처음 보는 외사촌인 라헬을 끌어안고 엉엉 울었습니다. 오늘은 야곱이 라헬과 눈이 맞아서 연애를 하고 결혼한 일을 살펴보려고 합니다. 야곱이 집을 떠나 멀고 먼 하란까지 오게 된 가장 중요한 이유는 형 에서가 야곱을 죽이겠다고 말하고 다녔기 때문입니다. 그러니까 야곱은 혹시라도 있을지 모르는 형의 테러를 피하기 위해서 멀고 먼 하란으로 도망을 온 것입니다.

그런데 야곱이 하란에 온 이차적인 목적이 있었습니다. 그것은 결혼입니다. 창세기 28장 2절에 보면, 이삭은 야곱을 하란 땅으로 보내면서 이렇게 말합니다.

> 일어나 밧단아람으로 가서 외삼촌 라반의 딸 중에서 아내를 취하라
> (창 28:2).

그러므로 야곱은 하란에 도착해서 어느 정도의 여유를 찾자마자 부모의 말대로 그곳에서 아내를 구하여 가정을 꾸리고 고향집으로 돌아갈 일을 자연스럽게 생각했을 것입니다. 이때 야곱의 나이가 77세였으니 결혼이 늦어도 한참 늦은 때였습니다.

야곱이 선택할 수 있는 신붓감은 외삼촌 라반의 딸이어야 했습니다. 왜냐하면 이삭과 리브가가 외삼촌 라반의 딸 중에서 아내를 취하라고 했기 때문입니다. 그런데 야곱이 외삼촌 집에 와서 보니까 외삼촌에게 딸이 두 명 있었습니다. 큰딸의 이름은 레아요 작은딸의 이름은 라헬이었습니다.

그런데 오늘 본문이 두 사람을 어떻게 묘사하는지 잘 보십시오. 16-17절 말씀입니다.

> 라반이 두 딸이 있으니 형의 이름은 레아요 아우의 이름은 라헬이라

> 레아는 안력이 부족하고 라헬은 곱고 아리따우니(창 29:16-17).

성경을 해석하는 학자들마다 이 구절에 관한 해석이 약간씩 다릅니다. 특별히 레아의 안력이 부족했다는 표현에 관해서 다른 해석이 있습니다. 하지만 분명한 것은 큰딸 레아는 작은딸 라헬보다 인물이 좀 부족했다는 것입니다.

반면에 라헬은 곱고 아름다웠습니다. 야곱은 레아와 라헬 중에 라헬을 좋아했습니다. 여자들이 잘생긴 남자를 좋아하듯 남자들도 예쁜 여자를 좋아하니 야곱이 예쁜 라헬을 좋아했다는 것은 전혀 이상한 이야기가 아닙니다.

그런데 라헬을 좋아하는 야곱의 마음이 좀 특별했습니다.

18절을 보십시오.

> 야곱이 라헬을 연애하므로 대답하되 내가 외삼촌의 작은 딸 라헬을 위하여 외삼촌에게 7년을 봉사하리이다(창 29:18).

야곱은 외삼촌의 집에 도착해서 좀 쉬고 난 후에는 공짜로 먹고 잘 수 없다며 외삼촌 라반의 양떼를 먹이고 돌보는 일을 하고 있었습니다. 그러자 외삼촌 라반이 야곱에게 월급을 주겠다고 제안을 한 것입니다.

그런데 야곱은 외삼촌의 제안을 그대로 받지 않고 수정을 해서 다시 역제안을 합니다. 자기가 앞으로 7년 동안 월급 안 받고 열심히 일할 테니까 7년이 꽉 차면 라헬과 결혼시켜 달라고 말입니다. 아마도 야곱으로서는 결혼 지참금이 없으니까 7년 동안 월급 안 받고 일을 해서 결혼 지참금을 대신 하겠다고 한 것으로 보입니다.

남자가 이 정도로 결심을 하고 나중에 그 7년을 조금도 지겹게 생각 안 하고 마치 눈깜빡하는 사이에 지나가는 며칠처럼 여겼다는 것은 라헬을 좋아하는 야곱의 마음이 특별했다는 증거입니다.

> 야곱이 라헬을 위하여 칠년 동안 라반을 봉사하였으나 그를 연애하는 까닭에 칠년을 수일 같이 여겼더라 (창 29:20).

딸이 있는 부모님들은 이런 야곱이 기특하게 보일 수도 있을 것입니다. 이 세상에서 자기 딸을 이 정도로 귀하게 사랑해 주는 남자가 있다면 지금 당장이라도 딸을 주고 싶다고 생각할지도 모릅니다.

하지만 뒤집어서 생각을 해보십시오.

여러분에게 아들이 있어서 애써서 키웠더니 일흔일곱이 되도록 장가도 안 가다가 어디 가서 자기 눈에 드는 여자가 생겼다고 7년 노예계약을 한다면 여러분은 어떤 마음이겠습니까?

아마도 뒷목 잡고 쓰러지지 않겠습니까?

야곱은 지금 제 정신이 아닙니다. 야곱의 이런 행동은 지고지순한 사랑을 보여주는 모범 사례이기 보다는 자기 인생에 행복이 될 것 같은 것만 발견하면 무슨 짓을 해서라도 그것을 손에 넣고 말겠다는 무서운 집착의 못된 사례입니다.

상식적으로 생각을 해보십시오.

한 여자를 아무리 사랑해도 그렇지, 결혼 지참금이 없어도 그렇지, 7년을 월급도 안 받고 일하겠다고 외삼촌과 계약을 맺는 야곱의 행동은 지나친 행동이 아닐 수 없습니다.

라반과 야곱은 외삼촌과 조카 관계였습니다. 외삼촌 라반도 어차피 라헬을 결혼시켜야 할 입장이었습니다. 그러니까 야곱이 머리를 잘 써서 라반을 감동시키면 7년 계약을 하지 않아도 얼마든지 라헬을 아내로 얻을 수 있는 방법이 있었을 것입니다.

고향집에 있었을 때 야곱은 얼마나 흥정을 잘 하는 사람이었습니까!

붉은 죽 한 그릇을 끓여놓고 형 에서와 흥정을 해서 장자권을 산 흥정의 달인이었습니다. 그런데 하란에 와서는 흥정은 고사하고 스스로 노예계약서를 써서 바치는 형국이니 야곱이 무엇에 단단하게 홀린 것이 분명합니다.

물론 겉으로 보면 예쁜 라헬에게 홀린 것이겠지요.

하지만 사실 그 속을 더 자세히 들여다보면 라헬의 예쁜 외모에 홀렸다기보다는 라헬만 자기 아내로 얻으면 앞으로 자기 인생이 행복할 거라는 자기 자신의 생각에 홀린 것입니다. 고향집에 있었을 때, 형의 장자권만 빼앗으면 자기 인생이 행복할 거라는 자기 자신의 생각에 홀려서 살았던 것처럼 하란 땅에 와서도 그 버릇을 못버리고 똑같은 짓을 했던 것입니다.

그런데 외삼촌 라반은 더더욱 놀라운 사람입니다. 요즘 같으면 사기치는 기술로 기네스북에 이름을 올릴 만한 인물입니다. 라반은 라헬을 향한 야곱의 특별한 사랑을 뻔히 알고 있었습니다.

상식적으로 한번 생각해 보십시오.

자기 조카가 자기 하나 믿고 목숨 걸고 광야를 걸어서 찾아왔습니다. 그런데 나이가 일흔일곱인데도 아직 장가도 못 갔습니다. 그런데 마침 자기 둘째 딸을 굉장히 사랑합니다.

오죽 사랑하면 스스로 노예계약서를 써서 가져왔겠습니까!

자기 둘째 딸도 야곱을 싫어하지 않습니다.

그러면 7년을 기다릴 필요가 뭐가 있습니까?

야곱은 지금도 나이가 많은데 7년 후에는 나이가 더 많을 것이 아닙니까?

그러니 상식이 있는 외삼촌이라면 야곱과 자기 딸을 당장 결혼시켜 줄 수도 있었을 것입니다. 그런데 라반은 야곱이 제시한 노예계약을 받아들이고 야곱을 7년 동안 험하게 부려 먹기 시작합니다. 처음에는 돈에 눈이 멀어서 그렇게 했더라도 1-2년 지나면서 야곱과 라헬의 뜨거운 사랑을 보며 마음을 고쳐먹을 만도 하지만 라반은 그렇지 않았습니다.

세월이 흘러 마침내 야곱이 외삼촌과 약속한 7년의 무보수 노동을 끝내고 꿈에도 그리던 라헬과 마침내 결혼을 하는 날, 드디어 막장 드라마가 시작됩니다. 라반이 야곱의 결혼을 놓고 정말 심한 사기를 친 것입니다. 라반은 분명히 라헬과 결혼 시켜주겠다고 야곱에게 약속을 하였습니다.

그런데 어떤 식으로 그렇게 했는지 모르지만 결혼식이 있는 날 밤에 신혼방에 큰딸 레아를 집어넣은 것입니다. 야곱은 영문도 모르고 레아와 첫날밤을 보내게 됩니다. 당연히 다음날 아침에 야곱의 옆에는 레아가 누워 있었습니다. 당연히 야곱은 깜짝 놀라게 되고 외삼촌에게 곧장 달려가서 어떻게 이럴 수가 있냐고 따집니다.

하지만 외삼촌은 얼굴에 미안한 기색이 전혀 없습니다. 오히려 이쪽 지방에서는 원래 다 그런 거라며 일단 레아를 아내로 삼고 앞으로 7년 더 일한다는 조건으로 라헬도 아내로 주겠다고 제안을 합니다. 야곱 입장에서는 외삼촌 라반의 제안을 받아들이지 않을 수 없는 상황이었습니다. 야곱은 어떻게 해서든 라헬과 결혼을 해야 했기 때문입니다.

그래서 야곱은 자기가 그렇게 사랑하던 라헬을 둘째 부인으로 맞아들이고 또 다른 7년을 월급도 받지 못하면서 노예처럼 일하게 되었습니다. 그러나 이번 칠 년은 수일처럼 여길 수 없었습니다. 아니, 야곱에게 이번 칠 년은 마치 수백 년처럼 느껴졌을 것입니다. 처음 칠 년은 라헬을 연애하므로 자원해서 한 고생이기 때문에 수일 같이 여길 수 있었습니다. 하지만 두 번째 칠 년은 라반에게 속아서 어쩔 수 없이 하게 된 고생이었기 때문에 수일 같이 여길 수 없었습니다.

야곱이 하란에서 두 번째 칠년을 살아가면서 얼마나 억울했을까요? 얼마나 분했을까요?

제9장 하란에서의 방황

얼마나 힘들었을까요?

결혼이라는 인생의 중대사를 놓고 자기를 철저하게 속인 외삼촌 라반이 너무나 밉고 원망스러웠을 것입니다. 아무리 라반이 등을 떠밀었어도 그렇지 자기가 라헬을 얼마나 사랑하는지 다 알면서도 자기를 밝히지 않고 마치 라헬인 것처럼 옆에서 누워 잠을 잔 레아도 너무나 밉고 원망스러웠을 것입니다. 그런 여자가 자기의 첫째 부인이 되고 자기가 그토록 사랑하는 라헬은 둘째 부인이 되고 자기는 7년 노예계약을 맺고 뼈 빠지게 고생하는 것이 전부 다 싫었을 것입니다.

그렇기 때문에 야곱은 레아를 사랑할 수 없었습니다. 원래부터 야곱은 레아를 좋아하지 않았습니다. 그러나 외삼촌과 합작하여 자기를 속이고 자기 인생을 뒤죽박죽으로 만들어 놓은 레아를 야곱은 사랑할 수 없었습니다. 오늘 본문 30절에는, "야곱이 레아보다 라헬을 더 사랑하고"라고 되어 있지만, 창세기를 더 자세히 읽어보면 야곱은 레아를 사랑하지 않았습니다. 물론 결혼을 했기 때문에 남편으로서의 도리는 다 했습니다. 하지만 진정으로 사랑하지는 않았습니다.

오죽 했으면 레아는 아들을 낳을 때마다 "내가 아들을 낳아주었으니 이제는 내 남편이 나를 사랑하게 될 것이다"라고 고백했겠습니까!

그래서 하란에서 야곱은 목표한 대로 연애도 하고 결혼도 했지만 그 과정에서 많은 고통을 겪어야 했고, 결국 복잡한 결혼생활을 하게 되었습니다. 그래서 야곱은 야곱대로 힘들고 레아는 레아대로 힘들고 라헬은 라헬대로 힘들고 결국에는 온 가족이 편이 나뉘어서 힘든 삶을 한동안 살 수밖에 없었습니다.

이런 야곱의 연애와 결혼 이야기를 보면서 우리는 두 가지를 깊이 생각해 보아야 합니다. 먼저 생각해 볼 것은 "야곱이 라헬을 좋아하고 라헬에게 집착한 일이 옳은 일이었을까?" 하는 것입니다. 그 다음으로 생각해 볼 것은 "왜 하나님은 야곱의 삶에 야곱이 원하지 않는 레아를 집어넣어주셨는가?" 하는 것입니다.

먼저, 야곱이 라헬을 좋아하고 라헬에게 집착한 일이 옳은 일이었는지를 생각해 보겠습니다. 여자가 잘생긴 남자를 좋아하는 것이 자연스러운 일이듯 남자가 예쁜 여자를 좋아하는 것 역시 자연스러운 일입니다. 그러므로 라헬이 예쁜 것 때문에 야곱이 라헬을 좋아했다는 것을 나쁘다고만 말할 수는 없습니다.

하지만 야곱은 어떤 여자가 예쁘다고 해서 그 여자를 좋아하고 그 여자와 결혼하고 그렇게 할 수 있는 입장이 아니었습니다. 야곱은 하나님께서 약속하신 복을 잘 받아서 그 복을 세상에 전달해야 하는 특별한 가정을 세워야 했기 때문입니다.

그러므로 야곱의 아내가 될 사람은 그냥 예쁘기만 해서는 안 되었습니다. 야곱의 아내가 될 사람은 제일 먼저 하나님을 정말로 잘 믿는 사람이어야 하고, 다듬어지지 않은 야곱의 성품을 잘 참아주고 다듬어 주면서 어떻게 해서든 하나님의 뜻을 잘 따르도록 옆에서 도와줄 사람이어야 했습니다. 그리고 야곱의 자녀들을 낳아서 하나님이 계획하시는 나라를 세워갈 사람들로 길러낼 수 있는 그런 사람이어야 했습니다.

그런데 야곱은 이런 것을 중요하게 생각하지 않았습니다. 그냥 레아보다 라헬이 예쁘니까 좋아했고 자기 마음이 끌리니까 라헬과 결혼해야 한다고 단순하게 생각했던 것입니다. 사실, 라헬은 얼굴만 예뻤지 야곱이 하나님의 복을 받아서 믿음의 가문을 일으켜 세우는 데 도움이 안 되었습니다. 성경에 기록된 라헬의 성품과 언행을 살펴보면 라헬은 질투심이 강해서 언니인 레아와 경쟁하고 다투었고 그래서 야곱의 집안은 늘 소란스러웠습니다. 라헬은 인내심도 없고 무례한 사람이었습니다.

한번은 자기도 아기를 낳게 해달라고 야곱에게 하도 떼를 써서 야곱이 "내가 하나님이냐? 왜 나에게 그러느냐?"라고 화를 내었습니다. 라헬은 신앙이 좋은 사람도 아니었습니다. 나중에 야곱이 라반의 집에서 도망쳐 나올 때, 라반이 소중하게 여기는 작은 우상을 훔쳐 와서 야곱을 큰 위험에 빠뜨리는 일도 있었습니다. 이런 점에서 보면, 라헬은 예뻐서 눈길이 가는 여자기이긴 하지만 야곱의 아내로는 그렇게 좋은 후보가 아니었습니다.

그런데 야곱은 라헬이 예쁘다는 한 가지 이유로 라헬에게 마음을 완전히 빼앗겼습니다.

"아! 저렇게 예쁜 여자와 결혼할 수만 있다면 내가 참 행복하겠구나."

이런 생각에서 야곱은 헤어 나오지 못했습니다. 그래서 야곱은 하나님이 약속하신 복을 잘 받을 수 있는 아내를 찾을 생각은 하지도 않고, 빨리 결혼을 해서 빨리 고향으로 돌아가야 한다는 처음 계획도 잊어버리고, 칠 년이라는 긴 세월을 라헬을 위해서 머물겠다고 한 것입니다.

한마디로 말해서, 야곱은 아직도 정신 못차리고 세상 사람들이 가지고 있는 가치관을 그대로 가지고 제멋대로 살고 있었던 것입니다. 들판에서 돌베개를 베고 잠을 자고 있었을 때 자기를 찾아오셔서 복을 주신 하나님은 아직 야곱의 인생에서 그렇게 소중한 분이 아니었습니다. 야곱의 마음에는 "어떻게 하면 하나님이 약속하신 참되고 영원한 복을 풍성하게 누리는 사람이 되고, 그런 가정이 되고, 그런 교회가 될 수 있을까?"라는 질문이 있지 않았습니다.

하란에서도 야곱은 여전히 자기 계산으로 살고 있었습니다. 하나님이 약속하신 복은 받아놨으니까 일단 괜찮은 것이라고 생각하고 여전히 자기 계산기를 두드려서 자기 인생에 행복을 줄 것 같은 것을 어떻게든 소유하려고 몸부림치는 집착에 빠져 있었습니다. 하나님이 약속하신 복에 자기의 인생을 맞추려고 하지 않고 자기 인생은 자기 계산으로 다 이끌고 나가고 하나님의 복은 필요할 때 끌어다가 사용하는 정도로만 생각하고 있었습니다.

사람이 고생을 하면 철이 좀 들고 가치관도 좀 바뀌고 제대로 삶을 살아야 하는데, 많은 사람들이 그렇게 되지 못하는 것처럼 야곱 역시 여전히 철없고 비뚤어진 가치관을 따라 엉뚱한 삶을 살고 있었습니다. 야곱의 연애와 결혼에서 우리는 한 여자를 죽도록 사랑하는 순수한 남자 야곱을 보는 것이 아니라, 세 살 버릇 여든까지 간다는 속담을 입증해 주는 못난 남자 야곱을 보게 됩니다.

그런데 인정하기 싫지만 사실 야곱의 이런 모습은 우리 자신의 모습이기도 합니다. 루스 땅에서 하나님이 야곱을 찾아오셔서 하늘로부터 사다리를 내려주시면서 야곱에게 복을 주시겠다고 약속하신 것처럼, 하나님은 우리에게도 찾아오셔서 예수 그리스도라는 사다리를 우리의 삶에 내려주시며 우리에게 참되고 영원한 복을 주시겠다고 약속해 주셨습니다. 그러므로 무슨 일을 하든지 어디에 있든지 우리가 항상 기본적으로 생각해야 할 것은 이런 것입니다.

"어떻게 하면 예수님 안에서 하나님이 약속하신 참되고 영원한 복을 풍성하게 누리는 사람이 되고, 그런 가정이 되고, 그런 교회가 될 수 있을까?

어떻게 하면 하나님이 약속하신 복에 내 인생을 맞출 수 있을까?"

그런데 우리는 야곱처럼 그런 질문을 잘 하지도 않고 그런 방향으로 우리의 삶을 이끌고 가지도 않습니다. 우리도 하란 땅에서 라헬에게 온통 마음을 빼앗긴 야곱처럼 세상이라고 불리는 땅에서 라헬처럼 매력적인 것들에 온통 마음을 빼앗긴 채로 살아갈 때가 많습니다.

야곱이 예쁜 여자와 결혼하면 행복할 거라는 흔한 가치관을 따라서 살았던 것처럼, 우리도 세상 사람들이 흔히 가지고 있는 가치관을 그대로 가지고 살아갈 때가 많습니다. 세상 사람들이 흔히 가지고 있는 가치관이라는 것은 더 좋은 학교에 들어가면 행복하고, 더 예뻐지면 행복하고, 더 많은 돈을 소유하면 행복하고, 더 높은 자리로 올라가면 행복하고, 더 건강하면 행복하다는 생각입니다.

하나님은 우리에게 찾아오셔서 하늘로부터 예수 그리스도라는 사닥다리를 설치해 주시면서 우리가 어디에 있든, 어떤 상황에 처하든 예수 그리스도 안에서 모든 복과 은혜가 있다고 약속해 주셨는데, 우리는 하나님의 그런 약속은 다 잊어버리고, 세상 사람들처럼 더 좋은 학교, 더 예뻐지는 것, 더 많은 돈을 소유하는 것, 더 크게 성공하는 것, 더 건강한 것 등등에 집착을 가지고 그런 것들을 얻기 위해서 정신없이 바쁘게 살아갑니다.

그러면서 우리는 속으로 이렇게 생각합니다.

"딱 몇 년만 더 고생하면 될 거야."

"딱 몇 년만 이렇게 살고 그 다음에는 하나님을 위해서 정말 열심히 살아야지."

하란에서 야곱도 그렇게 생각했을 것입니다.

"딱 칠 년만 고생하면 라헬과 결혼하고, 그 다음에는 하나님이 약속하신 복을 받기 위해서 고향으로 돌아가야지."

하지만 나중에 어떻게 되었습니까?

처음에는 딱 칠 년만이라고 했지만 나중에는 라반에게 꽉 붙잡혀서 결국 20년이나 하란에 머물게 되었습니다. 처음에는 야곱이 선택권을 가지고 있었지만 시간이 지나면서 야곱은 선택권을 잃어버리고 결국 노예처럼 묶여 있게 되었습니다. 외삼촌 라반이 야곱을 꽉 붙들고 있었기 때문에 20년이 되었을 때에도 쉽게 벗어나지 못하고 목숨을 걸고 탈출해야 했습니다.

그러니 "딱 칠 년만"이라는 생각은 얼마나 어리석은 생각입니까!

야곱의 연애와 결혼을 보면서 두 번째로 생각할 것은 하나님의 신비로운 개입입니다. 들판에서 돌베개를 하고 잠을 자던 야곱을 찾아오셔서 복과 은혜를 약속하신 하나님은 하란에서 방황하는 야곱의 삶에 개입하셔서 야곱의 소원대로 야곱의 인생이 진행되지 않고 하나님의 뜻대로 야곱의 인생이 진행되게 하셨습니다.

그런데 하나님의 개입은 우리가 일반적으로 생각하는 방향과 전혀 다르게 이루어졌습니다. 예를 들어, 하나님은 야곱을 조용한 곳으로 불러내서 레아와 라헬을 비교해 가면서 레아와 결혼하는 편이 훨씬 더 낫다고 야곱을 설득하지 않으셨습니다. 하나님은 야곱이 레아를 원하지 않는다는 것을 다 알고 계시면서도 야곱에게 묻지도 않으시고 야곱의 삶에 레아를 쑥 집어 넣어주셨습니다. 라반의 속임수를 사용하여 야곱과 레아를 덜컥 결혼시켜 버리셨습니다. 야곱이 싫어도 어쩔 수 없이 평생을 함께 갈 수밖에 없도록 결혼이라는 관계로 야곱과 레아를 묶어 버리셨습니다.

사실, 레아는 야곱에게 복덩어리였습니다. 레아는 야곱과 결혼을 하고 나서 네 명의 아들을 낳았습니다. 야곱의 첫째 아들부터 넷째 아들이 다 레아에게서 태어났습니다. 그 네 명의 아들은 나중에 이스라엘 민족에 있어서 기둥과 같은 지파가 되었습니다. 셋째 아들 레위는 제사장 역할을 맡았던 레위 지파를 형성했고, 넷째 아들 유다는 이스라엘 왕족을 형성했고 나중에는 예수 그리스도가 그 지파에서 태어났습니다.

무엇보다도 레아는 오랫동안 자기를 사랑하지 않는 남편을 신실하게 사랑했고 성질 나쁜 남편을 오랫동안 참아주면서 복잡하게 얽힌 가정을 잘 다스렸습니다. 그런데 야곱은 레아가 이런 복덩어리인 것을 전혀 알아보지 못했습니다. 야곱은 얼굴만 예쁜 라헬에게 온통 정신이 팔려 있었습니다.

그러니 하나님이 보실 때 얼마나 답답하셨겠습니까!

하지만 하나님은 답답하다고 해서 급하게 야곱을 불러다가 혼내시거나 야곱이 좋아하는 라헬을 먼 곳으로 이사 보내시거나 그렇게 하지 않으셨습니다.

하나님은 천하의 사기꾼인 라반이 야곱을 속이고 레아를 야곱에게 결혼시킬 계획을 세우고 있는 것을 아셨습니다. 그래서 하나님은 라반이 야곱을 속이는 일을 허용하시고 야곱이 라반에게 쉽게 속아 넘어가도록 만드셨습니다. 이렇게 해서 하나님은 야곱이 전혀 생각도 안 하고 바라지도 않았던 레아를 야곱의 첫 번째 아내로 주셨습니다. 야곱의 입장에서 보면 정말 나쁜 라반의 결혼 사기를 하나님은 사용하셔서 야곱의 인생에 레아를 쑤욱 집어넣어주셨던 것입니다. 이사야 55장 8-9절 말씀입니다.

> 여호와의 말씀에 내 생각은 너희 생각과 다르며 내 길은 너희 길과 달라서 하늘이 땅보다 높음 같이 내 길은 너희 길보다 높으며 내 생각은 너희 생각보다 높으니라(사 55:8-9).

이 말씀처럼 하나님의 생각은 야곱의 생각과도 달랐고, 라반의 생각과도 달랐고, 우리의 생각과도 달랐습니다. 그리고 하나님의 생각은 야곱의 생각보다 높았고, 라반의 생각보다 높았으며, 우리의 생각보다 높았습니다.

그러므로 신혼 첫날밤을 보내고 다음날 아침 눈을 떴을 때는 정말 깜짝 놀라고 억울했겠지만 시간이 지나면서 야곱은 냉정하게 상황을 판단했어야 합니다. 자기를 속인 라반을 무작정 미워하고 라반이 시키는 대로 행동한 레아를 무작정 미워하기보다는 왜 하나님이 이런 일을 허락하셨는지 진지하게 생각했어야 했습니다. 그런 과정을 통해서 레아가 자기의 첫 번째 아내가 된 것이 하나님의 뜻이라는 것을 깨달았어야 했습니다.

사실, 다른 사람은 몰라도 야곱은 그렇게 해야만 했습니다. 왜냐하면 자기 아버지 이삭이 다른 사람도 아닌 자기 때문에 그렇게 하는 것을 직접 지켜보았기 때문입니다. 야곱이 이삭을 속이고 장자의 축복 기도를 받아냈을 때, 이삭은 깜짝 놀라고 당황했지만 곧 냉정을 되찾고 하나님의 뜻을 파악했습니다. 그래서 그 일 때문에 야곱을 미워하지 않았습니다. 이삭은 그 모든 일을 결국은 하나님께서 허락하셨다고 생각했고, 자기를 속인 야곱을 미워하지도 않았으며, 야곱을 장자의 축복을 받은 사람으로 인정을 해주었습니다.

하지만 안타깝게도 야곱은 아버지 이삭이 했던 것처럼 신앙적으로 반응하지 못했습니다. 야곱은 라반을 원망하고 레아를 미워하면서 오랜 세월을 보냈습니다. 그래서 야곱은 야곱대로 힘들고, 레아는 레아대로 힘들고, 라헬은 라헬대로 힘들고, 야곱의 삶에도 야곱의 가정에도 어려운 일이 많았습니다. 한참 나중에야 야곱은 하나님의 뜻을 알게 되고 레아에게 미안한 마음을 갖게 됩니다. 그래서 나중에 야곱은 레아를 자기 조상들의 묘지에 묻고 자기도 죽을 때 레아 옆에 묻게 됩니다.

나중에 야곱이 한 말을 들어보십시오.

> 이 굴은 가나안 땅 마므레 앞 막벨라 밭에 있는 것이라 아브라함이 헷 사람 에브론에게서 밭과 함께 사서 그 소유 매장지를 삼았으므로 아브라함과 그 아내 사라가 거기 장사되었고, 이삭과 그 아내 리브가도 거기 장사되었으며 나도 레아를 그곳에 장사하였노라(창 49:30-31).

그러나 사실, 야곱은 하나님의 뜻을 너무 늦게 알았습니다. 그래서 오랜 세월 원망하고 미워하는 삶을 사느라 고생을 했습니다.

많은 경우, 야곱의 이런 모습도 결국 우리의 모습입니다. 지금도 하나님은 우리가 정말로 가지고 싶어 하는 라헬 대신에 우리가 전혀 바라지 않는 레아를 우리의 인생에 쑥 집어넣어주십니다.

우리는 성공을 위해서 정말 죽으라고 고생했는데, 갑자기 큰 실패가 찾아옵니다. 우리는 건강을 위해서 모든 노력을 다 했는데, 갑자기 큰 질병에 걸려 고생을 하게 됩니다. 우리는 자녀의 성공을 위해서 잠도 안자고 고생했는데, 자녀들이 하는 일마다 잘 안 되고 힘들게 살아갑니다. 이렇게 우리가 간절히 바랐던 라헬이 아니라, 우리가 한번도 바라지 않았고 우리가 싫어하는 레아가 우리의 인생에 쑥 들어와 큰 자리를 차지하는 일이 있습니다.

이런 일이 있을 때, 우리는 너무나 자주 너무나 쉽게 야곱처럼 실패합니다. 야곱이 라반을 원망하고 레아를 미워하면서 오랜 세월을 살았던 것처럼, 우리도 세상을 원망하거나 하나님을 원망하거나 우리가 처한 형편을 미워하거나 우리 주변 사람들을 미워하며 살아갑니다.

하나님은 예수 그리스도 안에 있기만 하면 어디에 있든 무엇을 하든 우리가 행복하고 안전하고 열매를 많이 맺을 거라고 늘 말씀하십니다. 하지만 우리는 우리 나름대로 "나를 행복하게 해주는 것들"이라는 목록을 가지고 있습니다. 그리고 어지간해서는 그 목록을 바꾸지도 않고 버리지도 않습니다.

문제는 세상 사람들이 만들어서 우리에게 준 목록이나 우리가 스스로 만들어서 가지고 있는 목록은 사실 별로 쓸데없는 것들로 가득 차 있다는 것입니다. 그런데 우리는 그런 목록에 적힌 것들이 우리의 삶을 가득 채우지 않으면 안 된다고 생각하며 목숨을 걸고서라도 그것들을 쟁취하려고 평생 몸부림칩니다.

하나님께서 목록에 적힌 것 말고 다른 것들을 우리의 삶에 쑤욱 집어넣어주시면, 우리는 야곱이 복덩어리인 레아는 미워하면서 별로 영양가 없는 라헬에게 계속 마음을 주며 살았던 것처럼 우리의 마음과 삶에 참되고 영원한 행복을 줄 수 있는 것들은 소중히 여기지 않고 우리가 원래 추구했던 것들을 계속 바라보는 삶을 삽니다.

사실 하나님이 우리의 삶에 불청객인 레아를 쑤욱 집어넣어주시고 우리더러 그것과 함께 살라고 하시는 까닭은 우리가 행복을 가져올 거라고 생각하며 정신없이 추구하던 것들보다는 하나님께서 우리의 삶에 밀어

넣어주시는 불청객 레아가 사실은 우리의 삶에 더 큰 유익이 되고 우리의 영혼에 영원한 유익을 주기 때문입니다. 그런데 우리는 우리가 간절히 원하던 것을 받지 못하면 일단 기분이 나쁘고 짜증이 납니다. 우리가 원하지 않았고 우리가 힘들어하는 레아를 통해서 하나님이 내 삶과 내 마음을 참으로 복주신다는 것은 생각도 못하고 그냥 힘들게만 여깁니다.

이런 점에서 사실 우리는 하나님을 믿고 의지한다고 하면서도 우리 손에는 여전히 우리가 만들어 놓은 "나를 행복하게 만드는 것들" 리스트를 평생 놓지 못하고 사는 어리석은 사람들입니다. 아, 우리는 야곱처럼 미련하고 어리석은 사람들입니다. 심지어 하나님이 은혜를 주셔도 그 미련함을 벗지 못하는 우둔한 사람들입니다.

하란에서 야곱의 연애와 결혼을 생각할 때 마지막으로 생각해 볼 것은, 하란에서도 야곱은 늘 실패했지만 하나님은 계속해서 야곱의 삶에 은혜를 베푸셨다는 것입니다. 우리가 정신 못차리고 엉뚱한 짓을 하면서 살면 그만큼 고생을 하게 되어 있습니다. 우리가 하나님의 사랑을 받는 자녀라고 해서 예외가 되는 것은 아닙니다. 우리가 정신을 차리고 똑바로 살면 고생을 안 할 수도 있는데 그렇지 않으면 아무리 하나님의 자녀라고 해도 대부분의 경우 어리석은 선택 때문에 힘든 고생을 하게 됩니다.

하란에서 야곱이 그러했습니다. 예쁜 라헬을 보고 눈이 뒤집혀서 스스로 미련한 선택을 한 결과 야곱은 7년이라는 긴 세월을 하란에서 고생을 하게 됩니다. 물론 야곱이 정신이 없는 상태였기 때문에 그 칠 년을 수일처럼 여기기는 했지만 그만큼 그의 삶은 낭비가 되었습니다. 그리고 라반에게 결혼 사기를 당한 이후에는 더 이상 말할 필요도 없습니다. 야곱은 하란에서 몸도 마음도 편하지 않은 삶을 계속 살아야 했습니다.

야곱의 그런 고생은 어쩌면 야곱의 불신앙과 미련함에 대한 하나님의 징계라고 말할 수도 있습니다. 하지만 놀랍게도 하나님은 그런 징계를 야곱에게 베푸시는 동안 동시에 야곱의 삶에 은혜와 복도 함께 내려주고 계셨습니다. 하나님은 생색을 내지 않으시면서 큰 표시를 내지 않으시면서 묵묵하게 야곱의 인격을 선한 인격으로 빚어가고 계셨고 야곱의 가문을 든든한 가문으로 일으키고 계셨으며 야곱의 삶을 풍요로운 삶으로 만들고 계셨습니다.

사실 하란에 와서 야곱이 한 일들을 자세히 들여다보면, 아직도 정신을 못차린 야곱이고 엉뚱한 짓만 일삼는 야곱이지만 하나님은 그런 야곱에게 묵묵히 복과 은혜를 내려주고 계셨습니다. 저는 하나님이 야곱의 삶에 보여주신 이 두 가지를 생각할 때마다 마음이 행복해 집니다. 하나님은 멀티태스킹이 되시기 때문에 우리를 징계하시면서도 동시에 우리에게 복을 주실 수 있다는 사실과 하나님은 처음부터 우리의 자격을 안 따지고 은혜로 복을 주셨기 때문에 끝까지 우리의 자격을 안 따지고 은혜를 주신다는 사실입니다.

먼저 하나님은 야곱에게 레아를 첫 번째 아내로 주시고 레아를 통해서 장차 이스라엘 열두 지파에서 중심축이 되는 아들들이 태어나게 하셨습니다. 세상 사람들이 흔히 가지고 있는 가치관으로 보자면, 크고 화려하고 아름다운 것을 소유해야 우리의 삶이 행복할 것 같지만, 하나님은 작고 연약하고 초라한 레아를 통해서 야곱에게 크고 화려하고 아름다운 복을 주심으로써 이 세상 사람들이 흔히 가지고 사는 가치관을 따라서 아무 생각 없이 살아가는 야곱의 못된 습관을 고치시는 일을 하셨습니다.

물론 야곱이 미련해서 하나님의 이런 섭리를 깨닫는 데까지 시간이 오래 걸렸지만 하나님은 야곱의 삶에 이 일을 행하셨습니다. 하지만 선하신 하나님은 야곱이 그렇게 원하던 라헬도 야곱의 두 번째 아내로 주셨습니다. 그리고 야곱이 그렇게 결혼하고 싶었던 라헬과도 13년 동안 결혼생활을 하면서 마음껏 사랑할 수 있는 기회를 주셨습니다. 그리고 라헬을 통해서 요셉처럼 착하고 훌륭한 아들을 얻을 수 있도록 해주셨습니다.

그러나 하나님은 야곱이 "나는 저 여자 없이는 살 수 없어. 저 여자가 있어야만 행복할 수 있어"라고 집착했던 라헬을 결혼한 지 13년만에 일찍 데려가셨습니다. 그리고 라헬 없이도 행복할 수 있다는 것을 알게 하심으로써 야곱의 고질적인 질병인 잘못된 집착을 끊게 하셨습니다. 그리고 하나님은 레아와 라헬, 레아와 라헬의 시녀를 통해서 야곱의 가정에 많은 자녀들이 태어나게 하셨고 특별히 열두 아들이 나중에 이스라엘의 열두 지파의 조상이 되게 하셨습니다.

하란 땅에서 야곱은 아무것도 자신이 원하는 대로 되는 것이 없고 자신이 인생은 계속해서 복잡하게 꼬여간다는 생각만 했을 것입니다. 실제로 그랬습니다. 하지만 하나님은 하란 땅에서 야곱의 개인적인 가문이 아니라 나중에 하나님의 백성이 될 이스라엘 민족을 만들어내고 계셨습니다. 하나님의 율법을 받아 이 세상에 증거하고 나중에 예수님이 태어날 민족을 만들고 계셨습니다.

하나님은 야곱이 신앙적으로 바르게 살면 복을 주시고 신앙적으로 바르게 못살면 복을 안 주시고, 그렇게 하지 않으셨습니다. 야곱은 늘 실패했습니다. 하지만 하나님은 야곱의 그런 고생 속에서 야곱에게 용서와 은혜와 축복을 계속해서 베풀어 주셨습니다.

하나님이 왜 그렇게 하신 것입니까?

야곱은 태어날 때부터 지독하게 나쁜 사람, 일흔일곱 살이 될 때까지도 지독하고 못된 사람, 루스 땅에서 하나님을 만난 후에도 여전히 안 바뀌는 사람, 하란 땅에 와서도 정신 못 차리고 사는 사람이었습니다.

그런데 왜 하나님은 야곱의 삶에 계속 은혜를 베풀고 복을 내려주신 것일까요?

루스 땅에서 하나님이 야곱에게 하셨던 약속의 말씀을 한번 기억해 보십시오.

거기에는 "내가 ~ 할 것이다"라는 약속만 있지 "네가 어떻게 하면 내가

~할 것이다"가 없습니다. 하나님은 그렇게 처음부터 야곱에게 은혜를 베풀기로 작정하셨기 때문에 끝까지 야곱의 삶에 은혜를 베푸신 것입니다.

> 너 누운 땅을 내가 너와 네 자손에게 줄 것이다. 내가 네 자손이 땅의 티끌같이 되도록 만들고 너와 네 자손을 인하여 복을 얻게 만들 것이다. 내가 너와 함께 있어 너를 지키며 너를 이끌어 이 땅으로 돌아오게 할 것이다. 내가 네게 허락한 것을 다 이루기까지 너를 떠나지 않을 것이다(창 28:13-15).

이것이 하나님의 사랑을 받는 사람들의 행복입니다. 이것 때문에 하나님의 사랑을 받는 사람들은 영원히 안전한 것입니다. 하나님이 야곱을 찾아오셔서 하늘로부터 사닥다리를 내려 주시면서 약속하신 말씀에 "네가 어떻게 하면~"이라는 대목이 없었던 것처럼, 하나님이 우리를 찾아오셔서 하늘로부터 예수 그리스도라는 사닥다리를 내려 주시면서 우리에게 약속하신 말씀에도 "네가 어떻게 하면~"이라는 조건이 없습니다.

예수님께서 이 땅에 오셔서 우리 대신 하나님의 율법을 다 순종하시고 우리가 받아야 할 벌을 십자가에서 다 받으셨기 때문에 하나님은 우리에게 "네가 어떻게 하면~"이라는 조건을 내걸지 않고 예수 그리스도 안에서 예수 그리스도 때문에 은혜와 복을 우리에게 주시는 것입니다. 그래서 우리가 야곱처럼 미련하고 부족해서 엉뚱한 짓을 많이 하고 하나님의 뜻을 깨닫지 못해서 실패하고 넘어져도 하나님은 그런 우리의 인생 전체를 붙들고 용서해 주시면서 약속하신 모든 복을 주시는 것입니다.

잊지 마십시오.

하나님은 우리가 바르게 사는 정도에 따라, 우리가 선하게 변화한 정도를 심사하신 후에, 그 점수에 따라서 적절한 복을 주시는 그런 하나님이 아닙니다. 물론 하나님이 순종을 잘 하는 사람들에게 주시는 복이 있습니다. 하지만 하나님은 잘 안 변하는 우리, 엉뚱한 짓을 잘 하는 우리를 계속해서 용서해 주시고 우리에게 꼭 필요한 것을 주시고 우리의 삶에 놀라운 하나님의 나라를 세워 가시는 분이십니다. 하나님의 이런 끈질긴 은혜와 사랑 때문에 나중에 우리는 마음이 녹아져 내려 결국 우리 고집을 하나님 앞에서 내려놓게 되고 우리가 추구하던 헛된 것들을 포기하게 되는 것입니다.

이 순서를 잘 보십시오.

우리가 스스로 철이 들어서 고집을 내려놓고 헛된 것들을 포기해서 하나님이 그것을 보시고 감동을 받아 우리에게 은혜와 복을 주시는 것이 아닙니다. 자격 없는 우리, 안 변하는 우리를 포기하지 않고 사랑하시며 은혜와 복을 주시는 하나님 때문에 우리가 비로소 철이 들어서 고집을 내려놓게 되고 헛된 것들을 포기하는 것입니다. 이처럼 하나님은 사랑으로, 안 변하는 우리를 정말로 변하게 하는 분이십니다.

이런 하나님의 은혜와 사랑 때문에 우리 인생에는 희망이 있는 것입니다. 우리 자신을 봐서는 평생 우리에게는 소망이 없습니다.

나이 일흔일곱이 되어서도 자기에게 정말로 필요한 것이 무엇인지도 모르고 엉뚱한 것을 얻기 위해서 노예처럼 살아가면서도 신바람이 나 있는 야곱을 보십시오.

야곱의 이런 모습이 곧 우리의 모습입니다.

이런 우리에게 무슨 소망이 있겠습니까?

우리 자신에게는 결코 소망이 없습니다. 우리의 소망은 야곱과 같이 미련하고 늘 실패하는 인생을 버리지 않으시고 끝까지 붙잡아 주시며 은혜와 복을 내려주시는 신실하신 하나님께 있습니다. 그러므로 괜히 정당한 근거도 없이 우리 자신을 신뢰하며 살아갈 것도 아니고, 못난 우리 때문에 절망하면서 삶을 포기하려고 해서도 안 됩니다.

우리에게는 은혜로우신 하나님이 계십니다. 예수 그리스도 안에서 우리에게 은혜와 복을 신실하게 베풀어 주시는 하나님이 계십니다. 그러므로 인생을 살아가는 가장 행복한 길은 야곱의 하나님께 우리의 인생 전체를 맡기는 것입니다.

기독교 신앙은 내가 성경을 잘 배워서 내가 하나님의 말씀대로 잘 살아보고 내가 하나님을 잘 믿어보려고 애쓰는 것이 아닙니다.

야곱을 보십시오.

우리는 그런 사람이 될 수 없습니다. 기독교 신앙은 늘 잘못된 길로 빠져서 미련하게 죽도록 고생만 하는 나를 거기에서 망하지 않게 하시고 다시 바른 길로 인도해 주시는 하나님, 늘 하나님을 잘 못 믿어서 내 힘으로 살아보려고 하다가 인생이 복잡하게 꼬인 나에게 먼저 은혜와 복을 주셔서 하나님을 믿을 수 있도록 인도해 주시는 하나님을 의지하는 것입니다. 그 하나님께 우리의 전부를 자꾸 맡기고 긍휼을 구하는 것입니다. 기독교 신앙은 하나님께서 그런 하나님이라는 것을 확인하면서 마음에 행복을 느끼고 삶에서 기적을 맛보는 것입니다.

그러므로 기독교 신앙에 대한 잘못된 관점을 버리십시오.

하나님을 감동시키려는 신앙이 아니라 하나님의 은혜 때문에 감동하는 신앙으로 돌아서십시오.

어떤 분은 이렇게 말씀하실지도 모릅니다.

"나는 그동안 정말 하나님과 담을 쌓고 하나님의 말씀을 불순종하면서 오랫동안 살아왔는데 나와 같은 사람에게도 하나님이 이런 은혜를 베풀어주실까요?"

마음에 이런 질문이 있다면, 야곱을 다시 보십시오.

야곱은 믿음의 가정에서 자랐으면서도 일흔일곱 살이 되도록 교묘한 방식으로 하나님을 불순종하고 불신앙하면서 살아왔습니다. 야곱은 인격이 비뚤어질 대로 비뚤어진 사람이었습니다. 그러나 하나님은 그런 야곱에게 은혜를 먼저 베풀어 주셨습니다. 의사가 병든 사람에게 약을 주고 주사를 주는 것처럼, 하나님은 죄인에게 실패한 사람에게 잘못 살아온 사람에게 은혜를 베풀어 주십니다.

하나님의 아들이신 예수님이 여러분이 하나님의 은혜를 받을 수 있도록 필요한 돈을 다 지불하셨습니다. 그래서 예수님은 말씀하셨습니다.

> 수고하고 무거운 짐 진 자들아 다 내게로 오라 내가 너희를 쉬게 하리라(마 11:28).

그러므로 걱정하지 말고 예수님을 의지하고 하나님께 오늘 여러분의 모든 것을 의지하십시오.

아멘!

제10장

야곱의 좌절된 소원
(창 30:25-43)

²⁵라헬이 요셉을 낳은 때에 야곱이 라반에게 이르되 나를 보내어 내 고향 내 본토로 가게 하시되 ²⁶내가 외삼촌에게서 일하고 얻은 처자를 내게 주어 나로 가게 하소서 내가 외삼촌께 한 일은 외삼촌이 아시나이다 ²⁷라반이 그에게 이르되 여호와께서 너로 인하여 내게 복 주신줄을 내가 깨달았노니 네가 나를 사랑스럽게 여기거든 유하라 ²⁸또 가로되 네 품삯을 정하라 내가 그것을 주리라 … ³²오늘 내가 외삼촌의 양떼로 두루 다니며 그 양 중에 아롱진 자와 점있는 자와 검은 자를 가리어 내며 염소중에 점 있는 자와 아롱진 자를 가리어 내리니 이같은 것이 나면 나의 삯이 되리이다 ³³후일에 외삼촌께서 오셔서 내 품삯을 조사하실 때에 나의 의가 나의 표징이 되리이다 내게 혹시 염소 중 아롱지지 아니한 자나 점이 없는 자나 양 중 검지 아니한 자가 있거든 다 도적질한 것으로 인정하소서 ³⁴라반이 가로되 내가 네 말대로 하리라 하고 ³⁵그 날에 그가 수염소 중 얼룩무늬 있는 자와 점 있는 자를 가리고 암염소 중 흰 바탕에 아롱진 자와 점 있는 자를 가리고 양 중의 검은 자들을 가려 자기 아들들의 손에 붙이고 ³⁶자기와 야곱의 사이를 사흘 길이 뜨게 하였고 야곱은 라반의 남은 양떼를 치니라 ³⁷야곱이 버드나무와 살구나무와 신풍나무의 푸른 가지를 취하여 그것들의 껍질을 벗겨 흰 무늬를 내고 ³⁸그 껍질 벗긴 가지를 양떼가 와서 먹는 개천의 물구유에 세워 양떼에 향하게 하매 그 떼가 물을 먹으러 올 때에 새끼를 배니 ³⁹가지 앞에서 새끼를 배므로 얼룩얼룩한 것과 점이 있고 아롱진 것을 낳은지라 ⁴⁰야곱이 새끼 양을 구분하고 그 얼룩무늬와 검은 빛 있는 것으로 라반의 양과 서로 대하게하며 자기 양을 따로 두어 라반의 양과 섞이지 않게 하며 ⁴¹실한 양이 새끼 밸 때에는 야곱이 개천에다가 양떼의 눈앞에 그 가지를 두어 양으로 그 가지 곁에서 새끼를 배게하고 ⁴²약한 양이면 그 가지를 두지 아니하니 이러므로 약한 자는 라반의 것이 되고 실한 자는 야곱의 것이 된지라 ⁴³이에 그 사람이 심히 풍부하여 양떼와 노비와 약대와 나귀가 많았더라(창 30:25-43).

야곱은 일흔일곱 살이 되도록 결혼을 안 했습니다. 물론 그 당시는 사람이 150년까지도 살았으니까 오늘날 일흔일곱과는 차원이 다릅니다. 하지만 그때에도 일흔일곱이 될 때까지 결혼을 안 한다는 것은 흔한 일이 아니었습니다. 그런데 그런 야곱이 외삼촌 라반의 집에 와서 외삼촌의 둘째 딸인 라헬과 사랑에 빠지면서부터는 결혼을 간절히 하고 싶어 했습니다. 하지만 결혼 지참금이 없어서 당장 결혼할 수는 없었고 7년 동안 월급도 못 받고 들판에서 양을 치는 고된 일을 하고 나서야 여든네 살에 결혼을 하게 되었습니다.

늦게 결혼한 만큼 야곱은 행복한 결혼생활을 꿈꾸었을 것입니다. 고생을 많이 하고 대가를 많이 치른 후에 결혼한 만큼 야곱은 행복한 결혼생활을 꿈꾸었을 것입니다. 그런데 야곱의 그런 꿈은 결혼식 다음날 아침에 산산조각 났습니다. 야곱이 아침에 눈을 떠보니까 옆에 누워있는 여자가 자기가 사랑하는 라헬이 아니라 레아였기 때문입니다.

야곱의 외삼촌 라반은 야곱의 꿈을 산산조각 낸 사람이었습니다. 둘째 딸 라헬을 야곱에게 아내로 준다고 철석같이 약속해 놓고, 결혼식 날 밤에 첫째 딸 레아를 야곱의 신혼 방에 넣어서 야곱과 레아를 결혼시켜 놓고 전혀 미안해하지 않는 양심 없는 사람이었습니다.

설상가상으로 야곱을 더 부려먹기 위해서 야곱이 거절할 수 없는 새로운 계약을 제시하였습니다. 일주일 후에 라헬도 아내로 줄 테니까 그 대가로 7년 더 월급 없이 양치는 일을 맡아달라고 말입니다. 야곱은 외삼촌의 속셈을 뻔히 다 들여다보고 있었지만 거절할 수가 없었습니다. 무슨 일이 있어도 라헬과 결혼하고 싶었기 때문입니다. 그래서 여든네 살에 처음으로 결혼을 하게 된 야곱은 일주일만에 부인이 둘이 되었습니다. 인생이 하루아침에 복잡하게 꼬여도 이렇게까지 꼬이는 사람은 흔하지 않습니다. 그런데 야곱의 인생이 그러했습니다.

야곱의 결혼생활이 얼마나 복잡하고 힘들었을지 생각해 보십시오.

두 명의 부인이 야곱을 가운데 놓고 서로 애정싸움을 했으니 야곱의 결혼생활은 하루도 편할 날이 없었을 것입니다. 야곱의 집안은 총성 없는 전쟁터였습니다. 여자가 한을 품으면 오뉴월에도 서리가 내린다는 말이 있는데, 두 여자가 한을 품고 서로 싸우니 오뉴월에 서리가 내리는 정도가 아니라 일 년 내내 빙하기가 계속되는 분위기였을 것입니다.

그런데 얼마 지나지 않아서 야곱은 본의 아니게 두 명의 부인을 더 얻게 되었습니다. 첫째 부인 레아와 둘째 부인 라헬이 야곱의 아이를 낳는 문제로 서로 경쟁을 하다가 각각 자기 시녀를 야곱에게 부인으로 주었기 때문입니다. 그래서 야곱은 결혼한 지 3-4년도 안 되었는데 네 명의 부인과 한집에 살아야 했습니다. 두 명의 부인과 함께 살 때도 힘들었는데 네 명의 부인이 이 대 이로 편을 갈라서 싸우게 되었으니, 또 네 명의 부인을 통해서 몇 년 사이에 계속 태어난 열두 명의 자녀와 함께 살아야 했으니 야곱은 너무 힘들었을 것입니다.

야곱이 얼마나 힘들었을지 생각해 보십시오.

하루 종일 들판에서 양을 치느라 고생을 하다가 집에 돌아오면, 집에는 네 명의 부인이 서로 편을 갈라 싸우고 있고, 집 안에는 열두 명이나 되는 철없는 어린아이들이 가득하고. 먹여 살려야 할 가족들은 갈수록 많아지는데, 외삼촌 라반 밑에서는 아무리 열심히 일해도 손에 들어오는 것도 없고, 그렇다고 이제 와서 다른 일을 할 수도 없었습니다.

야곱은 하란 땅에서 두 번째 칠년을 살면서 정말 괴로웠고 자신의 미래와 가족의 미래를 염려하지 않을 수 없는 힘든 삶을 살았을 것입니다. 야곱이 라헬을 7년 동안 연애하면서 꿈꾸었던 행복한 가정생활은 맛볼 수 없었습니다.

그런데 오늘 본문에 오면, 두 번째 칠년이 끝날 즈음에 야곱은 하란 땅을 떠나 고향으로 돌아갈 생각을 하게 됩니다. 25-26절에 이렇게 기록되어 있습니다.

라헬이 요셉을 낳은 때에 야곱이 라반에게 이르되 나를 보내어 내 고향 내 본토로 가게 하시되 내가 외삼촌에게 일하고 얻은 처자를 내게 주어 나로 가게 하소서(창 30:25-26).

야곱은 라반 밑에 있어봐야 더 이상 소망이 없다는 생각을 했을 것이고, 루스 땅에서 하나님이 주신 약속의 말씀을 기억했을 것입니다. 그래서 더 이상 소망이 없는 하란을 떠나 약속의 땅인 고향으로 돌아가기로 결심을 하고 라반에게 허락을 구한 것입니다.

그런데 라반은 야곱을 보내주고 싶은 생각이 전혀 없었습니다. 라반에게 있어서 야곱은 황금알을 낳아주는 거위와 같았습니다. 야곱이 양을 치면서부터 라반의 양떼가 놀라울 정도로 급속히 많아졌다는 것을 라반은 잘 알고 있었습니다.

더구나 지금 야곱이 결혼해서 아이들을 낳았는데 7년만에 열한 명의 아들을 낳았습니다. 욕심 많은 라반의 눈에 야곱의 아들들은 몇 년만 기다리면 양치는 일을 얼마든지 시켜먹을 수 있는 일꾼들로 보였습니다. 양치는 일이 탁월한 야곱의 아들들이니 틀림없이 양치는 일을 잘 할 것입니다. 그래서 라반은 야곱에게 이제부터는 월급을 정당하게 줄 테니까 가지 말라고 말하면서 야곱을 붙듭니다.

여기에서 우리는 라반이 얼마나 못된 사람인지 다시 한번 확인하게 됩니다. 야곱이 집을 떠나 자기 집으로 도망쳐 온 지 벌써 14년이 지났습니다. 야곱의 나이는 이제 아흔하나가 되었습니다. 그런 조카가 이제는 부모가 있는 고향 집으로 돌아가겠다고 하면 돌아갈 수 있게 순순히 허락을 해주어야 정상입니다. 돌아가는 데 필요한 경비를 충분하게 주고 자기 손자들에게도 용돈을 두둑하게 챙겨주면서 돌려보내주어야 정상입니다.

그런데 라반은 전혀 그렇게 할 생각이 없습니다. 라반은 이미 부자인데도, 아들들이 있어서 양을 칠 일꾼이 부족한 것이 아닌데도, 야곱이 일을 잘하고 야곱의 아들들도 잘 자라고 있으니까 어떻게 해서든 붙잡아 놓고 부려먹을 생각만 잔뜩 하였습니다.

그동안 자기가 야곱의 결혼을 가지고 장난을 쳐서 야곱의 삶이 얼마나 복잡해지고 힘들어졌는지 알만큼 다 알면서도 전혀 책임의식을 못 느끼고 있는 라반!

세상에 이렇게 못된 외삼촌이 또 있을까요?

그런데 야곱도 참 불쌍합니다. 외삼촌이자 장인인 라반이 흔쾌히 허락을 해주어야 가족들을 데리고 고향으로 돌아갈 수 있는데 라반이 허락을 안 해주고 해줄 생각도 없어 보이니 어쩔 도리가 없는 힘없는 야곱입니다. 고향집까지는 걸어서 한 달이나 걸리는 먼 길이라서 돈과 양식과 일꾼들이 많이 필요한데, 라반이 그런 도움을 전혀 제공해주지 않으니 어쩔 도리가 없는 가난한 야곱입니다.

그렇다고 빈손으로 많은 가족을 데리고 무작정 길을 떠날 수도 없는 노릇입니다. 14년 전에 혼자서 외삼촌의 집을 찾아올 때도 그런 여행이 얼마나 힘들고 위험한지를 야곱은 겪어보았기 때문에 가족들을 그런 위험에 빠뜨릴 수 없었습니다. 그래서 야곱은 어렵게 결심한 일을 포기하고 라반과 새로운 계약을 맺게 됩니다. 월급을 받기로 하고 약 6년을 더 하란 땅에 머무르게 됩니다. 이미 14년을 하란에서 보내면서 수많은 고통을 겪었는데 또 다른 6년을 하란에서 보내게 되었습니다. 참으로 딱한 야곱입니다.

어떤 해석자들은 이런 야곱을 보면서 용기가 없다고, 너무 나약하다고 비난을 합니다. 라반이 못 가게 해도, 라반이 고향으로 돌아가는 데 필요한 돈을 주지 않아도, 살아계신 하나님을 믿고 무작정 뛰쳐나와야 하는데 그렇게 하지 못하고 결국 또 다시 주저앉아서 6년을 하란 땅에서 보내게 되었다고 야곱을 비난합니다.

물론 그렇게 해석할 수도 있습니다. 왜냐하면 하나님께서 루스 땅에서 야곱을 찾아오셔서 해주신 약속 중에는 "내가 너와 항상 함께 있을 것이고 너를 이곳으로 데리고 돌아올 것이고 너와 네 가족에게 이 땅을 줄 것이다"라는 약속이 있기 때문입니다. 야곱은 라반이 허락하지 않고 도와주지 않아도 하나님의 이런 약속을 믿고 가족들을 데리고 하란을 떠날 수도 있었습니다. 만일 야곱이 그렇게 했더라면, 거기에 따르는 하나님의 도움과 기적이 야곱의 가족을 지켜주었을 것입니다.

하지만 야곱의 입장에서 생각을 해보십시오.

지금 부인이 넷에다가 어린아이들이 열두 명인데, 제일 큰아이가 겨우 일곱 살 정도밖에 안 되었고 그 밑으로 어린아이들이 줄줄이 사탕처럼 달려 있고 갓난아이도 있는 상황입니다.

그런데 어떻게 야곱 혼자서 그런 대가족을 이끌고 무작정 500마일이나 되는 먼 길을, 그것도 더운 광야를 걸어서 여행을 한다고 길을 나설 수 있겠습니까!

아무리 믿음이 좋은 사람이라도 그렇게 하기는 쉽지 않았을 것입니다. 더구나 야곱의 경우는 하나님께서 하란을 당장 떠나라고 구체적인 지시를 내리신 상황도 아닙니다. 야곱이 느끼기에 더 이상 하란에 있을 수는 없겠다고 판단이 되어서 하란을 떠날 계획을 세웠던 것뿐입니다.

어쩌면 야곱은 외삼촌 라반에게 고향으로 돌아가고 싶다고 말하면서 하나님의 뜻을 분별하려고 했을지도 모릅니다. 그런데 라반이 허락도 안 하고 도움도 안 주는 것을 보면서 "아직은 하나님의 때가 아닌가 보다"라고 생각했을 지도 모릅니다. 그러므로 하란에 더 머물기로 한 야곱을 비난하는 것은 지나친 일입니다.

하란에 머물기로 한 야곱을 우유부단하다고 믿음이 없다고 비난하는 것보다는 마침내 하란을 떠나기로 결심한 야곱의 결심을 높이 평가해야 합니다. 비록 현실적인 상황 때문에 몸은 아직 하란에 더 오래 남아 있게 되었지만 야곱의 마음만큼은 "내 고향 내 본토로 돌아가야겠다"라는 결심이 굳게 섰다는 것을 귀하게 평가해야 합니다.

사실, 야곱은 하란에 도착한 이후로 하나님이 자기에게 은혜로 주신 약속을 많이 잊고 살았습니다. 여전히 자기가 볼 때 자기를 행복하게 만들어 줄 것을 얻기 위해서 몸부림치는 삶을 살았습니다. 그러면서 야곱의 삶은 복잡하게 얽혔고 고통스러운 삶이 되었습니다. 하지만 야곱은 하란 땅에서 주저앉지 않기로 했고 포기하지 않기로 했습니다. 야곱은 마침내 하나님의 약속을 기억했고 고향으로 돌아갈 결심을 하게 되었습니다.

물론 야곱은 그 결심을 현실로 옮길 수 없는 상황이었습니다. 외삼촌 라반이 야곱이 고향으로 가는 것을 허락하지 않았고 야곱은 스스로 고향으로 돌아갈 수 있을 만큼 준비가 안 되어 있었기 때문입니다. 어쩔 수 없이 야곱은 하란에 더 머물게 되었습니다. 하지만 이제 야곱의 마음에는 어떻게 해서든 고향으로 돌아가고 하나님이 약속하신 복을 받으러 가야겠다는 삶의 분명한 목표가 세워졌습니다.

"아, 더 이상 현실적인 문제에 매달려 살지 않고, 더 이상 이 세상의 방식으로 살지 않고, 하나님을 의지하며 하나님께 가까이 나아가며 하나님께서 약속하신 참되고 영원한 복을 받으며 살아야겠다."

하란에서 14년 고생을 죽도록 하다보니까 야곱이 드디어 철이 든 것일 수도 있고, 하란에서 야곱이 꿈꾸었던 모든 것이 허물어지니까 야곱이 탈출로를 찾은 것일 수도 있지만, 사실은 하나님께서 야곱의 마음을 움직이셔서 삶의 방향을 전환하도록 만들어 주신 것입니다.

사실, 우리도 인생을 살면서 오늘 본문에 기록된 야곱의 처지와 똑같은 처지에 놓일 때가 많이 있습니다. 야곱처럼 우리도 현실에 푹 파묻혀서 정신없이 살다가 어느 순간 지치고 힘들어서 이렇게 결심하게 되는 때가 있습니다.

"아, 내가 더 이상 이렇게 살 것이 아니다. 그 동안 내 방식대로 행복을 추구하고 안전을 추구했지만 그동안 내가 얻은 것은 수고와 슬픔뿐이다.

그러니 더 이상 이렇게 살 것이 아니라 하나님께 더 가까이 나아가야 겠구나.

하나님이 예수님 안에서 나에게 약속하시고 허락하신 복을 받으러 하나님께로 더 가까이 나아가야겠구나."

하란에서 살면서 야곱은 14년 후에나 이런 결심을 하게 되었습니다. 이 세상의 한복판에 살면서 위와 같은 결심을 한다는 것은 결코 우연도 아니고 쉽게 되는 일도 아닙니다. 그런데 그냥 스쳐지나가는 결심이 아니라 마음에 깊이 뿌리를 내린 결심으로 우리 마음에 그런 결심이 들어선다는 것은 하나님의 은혜입니다.

그런데 우리가 이런 결심을 하고 실천을 하려고 할 때, 야곱처럼 우리도 그런 결심을 실행하지 못하게 만드는 갑갑한 현실을 만나게 됩니다. 그래서 마음은 이미 하나님께로 돌아섰지만 몸은 여전히 현실에 묶여 있게 됩니다. 이런 상황에 빠지게 될 때, 우리는 우리 자신을 자책하기가 쉽습니다. 현실을 쉽게 떨쳐 버리지 못하고 질질 끌려 다니는 우리의 모습에 실망하게 됩니다.

"아! 내가 이것 밖에 안 되는 사람이구나. 말로는 하나님께로 더 가까이 간다고 하면서 늘 이렇게 현실에 매여서 사는 형편없는 사람이구나."

이렇게 자책하다가 우리는 하나님께로 더 가까이 나아가는 일을 아예 포기해 버릴 때가 많습니다.

"아! 이게 결코 쉬운 일이 아니구나.

나 같은 사람은 할 수 없는 일이구나.

안 되는 일을 하려고 하지 말고 그냥 지금 내 현실에 충실한 삶이나 살아야겠다."

이렇게 하기가 쉽습니다.

그러나 여러분!

오늘 본문에 기록된 야곱을 비난해서는 안 되는 것처럼, 우리 자신의 그런 상태를 그렇게 생각해서는 안 됩니다. 우리는 그것을 과정으로 받아들여야 합니다.

야곱이 나중에 어떻게 되었는지를 보십시오.

오늘 본문에서 야곱은 다시 한 번 주저앉는 것처럼 보이고 그래서 또다시 6년이라는 긴 시간이 그냥 흘러가는 것처럼 보이지만 결국 야곱은 본문에서 결심한 대로 하란을 떠나게 됩니다. 야곱의 마음에 그런 결심을 집어넣어주신 하나님께서 현실에 매여서 당장 하란을 떠나지 못하는 야곱을 기다려 주시고 나중에 떠날 수 있는 현실을 만들어주셨기 때문입니다. 그리고 나중에 하나님이 직접 나서서 야곱을 격려하시면서 지금 당장 하란을 떠나라고 말씀해 주십니다.

> 여호와께서 야곱에게 이르시되 네 조상의 땅, 네 족속에게로 돌아가라 내가 너와 함께 있으리라 하신지라(창 31:3).

그러므로 하나님께서 하나님께로 돌아가고자 하는 결심, 하나님께 가까이 나아가고자 하는 마음, 하나님의 복을 받아 살고자 하는 마음을 주셨다면, 어렵게 마음에 들어온 그 결심, 하나님이 친히 넣어주신 그 소중한 결심을 쉽게 내려놓지 마십시오.

지금 당장은 오늘 본문의 야곱처럼 갑갑한 현실 때문에 그 결심을 다 실현할 수 없지만, 그런 결심을 우리 마음에 친히 넣어주신 하나님께서 이런 현실의 올무에서 우리를 건져내주셔서 지금 당장은 실현하지 못하는 그 결심을 이루도록, 하나님께로 정말 가까이 나아갈 수 있도록 만들어주실 것을 믿으십시오.

하나님께서 그런 우리를 기다려 주실 것이고, 현실의 올무에서 우리를 건져내주실 것이고, 마침내 우리의 선한 결심을 실행할 수 있도록 친히 우리를 지도해주실 것을 믿으십시오.

지금 당장은 하란을 떠날 수 없지만 하란을 떠나겠다는 결심을 포기하지 마십시오.

하나님께서는 우리가 얼마나 연약한 사람인지를 다 아십니다. 예수님은 이 땅에서 30년 가까이 친히 사셨기 때문에 우리의 연약함을 다 아십니다. 그리고 성령 하나님께서는 우리의 약함을 도우시는 분으로 우리와 함께 하십니다. 그래서 사도 바울은 연약한 그리스도인들을 보면서 이렇게 말했습니다.

> 너희 속에 착한 일을 시작하신 이가 그리스도 예수의 날까지 이루실 줄을 우리가 확신하노라(빌 1:6).

우리는 우리 자신을 바라보면서 똑같은 말을 해야 합니다.

"지금 당장은 내가 이 결심을 실현할 수 없지만 내 마음에 선한 결심을 심어주신 하나님께서 나를 이끌어 주실 것이다."

그러면서 하나님의 은혜의 보좌 앞으로 부지런히 나아가 하나님의 은혜를 구하십시오.

> 우리에게 있는 대제사장은 우리 연약함을 체휼하지 아니하는 자가 아니요 모든 일에 우리와 한결같이 시험을 받은 자로되 죄는 없으시니라 그러므로 우리가 긍휼하심을 받고 때를 따라 돕는 은혜를 얻기 위하여 은혜의 보좌 앞에 담대히 나아갈 것이니라(히 4:15-16).

그런데 오늘 본문에서 우리는 야곱이 보여주는 놀라운 믿음도 보게 됩니다. 어떤 해석자들이 말하는 것처럼 야곱에게는 살아계신 하나님을 믿고 당장 하란을 떠날 수 있는 위대한 믿음은 없었습니다. 하지만 야곱은 하란 땅에서 놀라운 믿음을 실천하며 살게 됩니다.
라반이 야곱에게 말했습니다.

> 네 품삯을 정하라. 내가 그것을 주리라(창 30:28).

그런데 야곱의 반응이 참 놀랍습니다.

> 오늘 내가 외삼촌의 양떼로 두루 다니며 그 양 중에 아롱진 자와 점 있는 자와 검은 자를 가리어 내며 염소 중에 점 있는 자와 아롱진 자를 가리어 내리니 이 같은 것이 나면 나의 삯이 되리이다(창 30:32).

양은 원래 하얀색이고 염소는 원래 검은색입니다. 그런데 양 중에 얼룩이 있거나 점이 있거나 아예 검은 양이 아주 가끔 생겨납니다. 염소 중에도 얼룩이 있거나 하얀 점이 있는 염소가 아주 가끔 생겨납니다. 그런데 야곱이 자기가 지금 치고 있는 양과 염소 떼에서 그런 양과 그런 염소를 다 가려내고 지금부터 자기는 흰 양과 검은 염소만 치겠다는 것입니다.

그런데 흰 양만 치고 검은 염소만 치는데 거기에서 얼룩이 있거나 털색이 검은 양이 태어나면, 또 얼룩이 있거나 하얀 점이 있는 염소가 태어나면, 그것을 자기의 월급으로 갖겠다는 것입니다. 야곱의 이런 제안은 월급을 안 받겠다는 말이나 마찬가지입니다.

흰 양만 치고 검은 염소만 치는데, 거기에서 얼룩지거나 색이 전혀 다른 양과 염소가 태어날 가능성이 얼마나 되겠습니까?

거의 없습니다. 그런데 지금 야곱은 자기에게 절대적으로 불리한 쪽으로 거래를 하고 있습니다.

하란에서 야곱은 늘 이상한 거래, 손해만 보는 거래만 합니다. 야곱은 어렸을 때부터 흥정을 잘 할 줄 알아서 팥죽 한 그릇을 놓고도 형 에서에게서 장자의 권리를 산 그런 사람이었습니다. 그런데 하란에 와서는 하는 거래마다 불리한 거래만 합니다. 지금도 마찬가지입니다. 지금 야곱은 하루라도 빨리 돈을 많이 벌어야 할 상황입니다. 그래야 열일곱 명이나 되는 대가족도 먹여 살리고 고향으로 돌아갈 수도 있는 그런 상황입니다. 이런 상황에서 야곱은 미련한 거래를 하는 데는 한 가지 중요한 이유가 있었습니다.

본문 33절을 보십시오.

> 후일에 외삼촌께서 오셔서 내 품삯을 조사하실 때에 나의 의가 나의 표징이 되리이다 내게 혹시 염소 중 아롱지지 아니한 자나 점이 없는 자나 양 중 검지 아니한 자가 있거든 다 도적질한 것으로 인정하소서(창 30:33).

그러니까 야곱은 라반이 자기를 도둑놈으로 의심하지 않게 하려고, 라반이 나중에 딴 소리하지 못하게 하려고 그런 식으로 거래를 한 것입니다.

하지만 야곱이 그렇게 거래를 한 데는 또 다른 이유도 있었습니다.

생각해 보십시오.

라반이 자기를 도둑놈으로 의심하는 것이 아무리 싫어도, 라반이 나중에 딴 소리하는 것이 아무리 걱정되어도, 만일 야곱의 마음에 하나님께서 자기를 복 주실 거라는 믿음이 없었다면, 그런 식으로 거래를 할 수 없었을 것입니다. 그런데 야곱이 용기 있게 그런 식으로 계약을 한 것을 보면, 야곱의 마음에 하나님에 대한 믿음이 분명하게 있었던 것입니다.

"어차피 나에게 복을 주시는 분은 하나님이시다. 그런데 하나님은 나에게 복을 주기로 이미 결정을 하셨다. 그러니 내가 상식적으로 거의 불가능한 쪽을 선택해도 하나님은 어떻게든 복을 주실 것이다. 지금은 이것이 내가 선택할 수 있는 최선이니 하나님께서 나를 불쌍히 여겨주시고 은혜를 베푸실 것이다."

야곱에게 이런 믿음이 분명하게 있었을 것입니다. 빈손으로 하란을 떠날 만큼의 용기와 믿음은 없었을지라도 이렇게 하나님을 의지하고 인생을 맡길 수 있는 믿음이 야곱에게 있었다는 것입니다.

도대체 언제부터 야곱은 이런 믿음을 갖게 되었을까요?

도대체 어디에서 야곱은 이런 믿음을 배우게 되었을까요?

생각해 보십시오.

하란 땅에 들어와서 야곱은 계속 실패하는 삶을 살았습니다. 계속 엉뚱한 짓만 하고 살았습니다. 그렇게 14년을 살아왔습니다. 그 기간에 야곱이 성경공부를 열심히 한 것도 아닙니다. 그 당시에는 성경이 없었으니 그럴 수도 없었고 야곱 주변에는 가르쳐 줄 믿음의 위인도 없었습니다. 그 기간에 야곱이 하나님의 놀라운 기적을 경험했던 것도 아닙니다. 믿음이 없던 사람도 신비한 기적을 경험하면 순간적으로 믿음이 커지는데 야곱은 하란 땅에서 그런 기적을 경험한 것도 아니었습니다.

그런데 지금 하란에서의 14년이 지난 후에 야곱의 마음에 위대한 믿음이 쑥 들어와 있습니다. 자기의 인생을 하나님께 의지하고 불리한 삶으로 들어갈 만큼 하나님을 신뢰하는 믿음이 야곱에게 들어와 있었습니다.

그렇다면, 이 믿음은 어디에서 온 것일까요?

야곱의 마음에 있는 이 믿음은 하나님께서 집어넣어주신 믿음입니다. 성경은 믿음이 하나님의 선물이라고 말합니다. 에베소서 2장 8절에 이런 말씀이 있습니다.

> 너희가 그 은혜를 인하여 믿음으로 말미암아 구원을 얻었나니 이것이 너희에게서 난 것이 아니요 하나님의 선물이라(엡 2:8).

그러니까 하나님께서 야곱의 마음에 그런 믿음을 심어주셨던 것입니다. 야곱은 하나님을 신뢰하고 믿음으로 사는 일에 계속 실패하고 있었지만 하나님께서는 야곱이 그러는 동안에 야곱의 마음에 금보다 귀한 믿음을 친히 심어주셨던 것입니다.

그래서 어느 순간에 마음에 심겨진 믿음이 입으로 고백이 되고 삶으로 증거가 되게 만들어 주셨던 것입니다. 그래서 라반과 새로운 계약을 체결할 때, 라반이 제시하는 그럴듯한 조건을 다 거부하고 당장은 불리하고 위험 요소가 많이 있지만 하나님을 믿고 정직을 선택하고, 믿음을 선택했던 것입니다. 야곱의 이런 변화는 전적으로 하나님께서 야곱을 놓지 않고 붙들어 가르쳐 주심의 결과였던 것입니다.

지금도 하나님은 우리에게 이런 은혜를 베풀어 주십니다. 우리도 야곱처럼 미련하고 약해서 하나님을 믿고 의지하는 일을 잘 하지 못하고 늘 넘어지고 실패합니다. 그런데 놀랍게도 우리는 계속해서 실패하고 하나님을 잘 믿지 못하는데, 하나님은 우리가 그러는 동안에 우리의 마음에 진실한 믿음을 심어주시고 그 믿음이 서서히 자라게 하십니다. 물론 믿음을 하나님의 말씀을 듣는 데서 생겨납니다. 로마서 10장 17절에 보면 이런 말씀이 있습니다.

> 그러므로 믿음은 들음에서 나며 들음은 그리스도의 말씀으로 말미암았느니라(롬 10:17).

하지만 야곱의 삶에서 볼 수 있는 것처럼 믿음은 우리의 실패를 통해서도 심겨집니다. 하나님을 믿는 일에 제일 큰 걸림돌은 우리가 우리 자신을 믿고, 우리 생각을 믿고, 우리 방법을 믿는 것입니다. 그런데 계속되는 실패를 통해서 우리 자신도, 우리 생각도, 우리 방법도 다 믿을 수 없다는 것을 가르쳐 주십니다. 그리고 그때 하나님을 신뢰하는 믿음을 심어주십니다.

이렇게 말하는 분들이 있습니다.

"나는 그동안 계속 실패해 왔습니다. 나는 지금도 실패하고 있습니다. 이런 내가 무슨 믿음이 있어서 그 믿음을 실천할 수 있겠습니까?"

성도 여러분!

야곱을 보십시오.

야곱도 하란 땅에서 계속 실패했습니다. 그런데 그런 실패 속에서 하나님은 야곱의 마음속에 믿음을 집어넣어 주셨습니다. 사실, 믿음은 실패를 통해서 우리 마음에 들어옵니다. 왜냐하면 계속 실패하는 우리를 보면서 오직 하나님만 의지하게 되기 때문입니다.

그러므로 하나님을 믿고 신뢰하는 일에 실패하는 여러분을 보면서 여러분 자신에 관하여 실망하고 절망하는 일은 계속해야 하지만, 그런 실패의 과정 속에서 하나님이 여러분의 마음에 오히려 믿음을 더 심어주시고 더 깊은 믿음의 자리로 여러분을 이끌어 주실 수 있다는 사실을 잊지 마십시오.

그리고 하나님께서 여러분의 마음 가운데 심어주신 믿음이 보이거든, 그 믿음이 크지 않고 위대하지 않아도 부끄러워하지 말고 있는 그대로 그 믿음을 실천하십시오.

오늘 본문에서 야곱은 라반과의 싸움을 그칩니다. 그리고 하나님을 신뢰하는 자리에 섭니다. 이것이 믿음입니다. 참된 믿음은 이 세상이 행복하려면 꼭 필요하다고 말하는 돈과 건강과 권력과 쾌락에 집착하면서 그런 것을 얻기 힘든 이 세상에서 어떻게 해서든 그런 것을 하나라도 더 얻으려고 끊임없이 싸우는 삶을 그치는 것입니다. 그리고 야곱이 라반이 볼 때 한없이 어리석은 쪽을 선택한 것처럼 이 세상이 볼 때 한없이 어리석은 쪽을 선택하는 것입니다.

아무리 수고해도 그 대가를 제대로 계산해 주지 않고 항상 속이는 이 세상에게서 어떻게 해서라도 하나 더 빼앗으려고 머리를 쓰는 고달픈 삶을 포기하고, 하나님이 예수 그리스도라는 사닥다리를 우리의 인생에 내려주시면서 하늘로부터 오는 참되고 영원한 복을 약속하신 것을 기억하고 내 인생 전부를 하나님께 맡기는 것입니다. 싸워서 이기려고 달려드는 사람이 아니라 지는 편을 택하면서 하나님의 돌보심을 바라는 것입니다. 이것이 믿음의 삶입니다.

어떤 사람들이 말하는 것처럼 야곱에게는 지금 당장 하란을 떠날 만한 위대한 믿음이 없었습니다. 하지만 야곱은 하란 땅에서 이런 진실한 믿음을 배우게 되었고 하란 땅에서부터 이런 믿음을 실천하기 시작하였습니다.

그러므로 여러분!

믿음으로 어떤 크고 위대한 일을 하려고만 생각하지 마십시오.

여러분이 지금 살고 있는 삶의 환경 속에서 이런 진실한 믿음을 하나하나 실천하는 일부터 시작하십시오.

야곱이 그랬던 것처럼 하나님을 믿고 신뢰하는 삶의 방식으로 나아가십시오.

그러면 하나님께서 여러분의 믿음을 축복해 주시고 많은 열매를 맺게 해주실 것입니다. 야곱이 믿음으로 인생의 전부를 맡긴 일에 대해서 하나님은 놀라운 복으로 갚아주셨습니다. 우리에게도 하나님은 동일하게 역사하실 것입니다.

야곱에게 있는 것은 다 흰 양과 검은 염소였는데 새끼가 태어나면 건강한 양과 염소에게서는 다 얼룩지고 점이 있는 것만 태어나고 약한 양과 염소에게는 일반적으로 흰 양과 검은 염소가 태어났습니다. 하나님께서 그렇게 기적적으로 야곱의 삶을 축복해 주신 것입니다. 그래서 야곱은 6년만에 가축도 심히 많고 노비도 심히 많은 부자가 되었습니다(창 30:40). 그만큼 하나님께서 야곱을 축복하셨던 것입니다.

하지만 하나님은 야곱에게 더 좋은 복도 주셨습니다. 하나님은 야곱의 마음을 지켜주셨습니다. 6년 후에도 여전히 야곱의 결심이 변하지 않도록 붙들어 주셨고, 6년 후에도 여전히 야곱이 인생의 방식을 바꾸지 않도록 붙잡아 주셨습니다. 그리고 마침내 야곱의 가정이 떠날 준비가 되었을 때, 야곱에게 나타나셔서 "가자!"라고 말씀하셨습니다. 6년 전에는 야곱의 마음속에 그런 결심을 살짝 집어넣어주셨지만 이제는 하나님께서 친히 말씀하시고 야곱의 삶에 아주 적극적으로 개입하셔서 어디로 가자라고 말씀하시는 구체적인 인도를 시작하셨던 것입니다.

오늘 본문이 시작할 때 야곱은 선한 결심을 했지만 현실이 따라주지 않아서 다시 주저앉을 수밖에 없는 불쌍한 사람이었습니다. 그러나 하나님은 그런 야곱의 마음에 하란 땅에서 하나님을 정말로 믿고 신뢰할 수 있는 믿음을 집어넣어주셨습니다. 그리고 야곱이 그 믿음을 따라서 살 때 그에게 복을 주셔서 야곱의 현실을 바꾸어 주셨습니다. 하란을 떠나기로 한 야곱의 선한 결심을 실행할 수 있는 기본적인 환경을 야곱에게 주신 것입니다.

하나님은 이렇게 선하고 이렇게 은혜롭고 이렇게 죄인을, 잘 안 변하는 죄인을 오랫동안 기다리며 사랑해 주시는 하나님이십니다. 야곱에게 이런 하나님이 되어주셨던 하나님은 오늘 우리 모두에게도 이런 하나님이 되어주기를 원하십니다.

그러므로 야곱의 하나님을 여러분의 하나님으로 모시고 하나님을 신뢰하십시오.

누구든지 자기의 죄를 회개하고 예수 그리스도를 믿는 모든 사람에게 야곱의 하나님은 그 사람의 하나님이 되어 주십니다. 그리고 그 사람의 일생 전체를 붙드시고 인도하시고 보호해 주십니다.

그러므로 이런 하나님께 여러분의 인생 전부를 맡기십시오.

늘 실패하고 늘 넘어지고 늘 부족한 여러분의 인생 전체를 맡기면 하나님은 기다리시면서 여러분에게 은혜를 베풀어 주실 것입니다. 하나님은 영원토록 변함이 없으신 분이시기 때문에 지금도 하나님은 야곱처럼 죄가 많고 허물이 많은 우리의 삶에 동일한 은혜를 베풀어 주십니다. 그러므로 우리 자신만 볼 때 우리는 소망이 없는 사람들이고 변화되지 않을 사람들이지만 하나님이 끊임없이 우리를 기다려 주시면서 은혜를 베풀어 주시기 때문에 우리에게는 소망이 있고 우리는 변화될 것입니다.

그러므로 다시 한번 야곱의 하나님을 바라보십시오.

하나님께서 야곱에게 베푸신 은혜와 사랑을 여러분의 마음과 삶에도 베풀어주실 것을 믿고 기다리십시오.

아멘!

제11장

마침내 하란을 떠나는 야곱

(창 31:1-20)

¹야곱이 들은즉 라반의 아들들의 말이 야곱이 우리 아버지의 소유를 다 빼앗고 우리 아버지의 소유로 인하여 이같이 거부가 되었다 하는지라 ²야곱이 라반의 안색을 본즉 자기에게 대하여 전과 같지 아니하더라 ³여호와께서 야곱에게 이르시되 네 조상의 땅, 네 족속에게로 돌아가라 내가 너와 함께 있으리라 하신지라 ⁴야곱이 보내어 라헬과 레아를 자기 양떼 있는 들로 불러다가 ⁵그들에게 이르되 내가 그대들의 아버지의 안색을 본즉 내게 대하여 전과 같지 아니하도다 그러할지라도 내 아버지의 하나님은 나와 함께 계셨느니라 ⁶그대들도 알거니와 내가 힘을 다하여 그대들의 아버지를 섬겼거늘 ⁷그대들의 아버지가 나를 속여 품삯을 열번이나 변역하였느니라 그러나 하나님이 그를 금하사 나를 해치 못하게 하셨으며 ⁸그가 이르기를 점 있는 것이 네 삯이 되리라 하면 온 양떼의 낳은 것이 점 있는 것이요 또 얼룩무늬 있는 것이 네 삯이 되리라 하면 온 양떼의 낳은 것이 얼룩무늬 있는 것이니 ⁹하나님이 이같이 그대들의 아버지의 짐승을 빼앗아 내게 주셨으니라 ¹⁰그 양떼가 새끼 밸 때에 내가 꿈에 눈을 들어 보니 양떼를 탄 수양은 다 얼룩무늬 있는 것, 점 있는 것, 아롱진 것이었더라 ¹¹꿈에 하나님의 사자가 내게 말씀하시기를 야곱아 하기로 내가 대답하기를 여기 있나이다 하매 ¹²가라사대 네 눈을 들어 보라 양떼를 탄 수양은 다 얼룩무늬 있는 것 점 있는 것 아롱진 것이니라 라반이 네게 행한 모든 것을 내가 보았노라 ¹³나는 벧엘 하나님이라 내가 거기서 기둥에 기름을 붓고 거기서 내게 서원하였으니 지금 일어나 이곳을 떠나서 네 출생지로 돌아가라 하셨느니라 ... ¹⁷야곱이 일어나 자식들과 아내들을 약대들에게 태우고 ¹⁸그 얻은 바 모든 짐승과 모든 소유물 곧 그가 밧단아람에서 얻은 짐승을 이끌고 가나안 땅에 있는 그 아비 이삭에게로 가려할새 ¹⁹때에 라반이 양털을 깎으러 갔으므로 라헬은 그 아비의 드라빔을 도적질하고 ²⁰야곱은 그 거취를 아람 사람 라반에게 고하지 않고 가만히 떠났더라(창 31:1-20).

야곱의 일생을 살펴보면서 야곱도 이해가 안 될 때가 많지만 더 이해가 안 되는 사람은 야곱의 외삼촌 라반입니다. 라반이 야곱에게 하는 언행을 볼 때마다 "어떻게 외삼촌이라는 사람이 자기 조카에게 이럴 수가 있는가?"라는 생각이 절로 듭니다.

야곱과 라반이 어디 보통 외삼촌과 조카 사이입니까?

라반은 야곱의 엄마인 리브가의 하나밖에 없는 오라버니였습니다. 창세기 24장에 보면 야곱의 어머니 리브가가 이삭에게 시집갈 때, 라반은 아버지 역할을 했던 하나밖에 없는 오라버니였습니다. 그렇게 하나밖에 없는 여동생을 먼 곳으로 시집보내고 나서 정말 기적적으로 자기 여동생 리브가가 낳고 특별히 아끼는 아들인 야곱을 마침내 보게 된 것입니다. 그런데 그런 조카를 대하는 라반의 언행은 참으로 남보다 못합니다. 너무 이기적이고 너무 거짓이 많고 너무 잔인합니다.

더구나 자기 조카가 어떻게 자기가 살고 있는 곳까지 온 것입니까?

목숨을 걸고 온 것입니다. 야곱의 집으로부터 라반이 살고 있는 하란까지는 성인 남자가 부지런히 걸어서 한 달을 걸어야 할 먼 거리입니다. 낮에는 뜨겁고 밤에는 추운 길입니다. 언제 도둑을 만나고 강도를 만날지 모르는 위험한 길입니다. 그런데 자기 여동생이 자기를 믿고 아들을 잃어버릴지도 모른다는 위험을 무릅쓰고 자기에게 보낸 것입니다. 자기 조카인 야곱도 사실 목숨을 걸고 여행을 해서 자기에게 온 것입니다. 그래서 야곱을 만나게 된 것입니다.

이 정도 되면 라반은 야곱을 대할 때 보통 외삼촌이 보통 조카를 대하는 것 이상으로 특별하게 대우를 했어야 합니다. 핏줄이기 때문에도 그렇게 해야 하지만 자기에게 기대려고 목숨을 걸고 찾아온 과정을 생각할 때 특별히 더 그렇게 해야 했습니다. 그런데 그런 조카를 대하는 라반의 언행은 참으로 악합니다.

창세기 29장에 보면, 야곱을 처음 만났을 때 라반은 야곱이 자기 조카인 것을 확인하자마자 그를 끌어안고 입을 맞추고 "너는 참으로 나의 골육이로다!"라고 말했습니다(창 29:14).

하지만 그것은 말뿐이었습니다. 라반은 야곱을 진실하게 아끼지 않았습니다. 라반에게 야곱은 돈 벌어 주는 기계였습니다. 라반은 야곱을 노예처럼 부려 먹었습니다. 일흔일곱이 되도록 결혼도 못한 자기 조카를 일찍 결혼시킬 생각은 안 하고 오히려 결혼을 미끼로 월급도 주지 않고 7년간 야곱을 노예처럼 부려 먹었습니다. 라반은 그것도 모자라서 결혼을 가지고 야곱에게 사기를 쳤습니다. 나중에 야곱이 나이 아흔하나가 되어 가족들을 데리고 고향으로 돌아가겠다고 말했을 때도 라반은 자기에게 손해가 될까봐 야곱을 못 가게 만듭니다.

오죽 했으면 야곱이 하란을 떠날 때 외삼촌에게 얘기도 안 하고 몰래 도망을 쳤겠습니까!

그 정도로 라반은 악한 사람이었습니다.

그런데 우리가 야곱의 일생을 보면서 이런 생각을 하고 멈추어서는 안 됩니다.

"야곱은 정말 못된 외삼촌을 만나서 고생을 지질이도 많이 했구나."

"야곱의 외삼촌 라반은 정말 못된 사람이구나."

"그래도 야곱이 그 못된 외삼촌 집에서 탈출했으니 천만다행이구나."

그렇게 야곱의 삶을 남의 이야기로만, 옛날이야기로만 생각해서는 안 됩니다. 하나님께서 야곱의 삶을 우리에게 말씀해 주시는 것은 이 이야기가 오늘 우리와 관련이 있기 때문입니다. 그러므로 야곱의 이야기에서 우리는 우리의 모습을 보아야 합니다. 사실, 알고 보면 라반 같은 외삼촌 밑에서 죽도록 고생을 했던 야곱보다 우리가 더 위험한 상태에 살고 있는 사람들입니다. 왜냐하면 야곱은 라반 한 사람 때문에 고통을 받았지만, 우리는 악한 세상이라는 거대한 세력 안에 들어가 살고 있기 때문입니다.

라반과 야곱의 관계를 곰곰이 생각해 보십시오.

라반이 야곱에게 하는 짓을 잘 생각해 보십시오.

라반이 야곱에게 하는 짓이 이 세상이 우리에게 하는 짓과 똑같지 않습니까?

야곱이 빈손으로 맨몸으로 라반이 살고 있는 하란 땅에 들어갔던 것처럼, 우리도 빈손으로 맨몸으로 이 세상에 태어납니다. 그런 야곱에게 라반은 눈 딱 감고 몇 년 열심히 일하면 라헬을 아내로 얻고 행복할 거라고 약속했습니다. 이 세상도 비슷한 약속을 우리에게 합니다.

"눈 딱 감고 앞으로 10년만 열심히 공부하고 일하면 돼. 그러면 삶의 기반을 잡을 것이고 앞으로는 행복할 수 있어."

하지만 야곱이 7년간 정말 눈 딱 감고 일만 했을 때 라반은 야곱에게 무슨 짓을 했습니까?

사기 결혼으로 야곱의 뒤통수를 쳤습니다. 그리고 야곱에게 약속했던 라헬을 아내로 주는 대신 야곱을 7년 더 노예로 묶어놓았습니다. 야곱의 삶을 정신없는 삶으로 바꾸었습니다.

이 세상도 똑같은 짓을 우리에게 합니다. 이 세상도 우리에게 여러 가지 방법으로 사기를 칩니다. 분명히 열심히 공부하고 일하면 다 얻을 수 있는 것처럼 약속해 놓고 실제로는 우리가 원했던 것 말고 다른 것을 주기도 하고, 우리가 원하는 것을 주게 되면 그 대신 우리에게 더 많은 것, 더 힘든 삶을 살도록 만듭니다.

예를 들어서, 이 세상은 열심히 일을 하면 더 안정된 삶을 살 수 있다고 약속합니다. 그래서 우리는 그 약속 믿고 정말 열심히 일합니다. 그래서 우리는 어느 정도 돈을 모읍니다. 하지만 그 사이 물가가 올라가고 경제도 안 좋아져서 그 돈으로는 안정된 삶을 살기가 어렵습니다. 그래서 우리는 또 다시 죽으라고 일을 해야만 합니다.

또 이 세상은 우리에게 열심히 공부하면 좋은 대학, 좋은 직장을 갈 수 있다고 말합니다. 그러나 좋은 대학, 좋은 직장에 들어가면 또 다시 죽으라고 공부하고 죽으라고 일해야 겨우 살아남을 수 있게 됩니다. 이런 식으로 세상은 우리의 삶을 계속 힘들게 합니다.

　나중에 야곱은 라반의 실체를 깨닫고 라반을 떠나야겠다고 결심합니다. 하지만 라반은 당근과 채찍으로 야곱을 붙들어 놓습니다. 멀리 여행하기 위해서 필요로 하는 돈과 사람을 안 붙여 줌으로써 야곱을 붙들어 놓고, 앞으로는 정말 잘 대우해주겠다는 감언이설로 야곱을 붙들어 놓았습니다.

　가만히 보면, 이 세상도 똑같은 짓을 합니다. 우리가 인생의 참된 행복을 찾아 신앙에 의지하겠다고 마음을 먹고 움직이려고 하면, 이 세상은 여러 가지 방법으로 우리를 묶어 놓고 평생 자기를 섬기고 따르도록 만들어 버립니다. 갑자기 우리의 삶을 힘들게 만들고 우리의 미래를 불확실하게 만들어서 공포심을 조장하여 우리를 이 세상의 포로로 붙들어 두기도 하고, 조금만 더 이 세상의 방식을 따라서 살면 지금보다 더 안정되고 행복한 삶을 살 수 있다고 우리를 유혹하기도 합니다. 이처럼 이 세상은 우리를 포로로 삼고 절대로 놓아주지 않으려고 합니다.

　이처럼 이 세상은 라반이 야곱에게 했던 짓을 우리에게 그대로 행합니다. 그러므로 야곱과 라반의 관계를 보면서 우리는 이 세상과 우리의 관계를 생각해야 합니다. 야곱이 참 불쌍하다 라반이 참 나쁘다고만 생각할 것이 아니라 이 세상이 참으로 나쁘다 우리가 참으로 위험한 상황에 처해 있다는 것을 생각해야 합니다.

　사실, 야곱은 우리보다 형편이 나은 사람이었습니다. 야곱은 외삼촌 라반 한 사람이 문제였습니다. 하지만 우리는 라반과 같은 사람들이 수백만 명, 수억 명이 모여서 돌아가고 있는 이 세상에 살고 있습니다. 그러니 우리가 더 불쌍하고 위험한 사람들입니다. 이것을 절대로 잊으면 안 됩니다. 우리는 삶의 형편이 조금만 나아지면 그래도 좋은 세상에 살고 있다고 생각하고, 삶의 형편이 조금만 힘들어지면 그것만 해결되면 살기 좋을 거라고 생각합니다. 그러나 사실은 그렇지 않습니다. 이 세상에 살고 있다는 사실 자체가 지극히 위험한 것입니다.

어떤 분은 이렇게 말씀하실지도 모릅니다.

"그렇게 보는 것은 이 세상을 너무 어둡게 보는 것이 아닙니까?"

그럴 수도 있겠지요.

하지만 이 세상을 야곱의 외삼촌 라반에 비유하는 것은 굉장히 얌전한 것입니다. 하나님의 아들이신 예수님은 모든 것을 정확하게 보시고 정확하게 표현하시는 분입니다. 그런데 그런 예수님도 제자들을 전도하러 보내시면서 이렇게 말씀하셨습니다.

보라 내가 너희를 보냄이 양을 이리 가운데 보냄과 같도다(마 10:16).

그러니까 예수님이 보실 때 이 세상은 인정사정 보지 않고 양을 물고 뜯어서 죽이는 잔인한 이리와 같다고 말씀하신 것입니다.

우리가 보지 못하는 모든 것까지 다 보시는 예수님께서 이 세상을 그렇게 설명하셨다면, 이것이 이 세상의 진짜 모습이 아닐까요?

이 세상에 늘 살고 있으면서도, 이 세상에 오래 살았으면서도, 아직도 이 세상의 진짜 맨 얼굴을 한번도 정확하게 보지 못한 사람들이 너무나 많습니다. 그렇게 오랫동안 이 세상에게 당하면서 살아놓고도 아직도 이 세상이 꿈을 이루는 곳인 줄 아는 사람들이 너무나 많습니다.

성도 여러분!

여러분은 이 세상의 진짜 맨 얼굴을 알고 있습니까?

이 세상이 여러분에게 아무리 좋은 약속을 아무리 많이 해도 실제로는 그 약속을 안 지키거나 혹시 그 약속을 지키면 그만큼 더 큰 대가를 여러분에게 요구한다는 사실을 알고 계십니까?

그래서 라반 밑에서 야곱의 인생이 계속해서 비참해졌던 것처럼, 이 세상 밑에서 여러분의 삶은 계속해서 비참한 삶일 수밖에 없다는 사실을 알고 계십니까?

그래서 여러분은 이 세상에서 사는 것이 불편하고 이 세상에서 벗어나서 정말 행복하게 살고 싶다는 생각을 간절하게 하십니까?

계절이 바뀌면 우리는 아름다운 자연 앞에서 이 세상이 얼마나 아름다운지 감탄하며 노래할 수 있습니다. 하나님이 창조하신 이 세상은 인간의 죄 때문에 많이 망가졌지만 그래도 여전히 아름답기 때문입니다. 또 우리는 우리가 살고 있는 환경이 좀 좋아지고 편해지면 "아! 이 세상은 그래도 살만 한 곳이다"라고 말할 수도 있습니다. 과거에 비하면 여러 가지로 살기 편해진 것은 사실이기 때문입니다.

그러나 한 순간이라도 이 세상의 진짜 얼굴을 잊어버려서는 안 됩니다. 이 세상은 아무리 좋아도 아무리 편해도 아무리 우리에게 잘 해주어도 야곱의 외삼촌 라반과 같을 뿐입니다. 예수님의 말씀대로라면 양을 잡아먹는 표독한 이리 같을 뿐입니다. 이 세상은 우리의 삶을 계속 괴롭게 하고 은근하게 파괴하며 하나님이 주시는 참된 행복과 영원한 안전을 추구하지 못하도록 만드는 우리의 원수일 뿐입니다. 그래서 성경은 우리에게 이렇게 엄히 명령합니다.

> 이 세상이나 세상에 있는 것들을 사랑치 말라(요일 2:15).

우리는 우리를 행복하게 만들어 주고 안전하게 지켜주는 것들을 사랑합니다. 그런데 이 세상은 절대로 우리를 행복하게 만들어주지도 못하고 안전하게 지켜주지도 못합니다. 그래서 하나님은 괜히 그런 세상을 사랑하다가 나중에 가서 실망하거나 후회하지 말고 아예 처음부터 이 세상을 사랑하지 말라고 말씀하신 것입니다. 하나님은 괜히 질투심이 생겨서 우리에게 세상을 사랑하지 말라고 말씀하신 것이 아닙니다. 하나님은 우리의 행복과 안전을 정말로 원하시기 때문에 그것을 전혀 보장해 주지 않고 오히려 우리를 파괴하는 이 세상을 멀리하라고 당부하신 것입니다.

그러므로 여러분이 정말로 행복하기를 원하고 여러분이 정말로 안전한 삶을 살기를 원한다면, 제일 먼저 이 세상을 바라보는 관점을 바르게 하십시오.

이 세상을 대하는 여러분의 태도를 분명하게 하십시오.

세상에 대한 여러분의 태도를 애매하게 해놓고 그냥 열심히 교회 다니고 그냥 열심히 기도하고 그냥 열심히 봉사하면 하나님이 여러분의 삶에 복을 주실 거라고 생각해서는 절대로 안 됩니다. 이 세상이 온갖 좋은 말로 여러분에게 행복과 안전을 약속해도 절대로 이 세상을 믿어서는 안 됩니다. 이 세상을 따라가서도 안 됩니다. 그것은 대부분 사기이고 혹시 진짜로 그렇게 된다 하더라도 그 대가로 치러야 할 것은 어마어마한 것입니다.

그러므로 세상에서 가장 교활하고 악랄한 사기꾼을 조심하는 것처럼 이 세상을 조심하십시오.

라반과 같은 이 세상을 정말 조심해야 합니다. 라반과 같은 이 세상에서 벗어나야 합니다. 이것은 우리가 선택할 수 있는 사항이 아니라 하나님께서 엄히 명령하신 일입니다.

> 그러므로 주께서 말씀하시기를 너희는 저희 중에서 나와서 따로 있고 부정한 것을 만지지 말라 내가 너희를 영접하여 너희에게 아버지가 되고 너희는 내게 자녀가 되리라 전능하신 주의 말씀이니라 하셨느니라(고후 6:17-18).

그러나 오늘 본문에서 우리는 라반 밑에서 살고 있는 야곱을 불쌍히 여겨주시고 사랑해 주시는 하나님도 보게 됩니다. 만일 하나님이 하란에서 야곱을 불쌍히 여겨주시며 야곱과 함께 하지 않으셨다면, 하란은 정말 지옥이었을 것입니다.

그런데 야곱이 정말로 지독하게 표독스러운 라반 밑에서 살고 있었을 때, 하나님은 야곱과 함께 하시면서 야곱의 삶에 크게 세 가지 일을 하셨습니다.

첫 번째 일은 라반의 악하고 교활한 모습을 통해서 야곱에게 야곱의 죄가 얼마나 추하고 더러우며 악한 것인지를 보여주시고, 오직 하나님을 의지하는 것 말고는 이 세상에서 참된 행복과 영원한 안전을 얻을 수 있는 방법은 전혀 없다는 것을 가르쳐 주신 것입니다. 이렇게 하나님은 라반 밑에 사는 야곱에게 인간의 가장 근본적인 비참함인 죄와 그 비참함에서 벗어날 수 있는 유일한 방법인 믿음을 가르쳐 주셨습니다.

두 번째 일은 라반이 아무리 교활한 방법으로 야곱을 등쳐먹고 노예처럼 부리고 빈손으로 만들려고 애써도 하나님께서는 하나님의 방법으로 야곱의 삶을 축복하신 것입니다.

라반은 야곱에게 결혼을 가지고 사기를 쳤습니다. 라반의 사기 결혼 때문에 야곱의 삶은 굉장히 복잡해지고 힘들어졌습니다. 그러나 하나님은 그 사기 결혼을 오히려 복으로 바꾸셨고 야곱의 가문을 일으켜 주셨으며 이스라엘 민족을 거기에서 일으켜 세우셨습니다.

라반은 야곱에게 월급을 안 주려고 계속 안 좋은 조건을 내세웠습니다. 하지만 하나님은 그 안 좋은 조건이 다 이루어지게 하셔서 야곱을 거부로 만드셨습니다. 그래서 야곱의 가문에서 한 민족이 일어설 수 있는 기반을 만들어 주셨던 것입니다.

세 번째 일은 야곱을 라반 밑에서 불러내시고 라반을 떠나게 하셨다는 것입니다. 이것이 오늘 우리가 읽은 본문 말씀의 핵심 내용입니다. 하나님은 야곱에게 친히 나타나셔서 말씀하셨습니다.

> 지금 일어나 이곳을 떠나서 네 출생지로 돌아가라(창 31:13).

이것이 하나님의 최종적인 조치였습니다. 야곱에게 하란을 떠나고 라반을 떠나라고 직접적으로 분명하게 말씀해 주셨던 것입니다. 그곳을 떠나서 하나님이 복을 주시겠다고 약속하신 약속의 땅으로 올라가 거기서 살라는 것이었습니다.

"지금 일어나 이곳을 떠나서 네 출생지로 돌아가라."

하나님은 그렇게 명확하게 야곱에게 말씀하셨고 야곱을 라반에게서 분리시키셨습니다. 라반 밑에서 눌려 있던 야곱에게 용기를 불어넣어주셨던 것입니다.

그런데 우리는 하나님께서 야곱의 삶 가운데 행하신 세 가지 일 중에 한가지를 지나치게 좋아하는 경향이 있습니다. 우리는 이 세 가지 일 중에 유독 두 번째 일을 좋아합니다. 우리는 이 세 가지 일 중에 두 번째 일이 우리의 삶에 놀랍게 나타나기를 간절히 바라는 경향이 있습니다.

라반이 야곱에게 월급을 안 주려고 수없이 거짓말을 했고 야곱을 불리한 입장에 몰아넣었지만 하나님께서 야곱에게 복을 주셔서 야곱을 거부로 만드신 이 놀라운 일이 우리가 이 세상을 살아가는 동안 그대로 재현되기를 간절히 꿈꿉니다. 수고한 것만큼 대가를 주지 않는 인색한 이 세상, 경쟁이 너무 치열한 이 세상에서 늘 뒤로 처지는 우리에게 성공과 부요를 기적으로 주시는 일을 유독 좋아합니다. 그러다 보니 상대적으로 첫 번째 일이나 세 번째 일은 별로 진지하게 생각하지도 않고 간절히 추구하지도 않습니다.

그런데 야곱이 라반 밑에서 살았던 20년을 가만히 분석해 보면, 하나님께서는 야곱의 삶에 이 세 가지 일을 어느 정도 순차적으로 행하셨다는 사실을 알 수 있습니다. 처음 7년간, 야곱은 아무 생각 없이 라헬을 연모하면서 라반의 약속을 믿고 살았습니다. 그런데 사기결혼을 당한 날부터 시작해서 다음 7년간 야곱은 라반에게서 자기의 죄와 허물을 보게 되었습니다. 그리고 하나님만 신뢰해야 한다는 믿음을 가지게 되었습니다.

그러자 다음 6년간 하나님은 야곱의 삶에 큰 축복을 베풀어 주셨습니다. 그리고 그 6년이 끝나고 삶의 기반이 어느 정도 마련되었을 때, 하나님은 라반을 떠나고 하란을 떠나라고 야곱에게 말씀하셨습니다. 하나님께서 야곱의 삶에 이 세 가지 일을 이런 순서로 행하셨다는 것을 눈여겨볼 필요가 있습니다. 왜냐하면 이 세상에 살고 있는 우리의 인생에도 하나님은 이 세 가지 일을 행하시기 때문입니다.

물론 야곱의 삶에서 하나님이 이 세 가지 일을 순차적으로 하셨기 때문에 우리의 삶에도 꼭 순차적으로 행하신다고 말할 수는 없습니다. 하나님은 이 세 가지 일을 우리의 삶에 동시다발적으로 행하실 수 있습니다. 실제로 하나님은 그렇게 하실 때도 많습니다. 하지만 우리가 이 세 가지를 동시에 배울 수 있을 만큼 똑똑한 사람들이 못 되기 때문에 대부분의 경우, 하나님은 우리에게 이 세 가지 일을 동시에 행하셔도 우리는 하나씩 단계적으로 배우는 게 사실입니다.

아무튼, 야곱의 삶에서는 하나님이 이 세 가지 일을 순차적으로 행하신 것으로 보입니다. 우리는 하나님께서 하란에서 야곱에게 순차적으로 행하신 이 세 가지 일을 살펴보면서, 악한 세상을 살아갈 때 우리가 무엇을 가장 먼저 배워야 하는지, 또 우리가 어느 수준까지 올라가야만 하는지를 배울 수 있습니다. 아니, 배워야만 합니다.

여러분!

악한 이 세상을 살면서 우리가 제일 근본적으로 배워야 할 것, 하나님이 우리에게 가장 근본적으로 주시는 복은 하나님이 야곱에게 행하셨던 첫 번째 일입니다. 다시 말해서, 이 세상이 행하고 있는 온갖 종류의 죄들을 보면서 이 세상의 악함을 제대로 배우는 것입니다. 또 이 세상에 있는 그 모든 죄가 사실은 우리 마음에 다 있다는 것을 더 깊이 깨닫고 회개의 자리로 자꾸자꾸 나아가는 것입니다.

그리고 이렇게 악한 세상에서는 하나님 외에 달리 의지할 분이 없다는 것을 더 깊이 깨닫고 믿음의 자리로 자꾸자꾸 나아가는 것입니다. 이것이 악한 이 세상을 살아갈 때 우리가 제일 먼저 배워야 할 것입니다. 이것을 배우지 못한 채 다른 것을 아무리 많이 배워봐야 아무런 소용도 없습니다. 이것을 배우지 못한 채 성공을 하고 부를 축적해 봐야 아무런 소용도 없습니다.

아브라함의 조카 롯의 가정을 생각해 보십시오.

아브라함의 조카 롯은 소돔에서 부도 축적했고 높은 자리에도 올랐습니다. 하지만 자기들이 살고 있는 소돔 땅이 어떤 곳인지 제대로 알지 못했습니다.

소돔 땅은 죄악이 가득차서 하나님의 진노를 받아 멸망할 것인데 그런 사실을 알지 못해서 결국 어떻게 되었습니까?

롯과 그의 가족은 모두 비참한 결말을 맞이하고 말았습니다. 소돔과 고모라가 하늘에서 떨어지는 불과 유황에 멸망할 때, 롯의 가족은 모든 것을 다 버려두고 도망쳐야만 했습니다. 하지만 그것마저도 잘 안 되어서 롯의 아내는 하나님의 명령을 어기고 뒤를 돌아봤다가 소금기둥이 되었습니다. 나중에 롯의 두 딸은 아버지에서 술을 먹이고 동침해서 자녀를 낳았습니다. 그렇게 롯의 일생은 비참하게 끝나고 말았습니다. 이 세상의 진짜 얼굴을 제대로 배우지 못한 사람이 결국 어떻게 되는지를 보여주는 사례입니다.

그러므로 하나님이 야곱에게 행하셨던 세 가지 일 중에 괜히 두 번째 일에만 욕심을 내지 마십시오.

이 세상에서 하나님의 놀라운 기적으로 성공하고 부유해지는 것에 욕심을 내지 말라는 말씀입니다.

오히려 첫 번째 일에 제일 먼저 욕심을 내십시오.

악한 이 세상을 살아가면서 여러분이 정말로 배워야 할 가장 근본적인 것, 하나님으로부터 받아야 할 가장 근본적인 복은 불편하지만, 쓰지만 여러분의 죄를 더 많이 보고, 하나님을 믿어야 할 이유를 더 많이 보는 것입니다. 첫 번째 일을 배우고 경험하는 일은 생각보다 시간이 많이 걸리는 일입니다. 야곱의 경우, 첫 번째 일을 배우고 경험하는 데 약 14년이 걸렸습니다.

그러므로 이 일을 쉽게 생각하지 말고 선한 욕심을 내서 열심히 배우십시오.

야곱의 경우는 그렇게 회개와 믿음으로 서게 되니까 다음 6년 동안 하나님이 야곱의 삶에 큰 복을 주셨습니다.

이 순서를 절대로 잊지 마십시오.

하나님이 야곱에게 행하셨던 세 번째 일도 잊어서는 안 됩니다. 하나님은 야곱에게 첫 번째 일을 행하시고, 다음에 두 번째 일을 행하시고, 마지막으로는 세 번째 일을 행하셨습니다. 하나님은 라반 밑에서 야곱에게 복을 주셔서 부요하게 만들어 주셨지만 그것이 하나님의 궁극적인 목표는 아니었습니다. 하나님의 궁극적인 목표는 하란에서 야곱을 적절하게 훈련한 다음에 거기에서 벗어나게 하는 것이었습니다.

그래서 하나님은 야곱에게 나타나셔서 라반에게서 떠나 하나님이 복을 주시겠다고 약속하신 고향으로 올라가라고 말씀하시면서 야곱을 라반에게서 떼어놓는 일을 하셨습니다.

그렇습니다. 악한 세상에서 수십 년 살아야만 하는 우리에게 하나님이 궁극적으로 원하시는 것, 악한 세상에 살면서 우리가 가야 할 최종 목표 지점은 이 세 번째 일입니다. 야곱이 마침내 라반을 떠난 것처럼 이 세상을 떠나는 것입니다.

라반을 떠나라고 야곱에게 말씀하셨던 하나님은 오늘 우리에게 이 세상을 가리키면서 이렇게 말씀하십니다.

> 너희는 저희 중에서 나와서 따로 있고 부정한 것을 만지지 말라
> (고후 6:17).

하나님은 우리가 악한 이 세상에서 여기까지 나아가기를 원하십니다. 그래서 하나님은 야곱이 라반의 도움을 전혀 받지 않고서도 대가족을 이끌고 위험한 길을 통과하여 고향으로 돌아갈 수 있을 만큼 삶의 기반을 잡자마자 야곱에게 나타나셔서 "지금 당장 여기를 떠나서 네 고향으로 돌아가라"고 분명한 말씀으로 야곱을 재촉하셨던 것입니다.

하나님은 지금도 이것을 간절히 원하십니다. 우리가 악한 이 세상에서 하나님을 잘 믿어 많은 복을 받아 성공한 사람이 되기를 원합니다. 우리는 그것을 가지고 하나님이 우리를 정말로 사랑하신다는 것을 확인하고 싶고 하나님이 정말로 내편인 것을 세상에 증명하고 싶어 합니다.

하지만 그것은 우리의 바람입니다. 하나님은 우리가 야곱처럼 어느 정도 삶의 기반만 생기면 악한 이 세상을 떠나는 것을 원하십니다. 그래서 항상 우리에게 이렇게 재촉하시는 것입니다.

> 너희는 저희 중에서 나와서 따로 있고 부정한 것을 만지지 말라
> (고후 6:17).

물론 우리는 야곱이 라반을 떠나 다른 도시로 여행을 한 것처럼 이 세상을 떠나 다른 별로 가서 살 수는 없습니다. 그러므로 우리에게 "악한 이 세상을 떠나서 벧엘로 올라가라"는 말씀의 의미는 야곱의 경우와 좀 다른 의미입니다. 우리에게 하나님이 요구하시는 것은 이 세상을 떠나 산 속으로 들어가는 것도 아니고 이 세상을 떠나 교회 속에 파묻히는 것도 아닙니다. 이 세상에 살고 있지만 이 세상의 가치관, 이 세상의 문화, 이 세상의 전통에서 과감하게 벗어나 구별된 삶을 살라는 요청입니다. 다시

말해서, 하나님의 약속과 언약 가운데 살아가라는 말씀입니다.

그러므로 라반을 떠나는 야곱을 보면서 괜히 "야, 대단하다"라고 박수 치지만 마시고 이 세상에서 나오라는 여러분을 향한 하나님의 부르심에 용기 있게 반응해 보십시오.

세상의 논리와 세상의 방법과 세상의 철학을 따르지 않으면 굶어죽기 딱 좋은 세상이지만 하나님이 나에게 주신 삶의 기반을 사용하고 또 하나님이 인도해 주실 것을 믿고 거친 광야로 발걸음을 내딛어보십시오.

이것은 악한 이 세상을 살아가는 우리의 최종 목표요 하나님이 주시는 진짜 복 중에 최고 복입니다. 어떤 분들은 이렇게 말할 것입니다.

"세 번째 일은 정말로 힘들고 어려운 일입니다. 차라리 야곱은 쉬웠습니다. 하지만 우리는 날마다 이 세상에 살고 있는데 어떻게 이 세상을 떠나는 일을 할 수 있겠습니까?

어려운 일입니다. 힘든 일입니다."

예, 정말로 어려운 일입니다. 정말로 힘든 일입니다. 그러나 우리가 꼭 해야 하는 일인데 정말로 어려운 일이기 때문에 하나님은 특별히 이 세 번째 일을 할 때, 야곱에게 두 가지의 위대한 격려의 말씀을 해주셨습니다. 오늘 본문에 기록된 이 두 가지 위대한 격려의 말씀은 곧 우리를 위한 말씀이기도 합니다. 오늘 본문 3절과 13절에서 하나님은 이렇게 말씀하셨습니다.

> 네 조상의 땅 네 족속에게로 돌아가라 내가 너와 함께 하리라(창 31:3).
> 나는 벧엘의 하나님이라 지금 일어나 이곳을 떠나서 네 출생지로 돌아가라(창 31:13).

그렇습니다. 이 세상에 늘 살고 있는데 이 세상을 떠난다는 것은 정말로 어려운 일입니다. 하지만 우리가 순종하는 마음으로 걸음을 떼기 시작하면 하나님이 함께 하시면서 우리를 인도해 주실 것입니다. 그 하나님은 야곱이 죄인이었을 때 은혜로 모든 복을 가지고 찾아오신 하나님이시기 때문에 믿음으로 사는 우리를 붙드시고 약속하신 모든 복을 다 주실 것입니다.

그러므로 용기를 내서 야곱이 라반을 떠난 것처럼 이 세상을 매일매일 떠나십시오.

이 세상의 가치관, 이 세상의 문화, 이 세상의 유행에서 매일매일 떠나십시오.

쉽지 않은 일입니다. 힘든 일을 겪을 수 있습니다. 하지만 우리를 그 길로 부르신 하나님께서 우리와 친히 함께 하시면서 예수 그리스도 안에서 우리에게 약속하신 모든 복을 우리에게 베풀어 주실 것입니다.

그러므로 오늘 본문에서 라반을 떠난 야곱에게 박수만 치지 마시고, 여러분도 하나님을 의지하고 용기를 내서 라반과 같은 이 세상을 과감하게 떠나십시오.

그러면 모든 복의 근원이신 하나님 안에서 참된 행복과 영원한 안전을 얻게 될 것입니다. 그러면 이 세상에 살지만 이 세상에 휘둘리지 않는 하나님의 백성이 되어 하나님을 영화롭게 할 수 있을 것입니다.

요즘 세상이 하도 험악해지니까 사람들이 묻습니다.

"이렇게 악한 세상을 어떻게 살아야 하는가?"

성경은 우리에게 두 가지 답을 제시합니다.

"이 세상이 라반과 같다는 사실을 분명하게 기억하고 세상에 대한 우리의 마음과 태도를 분명하게 해야 합니다."

두 번째 대답은 이렇습니다.

"이 세상에 살 동안 먼저는 이 세상에서 우리의 죄를 더 깊이 깨닫고 회개의 자리로 나아가는 것이며 하나님만 신뢰해야 한다는 것을 배워야 합니다. 그러면서 하나님이 악한 세상에서 우리에게 삶의 기반을 주시는 복을 누려야 합니다. 그러나 날마다 이 세상에 살지만 이 세상을 떠나는 삶을 살아야 합니다."

그러나 성경은 답만 제시하지 않고 그 답대로 살도록 하나님께서 우리를 친히 도와주실 거라고 말해 줍니다. 야곱을 하란 땅 그 교활한 라반 밑에서 가르쳐 주시고 복을 주시고 마침내 건져내 주신 하나님께서 우리의 인생도 붙잡고 가르쳐 주시고 복을 주시고 마침내 건져내 주실 거라고 약속해 주십니다.

그러므로 다시 말씀드리거니와 용기를 내십시오.

라반과 같은 이 세상에 질질 끌려 다니는 나약하고 비참한 삶을 그만 사십시오.

이 세상에 살고 이 세상보다 힘이 없지만 하나님을 믿고 이 세상을 무시하고 이 세상을 떠나는 삶을 사십시오.

야곱의 하나님께서 여러분을 복 주실 것입니다.

하나님의 약속을 기억해 보십시오.

> 너희는 믿지 않는 자와 멍에를 같이 하지 말라 의와 불법이 어찌 함께 하며 빛과 어두움이 어찌 사귀며 그리스도와 벨리알이 어찌 조화되며 믿는 자와 믿지 않는 자가 어찌 상관하며 하나님의 성전과 우상이 어찌 일치가 되리요 우리는 살아 계신 하나님의 성전이라 이와 같이 하나님께서 가라사대 내가 저희 가운데 거하며 두루 행하여 나는 저희 하나님이 되고 저희는 나의 백성이 되리라 하셨느니라 그러므로 주께서 말씀하시기를 너희는 저희 중에서 나와서 따로 있고 부정한 것을 만지지 말라 내가 너희를 영접하여 너희에게 아버지가 되고 너희는 내게 자녀가 되리라 전능하신 주의 말씀이니라 하셨느니라(고후 6:14-18).

아멘!

제12장

믿음으로 출발하라

(창 31:17-24)

⁷그대들의 아버지가 나를 속여 품삯을 열 번이나 변역하였느니라 그러나 하나님이 그를 금하사 나를 해치 못하게 하셨으며 ⁸그가 이르기를 점 있는 것이 네 삯이 되리라 하면 온 양떼의 낳은 것이 점 있는 것이요 또 얼룩무늬 있는 것이 네 삯이 되리라 하면 온 양떼의 낳은 것이 얼룩무늬 있는 것이니 ⁹하나님이 이같이 그대들의 아버지의 짐승을 빼앗아 내게 주셨으니라 ¹⁰그 양떼가 새끼 밸 때에 내가 꿈에 눈을 들어 보니 양떼를 탄 수양은 다 얼룩무늬 있는 것, 점 있는 것, 아롱진 것이었더라 ¹¹꿈에 하나님의 사자가 내게 말씀하시기를 야곱아 하기로 내가 대답하기를 여기 있나이다 하매 ¹²가라사대 네 눈을 들어 보라 양떼를 탄 수양은 다 얼룩무늬 있는 것 점 있는 것 아롱진 것이니라 라반이 네게 행한 모든 것을 내가 보았노라 ¹³나는 벧엘 하나님이라 네가 거기서 기둥에 기름을 붓고 거기서 내게 서원하였으니 지금 일어나 이곳을 떠나서 네 출생지로 돌아가라 하셨느니라 ¹⁴라헬과 레아가 그에게 대답하여 가로되 우리가 우리 아버지 집에서 무슨 분깃이나 유업이나 있으리요 ¹⁵아버지가 우리를 팔고 우리의 돈을 다 먹었으니 아버지가 우리를 외인으로 여기는 것이 아닌가 ¹⁶하나님이 우리 아버지에게서 취하신 재물은 우리와 우리 자식의 것이니 이제 하나님이 당신에게 이르신 일을 다 준행하라 ¹⁷야곱이 일어나 자식들과 아내들을 약대들에게 태우고 ¹⁸그 얻은 바 모든 짐승과 모든 소유물 곧 그가 밧단아람에서 얻은 짐승을 이끌고 가나안 땅에 있는 그 아비 이삭에게로 가려할새 ¹⁹때에 라반이 양털을 깎으러 갔으므로 라헬은 그 아비의 드라빔을 도적질하고 ²⁰야곱은 그 거취를 아람 사람 라반에게 고하지 않고 가만히 떠났더라 ²¹그가 그 모든 소유를 이끌고 강을 건너 길르앗산을 향하여 도망한지 ²²삼일만에 야곱의 도망한 것이 라반에게 들린지라 ²³라반이 그 형제를 거느리고 칠일 길을 쫓아가 길르앗산에서 그에게 미쳤더니 ²⁴밤에 하나님이 아람 사람 라반에게 현몽하여 가라사대 너는 삼가 야곱에게 선악간 말하지 말라 하셨더라 (창 31:17-24).

앞에서 살펴본 것처럼, 야곱은 외삼촌 라반의 집에서 14년을 지낸 후에 고향으로 돌아가고 싶은 생각이 간절해졌습니다. 하지만 라반은 허락하지 않았고 야곱에게 품삯을 주겠다고 역제안을 했습니다. 야곱은 그 제안을 받아들였고 고향으로 돌아가지 못한 채 또 다시 외삼촌 라반 밑에서 일을 하게 됩니다. 그런데 그렇게 6년을 지낸 후에, 이번에는 하나님께서 야곱에게 고향으로 돌아가라고 친히 말씀하십니다. 창세기 31장 3절에 하나님의 말씀이 이렇게 기록되어 있습니다.

> 네 조상의 땅, 네 족속에게로 돌아가라. 내가 너와 함께 있으리라
> (창 31:3).

6년 전에도 야곱은 고향으로 돌아가고 싶어 했지만, 그 때는 하나님의 명백한 명령이 떨어져서 그런 것은 아니었습니다. 야곱의 마음에 고향으로 돌아가고자 하는 소원이 생겨서 고향으로 돌아가려고 했던 것뿐입니다. 하지만 이번에는 하나님께서 먼저, 하나님께서 친히. 야곱에게 고향으로 돌아가라고 명하셨습니다.

그래서 이제 야곱은 하나님의 명령을 따라 고향으로 돌아가야만 하는 위치에 서게 되었습니다. 라반이 아무리 반대를 하고 상황이 아무리 안 좋아도 반드시 고향으로 돌아가야만 하는 위치에 서게 되었습니다. 하나님께서 친히 그것을 명하셨기 때문입니다. 그래서 야곱은 라반의 의사를 묻지도 않고 라반의 허락을 구하지도 않습니다. 하나님의 명령을 따라 고향으로 돌아갈 계획을 적극적으로 세우고 독립적으로 준비를 합니다. 그리고 마침내 라반을 떠나 고향으로 출발하게 됩니다.

오늘 본문은 야곱이 아내들을 들판으로 불러서 자기의 계획을 설명하는 장면과 마침내 라반 몰래 하란을 떠나 고향으로 돌아가는 첫 장면을 기록하고 있습니다. 특별히 17-18절에 보면 야곱의 출발을 다음과 같이

묘사합니다.

> 야곱이 일어나 자식들과 아내들을 약대에 태우고 그 얻은 바 모든 짐승과 모든 소유물, 곧 그가 밧단아람에서 얻은 짐승을 이끌고 가나안 땅에 있는 그 아비 이삭에게로 가려할새(창 31:17-18).

그런데 마침내 라반을 떠나 고향으로 돌아가는 야곱을 보면서 한가지 중요하게 생각할 것이 있습니다. 비록 하나님께서 야곱에게 "네 조상의 땅, 네 족속에게로 돌아가라"고 명령하셨지만, 그렇다고 해서 야곱이 라반을 쉽게 떠날 수 있는 환경을 다 만들어주지는 않으셨다는 것입니다. 야곱이 라반의 성대한 환송을 받으면서 하란을 떠날 수 있는 환경을 다 만들어주지는 않으셨습니다. 물론 지난 6년 동안 하나님은 야곱을 부자로 만들어 주셨습니다. 지난 6년 동안 하나님은 야곱의 세력을 키워주셨습니다.

하지만 여전히 야곱에게는 라반을 떠나는 일이 어렵고 부담스럽게 느껴질 만한 여러 가지 상황들이 전과 똑같이 있었습니다. 이 사실을 간과해서는 안 됩니다. 야곱이 그런 상황에서 하나님의 명령을 받았고 그런 상황에서 라반을 떠나게 되었다는 사실을 주의 깊게 보아야 합니다. 야곱이 하란을 떠나기 쉽도록 모든 조건이 다 준비되지 않았다는 사실을 주의 깊게 보아야 합니다.

우선, 라반과 라반의 아들들을 생각해 보십시오.

라반과 그의 아들들은 여전히 야곱을 보낼 생각이 없었습니다. 더구나 그들은 지난 6년간 갑자기 거부가 된 야곱을 보면서 잔뜩 시샘을 하고 있었습니다. 창세기 31장 1-2절에 보면 이렇게 적혀 있습니다.

> 야곱이 들은즉 라반의 아들들의 말이 야곱이 우리 아버지의 소유를 다 빼

앗고 우리 아버지의 소유로 인하여 이같이 거부가 되었다 하는지라 야곱이 라반의 안색을 본즉 자기에게 대하여 전과 같지 아니하더라(창 31:1-2).

라반과 그의 아들들은 자기들이 야곱에게 얼마나 나쁜 짓을 했는가는 생각도 안 하고 야곱이 정당한 계약을 통해서 번 모든 것을 도둑질한 거라고 보고 있었던 것입니다. 그래서 야곱을 대하는 라반과 그의 아들들의 태도는 이전보다 훨씬 더 나쁘게 변해 있었습니다. 야곱은 그런 상황을 인지하고 있었습니다. 그리고 그런 상황에서 하나님의 명령을 들은 것입니다.
"네 조상의 땅, 네 족속에게로 돌아가라."
사실, 야곱이 하란을 떠나 고향으로 돌아가는 일에서 가장 큰 걸림돌과 장애물은 라반과 라반의 아들들이었습니다. 관계적인 측면에 있어서 야곱의 장인이었던 라반의 허락이 없으면 가족들을 데리고 하란을 떠나기가 쉽지 않았습니다. 라반이 야곱의 귀향을 즐거운 마음으로 허락해 주고 필요한 것들을 지원해 주기만 한다면, 야곱이 고향으로 돌아가는 일은 즐겁고 편안한 일이 될 것입니다.
하지만 라반과 그의 아들들은 매우 탐욕스러운 사람들이었기 때문에 목축을 잘 해서 자기들의 재산을 불려주는 야곱을 보내고 싶지 않았습니다. 6년 전에도 야곱은 고향으로 돌아가고 싶었습니다. 하지만 라반이 허락을 안 해주고 지원을 안 해줘서 포기할 수밖에 없었습니다. 그런데 6년이 흐른 후에는 상황이 더 어려워졌습니다. 야곱이 큰 부를 축적하면서 라반과 그의 아들들의 시기심은 더 커졌고, 야곱이 그 많은 재산을 가지고 고향으로 돌아가는 일을 허락할 가능성은 훨씬 더 적어졌습니다.
이번에는 야곱의 부인들을 생각해 보십시오.
야곱은 하나님의 명령을 듣고서 네 명의 부인 중에 두 명의 정실부인, 곧 레아와 라헬을 자기가 있는 들판으로 조용히 불러냅니다. 그리고 하나님께서 자기에게 어떤 명령을 내리셨는지 설명하고 이번에는 무슨 일이 있어도 하나님의 명령을 따라 고향으로 돌아갈 거라고 말해 줍니다. 그러자 레아와 라헬이 두 번 생각해 볼 것도 없이 자기들도 따라가겠다고 적극적으로 찬성하며 말합니다. 창세기 31장 14-16절에 이렇게 적혀 있습니다.

> 라헬과 레아가 그에게 대답하여 가로되 우리가 우리 아버지 집에서 무슨 분깃이나 유업이나 있으리요? 아버지가 우리를 팔고 우리의 돈을 다 먹었으니 아버지가 우리를 외인으로 여기는 것이 아닌가? 하나님이 우리 아버지에게서 취하신 재물은 우리와 우리 자식의 것이니 이제 하나님이 당신에게 이르신 일을 다 준행하라(창 31:14-16).

얼핏 들으면 야곱의 부인들이 신앙이 좋아서 그렇게 대답한 것처럼 들립니다. 야곱의 부인들이 사이가 좋아서 의견이 일치한 것처럼 보입니다. 하지만 야곱의 부인들이 야곱에게 한 말을 자세히 들어보면, 하나님에 대한 무슨 신앙이 있어서 함께 가겠다고 찬성한 것도 아니고, 야곱의 삶에 하나님이 계획하신 일에 대한 신앙적인 기대가 있어서 그런 것도 아니며, 서로 사이가 좋아서 쉽게 의기투합한 것도 아닙니다.

레아와 라헬은 지극히 세속적인 이유 때문에 야곱의 계획에 적극적으로 찬성했습니다. 레아와 라헬은 자기 아버지 라반이 돈 독이 올라서 자기들도 팔아먹고 자기 남편에게 월급도 제대로 안 줘서 자기 자녀들까지도 어렵게 살 것을 염려하는 마음뿐이었습니다. 레아와 라헬은 늘 남편을 두고 서로 질투하고 싸우는 관계였습니다. 그런데 자기 아버지에 대한 서운함과 미움은 서로 같았습니다. 그래서 야곱의 하란 탈출 계획에 적극적으로 찬성한 것입니다.

그러니 그 속사정을 잘 아는 야곱으로서는 두 여자가 함께 가겠다고 선뜻 나선 것이 별로 큰 힘이 되지 않았을 것입니다. 집 떠나면 고생이라고, 라반의 집을 떠나는 순간부터 어떤 어려운 일이 닥칠지 모르는데 네 명의 부인들이 과연 서로 싸우지 않으며 끝까지 함께 갈 수 있을 것인지 야곱으로서는 확신하기 어려웠을 것입니다. 야곱은 하란을 떠나 고향으로 돌아가는 여정을 시작할 때, 이런 상황에 처해 있었습니다.

사실, 결혼한 남자에게 있어서 가장 큰 위로와 격려를 줄 수 있는 사람은 아내인데, 야곱은 집안에서 그런 위로와 격려를 받지 못했습니다. 네 명의 부인이 편을 갈라서 늘 싸우고 있었기 때문입니다. 그런데 그런 부인들을 거느리고 위험할 수도 있는 귀향길에 올라야 했으니 야곱으로서는 발걸음을 쉽게 뗄 수 없는 형편이었습니다. 하나님께서는 야곱을 이런 상황 가운데 두시고 그에게 명령하셨습니다.

"네 조상의 땅, 네 족속에게로 돌아가라."

이번에는 야곱이 고향으로 돌아가게 되면 반드시 만나게 되어 있는 형 에서를 생각해 보십시오.

야곱에게는 고향으로 돌아가 형 에서를 다시 만나는 일이 부담스러울 수밖에 없었습니다. 하나님께서 야곱에게 "이곳을 떠나서 네 출생지로 돌아가라. 내가 너와 함께 있으리라"(3, 13절)고 말씀해 주셨습니다. 하지만 과연 에서가 어떻게 나올 것인지, 에서와의 관계가 어떻게 될 것인지에 관해서는 구체적인 말씀이나 약속을 안 해주셨습니다.

20년이라는 긴 세월이 지나긴 했지만 형 에서가 야곱을 환영해 줄 거라는 보장이 전혀 없었습니다. 목숨을 걸고 라반의 집을 탈출하고 목숨을 걸고 한 달 걸리는 광야를 여행해서 마침내 고향 땅에 도착한다고 해도, 만일 형 에서가 자기를 해치기로 결심하고 달려들면 그냥 거기에서 모든 일이 끝날 수도 있는 그런 상황이었던 셈입니다. 앞으로 형과의 불편한 관계를 어떻게 해결하며 살아야 할 것인지 답이 잘 나오지 않는 그런 상황이었습니다.

하나님께서 야곱에게 직접 나타나셔서 "네 조상의 땅, 네 족속에게로 돌아가라"고 명령하신 것도 좋지만, 다른 방법을 사용하셨다면 더 좋지 않았을까요?

예를 들어, 하나님께서 에서에게 직접 나타나셔서 "이제 그만 야곱을 용서하고 사람을 보내서 야곱을 라반의 집에서 데리고 오너라"고 명령하셨다면 얼마나 좋았을까요?

그랬더라면 야곱은 형 에서의 초대를 받고 형 에서의 도움을 받아 고향으로 돌아가게 되었을 것이니 훨씬 더 편안하고 즐거운 마음으로 길을 떠날 수 있었을 것입니다. 그러나 하나님께서는 그런 방법을 사용하지 않으셨습니다. 앞으로 에서가 야곱을 어떻게 대할 것인지에 대한 그 어떤 설명도 없이 "내가 너와 함께 있으리라"는 보장만 해주셨습니다. 그래서 야곱 입장에서는 걱정을 안 할 수 없었습니다. 야곱 입장에서는 20년 만에 고향으로 돌아간다는 일이 꼭 그렇게 마음 설레고 행복한 일만은 아니었습니다.

지금까지 말씀드린 것을 종합해 보십시오.

하나님은 야곱에게 라반을 떠나 고향으로 돌아가라고 말씀하셨습니다. 그러나 하나님은 야곱이 아무 걱정도 없이 아무 부담도 없이 고향으로 돌아갈 수 있는 완벽한 환경을 만들어주지 않으셨습니다. 물론 하나님은 야곱의 신앙과 야곱의 환경에 꽤 큰 변화를 주셨습니다. 하지만 하나님의 말씀을 순종하여 고향으로 돌아가는 길에 여러 가지 위협과 장애물과 걱정거리들을 그대로 남겨두셨습니다. 그것들을 그대로 남겨두신 상태에서 야곱에게 명하시기를 "네 조상의 땅, 네 족속에게로 돌아가라"고 하신 것입니다.

그래서 라반과 그의 아들들은 여전히 야곱보다 더 강력한 힘을 가지고 있으면서 야곱을 안 놓아주려고 했습니다. 야곱의 부인들은 언제 어떻게 야곱의 발목을 잡게 되는지 알 수 없는 사람들이었습니다. 야곱의 형 에서는 과연 야곱의 귀향을 환영하고 야곱을 용서해 줄 것인지 전혀 알려진 바가 없었습니다. 하나님은 이런 상황에서 야곱에게 명하셨던 것입니다.

"네 조상의 땅, 네 족속에게로 돌아가라."

여기에서 우리는 하나님께서 우리를 인도하시는 방법을 생각해 보게 됩니다. 어느 때는 하나님께서 우리에게 어떤 길로 나아가라고 마음에 강력한 소원을 심어주십니다. 그런데 우리가 그 길로 나아가는 데 필요한 좋은 환경과 여건은 안 만들어 주십니다. 그래서 우리가 어떻게 이겨 볼 수 없는 어떤 강력한 현실이 라반처럼 우리를 꽉 붙들고 안 놓아주기도 합니다. 그 길을 함께 가야 할 주변 사람들이 하나님의 뜻을 존중해서 우리와 함께 하는 것이 아니라 자기들 나름대로 어떤 이유가 있어서 함께 하는 상황이라서 그 길로 나아가는 데 힘이 되지 않고 오히려 근심거리가 됩니다.

또한 이런 모든 장애물을 다 극복하고 앞으로 나아간다고 해도 어떤 어려움이 생길지 알 수 없는 막막한 미래가 우리를 기다리고 있습니다. 하나님은 우리를 새로운 길로 인도하실 때, 이런 방법으로 인도하실 때가 많습니다. 물론 하나님은 한 가지 방법만으로 일하시는 분이 아니기 때문에 다른 방식으로 우리를 인도하실 때도 있지만 이런 방식으로 우리를 인도하실 때도 많다는 것입니다.

이런 상황에 있을 때 우리는 하나님께서 우리에게 주신 명령과 우리가 처해 있는 준비되지 않은 현실 사이에서 여러 가지 선택을 할 수 있고 여러 가지 반응을 보일 수 있습니다. 현실이 어느 정도 완벽하게 준비되지 않은 것을 보면서 우리 마음에 자리 잡은 소원이 하나님으로부터 온 것이 아닐 거라고 판단할 수 있습니다. 하나님께서 우리가 어떤 길로 가기를 원하신다면, 당연히 그 길로 나아갈 수 있는 환경을 어느 정도 만들어 주실 거라는 전제가 우리에게 있기 때문입니다.

또 다른 선택은 준비되지 않은 현실 때문에 발걸음을 내딛지 못하고 망설이다가 아예 시작도 못해보고 안 되겠다고 포기하는 것입니다. 현실이 제대로 준비가 안 되어 있는데 무턱대고 뛰어들었다가 고생만 하고 실패만 할 수 있기 때문입니다.

또 다른 선택은 모든 상황이 어느 정도 완벽하게 준비될 때까지 기도하면서 마냥 기다리는 것입니다. 환경이 제대로 준비되지 않았는데 서둘러서 발걸음을 내딛는 것보다 인내하며 기다리는 편이 훨씬 더 신앙적일 수 있기 때문입니다.

하지만 우리에게는 또 다른 선택과 반응도 가능합니다. 야곱이 본문에서 선택하고 보인 반응입니다. 이번에 야곱은 하나님의 명령 앞에서, 다 준비되지 않은 현실 앞에서, 망설이지 않고 용기를 내었습니다. 환경이 다 준비되지 않았지만 하나님의 명령과 약속을 믿고 발걸음을 내딛었습니다.

그래서 야곱은 자기를 꽉 붙잡고 안 놓아주는 라반에게서 필사적으로 도망쳤습니다. 어려운 일을 함께 하기에는 별 도움이 안 되는 아내들이었지만 그런 아내들과 함께 출발했습니다. 에서가 어떻게 나올지 몰랐지만 용기를 내서 길을 떠났습니다. 필요한 환경이 다 준비되지 않았고 앞으로 일어날 일에 대한 선명한 예고도 없었지만 지체하지 않고 길을 떠났습니다.

우리에게도 이 네 번째 선택지가 항상 있습니다. 물론 하나님께서 명령하지도 않으셨고 하나님께서 약속도 주지 않은 일에 성급한 마음으로 네 번째 선택지를 함부로 사용해서는 안 됩니다. 하지만 이 네 번째 선택지가 있다는 사실을 잊어서는 안 됩니다.

야곱의 경우는 함부로 성급한 마음에 네 번째 선택지를 택한 것은 아니었습니다. 야곱은 루스에서 돌베개를 베고 잠을 자던 날 하나님께서 약속하신 말씀을 기억했을 것입니다. 또 라반의 집에서 머문 지난 20년간 하나님께서 자기에게 베풀어 주신 여러 가지 은혜들을 기억했을 것입니다. 그리고 무엇보다도 현재 자기에게 떨어진 하나님의 선명한 명령을 순종하기로 결심했을 것입니다. 그리고 앞날에 대한 구체적인 설명이나 보장을 듣지는 못했지만 분명하게 주어진 하나님의 짧은 약속 하나를 붙잡았을 것입니다.

"내가 너와 함께 있으리라."

비록 구체적인 약속도 아니고 긴 약속도 아니지만 이 짧은 한 마디 약속 안에 자기에게 필요한 모든 일이 보장되어 있다는 것을 믿고 거기에서 힘을 냈을 것입니다. 그래서 다른 사람들이 무모하다고 생각할 수 있는 네 번째 선택지를 택한 것으로 보입니다. 이와 같이 야곱은 모든 것이 완벽하게 준비되지 않은 현실에서 믿음으로 반응하는 쪽을 선택했던 것입니다.

오늘날 그리스도인들이 야곱처럼 이 네 번째 선택지를 택하고 하나님께서 명하신 길로 발걸음을 내딛는다면 얼마나 좋을까요?

하나님께서 앞으로 이렇게 살아야 한다고 또는 앞으로 이 길로 나아가야 한다고 우리의 마음에 거부할 수 없는 방향을 집어넣어주실 때, 비록 그때 우리 자신이 많이 부족해도, 우리가 처해 있는 상황이 완전하게 준비되어 있지 않아도, 그 길에 함께 할 사람들이 별로 없고 능력이 부족해도, 그 길 위에서 만나게 될 위험이 많아도, 하나님을 믿고 용기를 내어 발걸음을 내딛을 수 있다면 얼마나 좋을까요?

하나님께서 우리 마음에 어떤 소원을 주실 때, 많은 경우 우리의 현실은 하나님이 주신 소원을 따라서 발걸음을 내딛기 어려운 현실입니다. 그러나 하나님께서 우리에게 선한 용기를 주셔서 그런 현실에 갇혀 살지 않고 과감하게 도전하고 전진하며 성취한다면 얼마나 좋을까요?

출발한다 해도 과연 어디까지 갈 수 있을는지 도무지 자신이 없더라도 현실에 갇혀서 주저앉아 있기보다는 한 걸음이라도 앞으로 내딛기 위해서 용기를 낼 수 있다면 얼마나 좋을까요?

야곱이 고향을 향해 출발하게 되면 많은 사건들이 일어나게 될 것입니다. 그런데 하나님께서는 야곱에게 딱 한 가지 아주 단순한 약속만 해주셨습니다.

"내가 너와 함께 있으리라."

우리는 미래에 대해서 좀 더 자세하게 알고 싶고 자세한 보장을 받고 싶어 합니다. 그러나 하나님은 우리의 미래에 관해서 늘 매우 단순한 한 가지 약속만을 주십니다. 그래서 우리도 야곱이 받은 바로 그 약속을 받았습니다.

볼지어다. 세상 끝날까지 내가 너희와 항상 함께 있으리라(마 28:29).

그러나 이 한 가지 약속에 우리가 필요로 하는 모든 약속이 다 포함되어 있습니다. 그러므로 우리는 이 한 가지 약속 붙잡고 앞으로 나아가야 합니다. 현실에 끌려 다니는 사람이 아니라, 현실의 벽 앞에서 도전도 못해보고 포기하는 사람이 아니라, 하나님의 명령과 하나님의 약속에 붙들려서 도전하고 전진하고 성취하는 사람이 되어야 합니다.

이제는 모든 상황이 안 좋고 불안한 가운데서 하나님을 믿고 믿음의 발걸음을 내딛은 야곱에게 하나님이 어떤 은혜를 베풀어 주셨는지 보십시오.

하나님은 믿음으로 살아가는 사람에게 항상 복과 은혜를 아낌없이 베풀어 주시는 분입니다. 창세기 31장 전체를 읽어보면, 하나님은 야곱의 행진 가운데 크게 세 가지 은혜를 베풀어 주셨습니다.

첫째, 라반의 추격과 공격에서 야곱을 보호해 주신 것입니다.

둘째, 야곱의 가정에 있었던 영적인 문제를 눈감아 주신 것입니다.

셋째, 야곱이 라반의 가정과 관계를 잘 맺고 평안 가운데 헤어지게 하신 것입니다.

　야곱이 믿음으로 발걸음을 내딛자 환경과 상황은 서서히 해결되고 고향으로 돌아가는 야곱의 길은 복된 길이 되었습니다. 마치 모세와 이스라엘 백성이 홍해 앞에 서 있을 때는 강물이 흐르고 있었지만 하나님의 말씀을 순종하여 믿음으로 발을 내딛었을 때 홍해물이 갈라지고 걸을 수 있는 땅이 생기며 그곳에 애굽 군대가 수장되었던 것처럼 말입니다.

　본문 23절에 보면, 라반이 야곱을 추격했다고 되어 있습니다.

> 라반이 그 형제를 거느리고 칠일 길을 쫓아가 길르앗 산에서 그에게 미쳤더니(창 31:23).

　야곱이 라반 몰래 하란을 떠난 후에 사흘이 지나서야 라반은 야곱이 모든 가족과 재산을 이끌고 고향을 향해 출발했다는 소식을 듣게 되었습니다. 당황한 라반은 부랴부랴 집으로 돌아와 자기 친척들을 불러 모아서 무장을 하고 야곱을 추격하기 시작했습니다. 그렇게 약 칠일을 추격해서 라반과 그 무리는 야곱이 머물고 있던 길르앗산에 도착하게 되었습니다. 물론 라반은 야곱과 자기 딸들에게 작별 인사를 하려고 야곱을 추격한 것이 아닙니다. 그런데 라반이 야곱을 만나기 전 날 밤에 하나님은 라반의 꿈에 나타나셔서 라반을 협박하셨습니다.

> 밤에 하나님이 아람 사람 라반에게 현몽하여 가라사대 너는 삼가 야곱에게 선악간 말하지 말라 하셨더라(창 31:24).

　이렇게 하나님은 야곱을 적극적으로 보호해 주셨던 것입니다.

　사실, 고향으로 돌아가고 있는 야곱의 일행 가운데 심각한 죄가 있었습니다. 야곱이 제일 아끼는 부인인 라헬이 그 아비 라반이 애지중지 아끼는 우상을 도적질해서 가지고 있었던 것입니다.

> 때에 라반이 양털을 깎으러 갔으므로 라헬은 그 아비의 드라빔을 도적질하고(창 31:19).

드라빔이라는 것은 아주 작은 크기의 우상인데, 라반이 집안에서 가보처럼 여기는 물건이었습니다. 그런데 라헬이 그것을 훔친 것입니다. 라헬은 단순히 아버지를 괴롭게 만들기 위해서 드라빔을 훔친 것 같지는 않습니다.

라헬은 드라빔을 가지고 있으면 자기에게 복이 있을 거라고 믿고 그것을 훔쳐 간직했던 것으로 보입니다. 이것은 하나님 앞에서 매우 심각한 죄였습니다. 우상 숭배는 하나님께서 제일 혐오하시는 죄이기 때문입니다.

그러나 하나님께서는 고향으로 돌아가는 야곱의 행렬을 멈추게 하고 그것을 문제 삼지 않으셨습니다. 또는 라반이 혈안이 되어서 드라빔을 찾아내려고 난리를 칠 때, 라헬이 그것을 훔친 일이 들통나게 만들지도 않으셨습니다. 하나님은 일단 야곱의 가정이 무사히 라반의 손에서 벗어날 수 있도록 지켜주셨습니다.

더욱 더 놀라운 일은 야곱과 라반이, 야곱의 가정과 라반의 가정이 서로를 해치지 않기로 맹세를 하고 그 맹세를 기념하는 식사도 같이 하고 서로 작별의 인사도 나누고 헤어지게 하셨습니다. 창세기 31장 54-55절에 이렇게 기록되어 있습니다.

> 야곱이 또 산에서 제사를 드리고 형제들을 불러 떡을 먹이니 그들이 떡을 먹고 산에서 경야하고 라반이 아침에 일찌기 일어나 손자들과 딸들에게 입맞추며 그들에게 축복하고 떠나 고향으로 돌아갔더라(창 31:54-55).

야곱은 라반의 집을 도망쳐 나올 때, 혹시 라반이 쫓아와 공격을 하게 되면, 자기도 칼을 들고 싸우려고 생각했을지도 모릅니다. 그런데 하나님은 오히려 야곱이 그동안 마음에 쌓아놓고 있었던 말을 라반에게 다 하게 해주시고, 라반과 정리할 것을 다 정리하고 서로 웃으면서 작별할 수 있도록 만들어 주셨습니다. 물론 지금도 서로를 애틋하게 아껴주고 사랑하는 그런 관계는 아니지만, 서로 관계가 너무 안 좋아서 말도 안하고 도망가고 죽이려고 쫓아가는 최악의 관계에서 벗어나게 하신 것입니다. 이렇게 하나님은 야곱의 마음을 편하게 해주셨습니다.

고향으로 돌아가기 위하여 길을 떠나기 전에 야곱을 가장 불안하게 했던 세 가지 일이 무엇이었겠습니까?

라반이 자기를 해칠지도 모른다는 것. 자기와 함께 가는 아내들이 신앙적으로 너무 어리다는 것, 형 에서와의 관계가 회복되기 어렵다는 것. 이 세 가지였습니다. 그러나 길을 떠난 지 열흘 만에 하나님은 한번에 이 세 가지를 다 해결해 주셨습니다.

라반에게서 야곱을 보호해 주심으로써 앞으로도 모든 악인들로부터 야곱을 보호해 주실 것을 확신하게 하셨습니다. 야곱의 아내들이 신앙적으로 부족하고 문제가 있어도 하나님께서 그것을 당장 심판하지 않으시고 용서해 주시면서 야곱이 앞으로 나아갈 수 있도록 만들어주셨습니다. 20년간 사이가 안 좋았기 때문에 앞으로도 좋은 관계가 될 수 없을 거라고 생각했던 라반과 어느 정도 좋은 관계를 회복할 수 있도록 해주셔서 앞으로도 하나님의 은혜만 있으면 형 에서와도 어느 정도 관계를 회복할 수 있을 거라는 소망을 품게 하셨습니다.

하나님은 얼마나 은혜로우신 분인지요!

하나님께서는 환경에 얽매이지 않고 하나님의 말씀을 좇아 선한 길을 가는 신자의 삶에 여러 가지 은혜와 복을 아낌없이 베풀어 주시고 선한 길을 가는 보람과 기쁨을 크게 느낄 수 있게 해주십니다. 야곱이 하나님의 명령을 따라서 하나님의 약속을 믿고 길을 떠났을 때, 야곱의 삶 가운데 많은 복을 선물로 안겨주셨던 하나님은 지금도 우리가 믿음으로 용기를 내어서 살아갈 때 꽉 막혀 있던 문들이 열리게 하시고 훼방하던 사람들이 비켜서거나 협력하게 하시고 회복될 수 없을 것 같았던 관계들이 어느 정도 회복되어 평안하게 하시는 일을 베풀어 주십니다.

그래서 어느 찬송가 가사처럼 의지하고 순종하는 길은 예수 안에 즐겁고 복된 길이 됩니다. 성경은 우리가 믿음으로 걸어야 할 길을 좁고 협착한 길에 비유합니다. 하지만 좁고 협착한 길 위에서 하나님은 우리에게 더할 나위 없이 은혜롭고 자비로우신 아버지로 일하십니다.

그러므로 우리 앞에 홍해가 흐르고 있어도 하나님께서 건너가라고 명하셨으면 무섭고 두려워도 믿음으로 발걸음을 움직여야 합니다. 그렇게 발걸음을 내딛으면서 야곱이 고향으로 돌아가는 길에 경험했던 하나님의 복을 기대해야 합니다. 어느 때는 다 준비되지 않은 환경 때문에 용기를 못 내다가 겨우 용기를 내어 발걸음을 내딛고 선한 길을 걸어가는데, 얼마 못 가서 망할 것 같은 느낌이 들어 괴로울 수도 있습니다. 라반에게 알리지도 않고 하란을 떠난 야곱도 약 열흘 동안 그랬을 것입니다. 그러나 야곱은 계속 앞으로 나아갔습니다.

우리도 그렇게 해야 합니다. 설령 얼마 못 가서 망하게 된다 하더라도 하나님을 믿는 믿음으로 내가 걸어갈 수 있는 만큼은 앞으로 걸어갈 것이라는 각오를 가지고 앞으로 계속 나아가야 합니다. 그리고 그 길 위에서 야곱이 경험했던 복을 우리도 누릴 수 있을 것이라는 기대를 품고 앞으로 계속 나아가야 합니다.

그러면 어느 순간부터 하나님께서 우리를 위해서 행해 주시는 위대한 구원을 보게 될 것입니다. 하나님께서 가라고 명하신 방향으로 나아갈 수 없도록 우리를 옭아매던 환경들이 서서히 풀어져서 하나님께서 가라고 명하신 방향으로 마음껏 나아갈 수 있는 환경이 될 것입니다. 늘 우리를 괴롭게 하고 늘 우리를 해칠 것 같은 사람들이 이상하게도 우리에게 함부로 말도 못하고 방해도 하지 않으며 우리를 순순히 보내주는 기적이 일어날 것입니다.

우리와 함께 길을 가고 있는 사람들이 큰 도움도 안 되고 골치 아픈 문제만 일으키는 사람들이지만, 그 사람들이 안 도와주기 때문에 큰 어려움이 생기는 것도 아니고 그 사람들이 일으키는 문제 때문에 우리가 망하는 일도 없이 우리는 우리대로 앞으로 계속 나아갈 수 있도록 하나님께서 우리를 보호해 주실 것입니다. 항상 나쁜 관계를 유지해 와서 죽을 때까지 좋은 관계로 회복될 수 없을 거라고 생각했던 사람들이 화평의 관계로 변화되는 기적도 일어날 것입니다. 성경에는 이런 말씀이 있습니다.

> 너는 마음을 다하여 여호와를 의뢰하고 네 명철을 의지하지 말라 너는 범사에 그를 인정하라 그리하면 네 길을 지도하시리라(잠 3:5-6).

> 그러나 무릇 여호와를 의지하며 여호와를 의뢰하는 그 사람은 복을 받을 것이라(렘 17:7).

> 네가 말하기를 여호와는 나의 피난처시라 하고 지존자로 거처를 삼았으므로 화가 네게 미치지 못하며 재앙이 네 장막에 가까이 오지 못하리니 저가 너를 위하여 그 사자들을 명하사 네 모든 길에 너를 지키게 하심이라 저희가 그 손으로 너를 붙들어 발이 돌에 부딪히지 않게 하리로다(시 91:9-12).

이 모든 약속은 하나님을 신뢰하는 마음으로 고향으로 돌아가는 야곱에게 모두 이루어졌습니다. 그러므로 지금도 환경에 굴복하지 않고 믿음으로 용기 있게 발걸음을 내딛는 모든 신자들에게 그대로 이루어질 것입니다.

이런 약속을 믿고 의지하십시오.

이런 약속을 늘 기억하면서 소망을 든든히 하고 선한 길을 걸어가십시오.

성도 여러분!

야곱은 스스로의 노력으로 이런 믿음의 사람이 된 것이 아닙니다. 야곱을 이런 믿음의 사람으로 변화시킨 분은 하나님이셨습니다. 사실, 야곱은 평생 상황에 끌려 다니는 사람이었습니다. 야곱은 자기가 주도적으로 하나님을 굳게 믿고 모험을 감행하는 그런 사람이 아니었습니다.

아버지 이삭의 집에 살던 때는 엄마 리브가가 옆에서 조종하는 대로 움직였습니다. 외삼촌 라반의 집으로 도망 와서는 약 14년간 외삼촌의 힘에 눌려서 거기에서 벗어나지 못하고 살았습니다. 6년 전에 고향으로 돌아가겠다고 말을 꺼냈지만 외삼촌이 안 된다고 하니까 금방 꼬리를 내리고 외삼촌과 재계약을 하는 그런 사람이었습니다.

그런데 하나님께서 그런 야곱을 오랫동안 참아주시고 인내심 있게 가르쳐주셔서 마침내 야곱은 오직 믿음으로 라반을 떠나 고향으로 돌아가는 길 위에 서게 되었습니다. 야곱은 하나님의 손에 의해서 위대한 믿음의 사람으로 변화했던 것이고 성장했던 것입니다.

여기에 우리의 소망이 또 있습니다. 우리 중에 어떤 사람들은 하나님을 굳게 신뢰하는 마음을 잘 갖지 못합니다. 그런 믿음을 가지려고 나름대로 애도 쓰고 노력도 하는데 그런 믿음이 잘 생기지도 않고 잘 자라지도 않는 사람들이 있습니다.

이런 사람들은 다른 사람들이 위대한 믿음을 가지고 있는 것을 보면서 괜히 주눅이 들고 열등감도 느낍니다. 그러면서 어느 순간부터는 큰 믿음, 강한 믿음, 위대한 믿음의 소유자가 되는 것을 포기해 버립니다.

"나는 큰 믿음, 강한 믿음, 위대한 믿음의 소유자가 될 수 있는 그런 체질이 아니야."

이렇게 생각하고 체념합니다.

그러나 그것은 우리의 생각입니다.

하나님의 명령을 듣자마자 라반을 떠나 고향으로 돌아가는 길에 선 야곱을 보십시오.

아니, 야곱을 그렇게 위대한 믿음의 사람으로 빚으신 하나님을 바라보십시오.

하나님에게 능치 못할 일이 있겠습니까?

하나님께서 은혜를 베푸시면 큰 믿음, 강한 믿음, 위대한 믿음을 소유하지 못할 사람이 있겠습니까?

여러분이 아무리 작은 믿음, 연약한 믿음, 소심한 믿음의 소유자라고 할지라도 절대 포기하지 마십시오.

하나님은 우리가 예수를 믿는 믿음이 전혀 없었을 때 우리에게 믿음을 심어주셨습니다. 하나님은 우리가 예수를 믿지 않으려고 온갖 핑계를 대며 믿지 않으려고 했지만, 우리 마음에 믿음을 심어주셨습니다.

우리에게 없던 믿음도 생기게 하신 하나님이신데, 우리가 거부하던 믿음도 심어주신 하나님이신데, 우리의 작은 믿음, 약한 믿음, 소심한 믿음을 큰 믿음, 강한 믿음, 위대한 믿음으로 못 만들어주시겠습니까!

성경은 말합니다.

> 야곱의 하나님으로 자기 도움을 삼으며 여호와 자기 하나님에게 그 소망을 두는 자는 복이 있도다!(시 146:5)

그러므로 긴 세월 속에서 야곱의 믿음을 단련하신 하나님께 소망을 두십시오.

그리고 하나님의 명령과 현실 사이에서 망설이고 주저앉고 포기하는 삶에서 건져달라고 하나님께 은혜를 구하십시오.

그리고 믿음으로 살아가는 삶에 야곱에게 베푸셨던 은혜와 복을 베풀어 달라고 기도하십시오.

하나님께서는 틀림없이 은혜를 베푸실 것이고 복을 허락하실 것입니다. 그래서 우리도 위대한 믿음으로 선한 길을 걷게 될 것입니다.

아멘!

제13장

크게 낙심한 야곱
(창 32:1-8)

¹야곱이 그 길을 진행하더니 하나님의 사자들이 그를 만난지라 ²야곱이 그들을 볼 때에 이르기를 이는 하나님의 군대라 하고 그 땅 이름을 마하나임이라 하였더라 ³야곱이 세일 땅 에돔 들에 있는 형 에서에게로 사자들을 자기보다 앞서 보내며 ⁴그들에게 부탁하여 가로되 너희는 이같이 내 주 에서에게 고하라 주의 종 야곱이 말하기를 내가 라반에게 붙여서 지금까지 있었사오며 ⁵내게 소와 나귀와 양떼와 노비가 있사오므로 사람을 보내어 내 주께 고하고 내 주께 은혜 받기를 원하나이다 하더라 하라 하였더니 ⁶사자들이 야곱에게 돌아와 가로되 우리가 주인의 형 에서에게 이른즉 그가 사백인을 거느리고 주인을 만나려고 오더이다 ⁷야곱이 심히 두렵고 답답하여 자기와 함께 한 종자와 양과 소와 약대를 두 떼로 나누고 ⁸가로되 에서가 와서 한 떼를 치면 남은 한 떼는 피하리라 하고(창 32:1-8).

야곱은 외삼촌 라반의 집에서 20년을 살았습니다. 중간에 고향으로 돌아가고 싶은 마음이 없었던 것은 아니지만 여러 가지 형편 때문에 그럴 수 없었습니다. 그렇게 20년을 지낸 후 어느 날 야곱은 라반의 집을 떠나 고향집으로 돌아가라는 하나님의 명령을 받습니다. 하지만 야곱의 외삼촌 라반은 부려먹기 좋은 일꾼인 야곱을 순순히 보내줄 리가 없습니다. 그래서 야곱은 외삼촌 라반이 멀리 외출한 틈을 타서 가족들과 자기의 모든 소유를 이끌고 고향을 향해 길을 떠나게 됩니다.

사흘이 지나서 그 소식을 듣게 된 라반이 가만히 있을 리 없습니다. 라반은 급하게 집으로 돌아와 친척들까지 동원해서 야곱을 추격하였고 칠일 만에 야곱을 따라잡습니다. 하지만 하나님께서 라반의 꿈에 나타나셔서 야곱에게 함부로 말도 못하도록 엄포를 놓으셨고, 결국 라반은 야곱을 해치지 못합니다. 그래서 야곱은 라반과 작별 인사를 하고 고향을 향해 다시 길을 떠나게 됩니다.

이때 야곱은 얼마나 기분이 좋았을까요?

관계상으로는 외삼촌이고 장인이지만 실제로는 고약한 주인이었던 라반 밑에서 20년 동안 꼼짝달싹도 못하고 묶여 있었는데 이제는 라반의 손에서 완전하게 벗어나게 되었으니 하늘을 날 듯 기뻤을 것입니다. 지난 십 일 동안 고향을 향해서 앞으로 나아가면서도 라반이 추격해서 자기들을 해치면 어떡하나 늘 걱정이었는데 이제는 그런 걱정 없이 고향을 바라보며 나아가게 되었으니 뛸 듯 기뻤을 것입니다.

라반에게 한마디 말도 없이 하란을 떠나면서 야곱은 생각했을 것입니다. 이번에 이런 식으로 라반과 헤어지면 평생 라반이 자기를 원수로 여길 것이고 관계 회복이라는 것은 불가능할 거라고 말입니다. 그런데 하나님의 개입으로 야곱과 라반의 관계도 어느 정도 회복되고 야곱의 부인과 자녀들도 라반과 좋은 관계 속에서 헤어지게 되었으니 하나님을 신뢰하고 고향으로 돌아가고 있는 야곱으로서는 자신감도 생겼을 것입니다.

오늘 본문 말씀은 야곱이 기분이 좋아져서 가족을 이끌고 고향으로 돌아가는 중에 겪게 된 일을 기록하고 있습니다. 야곱은 라반과 헤어진 다음에 고향을 향해 나아가고 있었습니다. 그런데 그 길 위에서 야곱은 신비한 체험을 하게 되었습니다. 하나님의 천사들이 큰 무리를 지어 야곱의 일행과 함께 있는 것을 두 눈으로 똑똑히 보게 된 것입니다. 본문 1절에 이렇게 적혀 있습니다.

> 야곱이 그 길을 진행하더니 하나님의 사자들이 그를 만난 지라. 야곱이 그들을 볼 때에 이르기를 이는 하나님의 군대라 하고 그 땅 이름을 마하나임이라 하였더라(창 32:1).

'마하나임'은 '두 진영'이라는 뜻인데, 자기 가족과 더불어 하나님이 함께 계신다는 것을 인정하고 그런 이름을 붙였던 것입니다. 하나님께서는 야곱이 고향을 향해 나아가는 길에서 더 큰 담대함을 품을 수 있도록 천사들의 큰 무리가 야곱의 일행과 함께 있는 것을 일부러 보여주신 것입니다.

그러니 야곱의 자신감이 얼마나 더 커졌겠습니까?

이렇게 여러 가지 일을 통해서 자신감이 생긴 야곱은 제일 무서워하던 형 에서에게 사람들을 보냅니다. 사람들을 보내서 자기가 돌아왔다는 소식을 알립니다. 본문 3-5절이 이 장면을 기록하고 있습니다.

> 야곱이 세일 땅 에돔 들에 있는 형 에서에게로 사자들을 자기보다 앞서 보내며 그들에게 부탁하여 가로되 너희는 이같이 내 주 에서에게 고하라 주의 종 야곱이 말하기를 내가 라반에게 붙여서 지금까지 있었사오며 내게 소와 나귀와 양떼와 노비가 있사오므로 사람을 보내어 내 주께 고하고 내 주께 은혜 받기를 원하나이다 하더라 하라 하였더니(창 32:3-5).

그런데 에서에게 접근하는 야곱의 방식이 좀 이상합니다. 에서와 야곱 사이에 있었던 일을 생각해 보면, 이렇게 몇 마디 말로 쉽게 해결될 일이 아닙니다. 더구나 다른 사람들을 보내서 간접적으로 말을 해서는 안 될 일 같습니다. 그런데 야곱은 그런 방식으로 에서에게 접근하였습니다.

믿음으로 하란을 떠난 후에 여러 가지 일들을 겪으면서 자신감이 커졌기 때문이었을까요?

하지만 야곱의 자신감은 오래 가지 못했습니다. 야곱이 에서에게 보냈던 사람들은 에서를 만나 야곱의 말을 전한 후에 돌아와서 다음과 같이 보고하였습니다.

> 우리가 주인의 형 에서에게 이른즉 그가 사백인을 거느리고 주인을 만나려고 오더이다(창 32:6).

에서가 400명이나 데리고 야곱을 만나러 오고 있다는 소식을 듣고 야곱은 순간적으로 큰 두려움에 빠지게 됩니다. 본문 7절에 보면, "야곱이 심히 두렵고 답답하여"라고 기록하고 있습니다. 야곱은 에서가 400명의 사람을 데리고 자기에게 오고 있다는 소식을 들었을 때, 두려움이라는 감정을 느꼈고 답답함이라는 감정도 함께 느꼈는데, 그 두 가지 감정을 매우 심하게 느끼고 있었던 것입니다.

그도 그럴 것이 에서가 고향으로 돌아오는 야곱을 환영하기 위하여 마중을 나오는 것이라면 400명이나 되는 사람을 데리고 올 필요가 없었기 때문입니다. 야곱은 직감적으로 형 에서가 자기를 해치고 자기의 모든 소유를 빼앗기 위하여 군대를 거느리고 오고 있다는 것을 알았습니다. 그리고 그 소식을 듣자마자 야곱은 극심한 두려움과 답답함을 느꼈습니다.

야곱의 이런 반응을 보면서 우리가 중요하게 생각할 것이 있습니다. 믿음으로 하란을 떠난 야곱의 믿음이 대단해 보이지만, 사실 아직도 야곱의 믿음에는 많은 결점과 약함이 있었다는 것입니다.

야곱이 외삼촌 라반을 떠나기 직전에 부인들에게 뭐라고 말했는지 기억해 보십시오.

그때 야곱은 하나님에 대한 굳은 신뢰를 여러 번 표현했습니다.

> 내 아버지의 하나님은 나와 함께 계셨느니라(창 31:5).

> 그러나 하나님이 그를 금하사 나를 해치 못하게 하셨으며(창 31:7).

> 하나님이 이같이 그대들의 아버지의 짐승을 빼앗아 내게 주셨느니라(창 31:9).

하란을 떠나기 전에 야곱은 20년 동안 자신의 삶 속에서 경험한 하나님의 철통같은 보호를 믿었고 자랑할 수 있었습니다. 그런 믿음이 있었기 때문에 외삼촌 라반에게 추격당할 것을 알았지만 용기 있게 도망쳤던 것이고, 함께 가겠다고 따라 나선 아내들이 못 미더운 사람들이었지만 함께 길을 떠났던 것이고, 형 에서가 자기를 죽이려고 할지도 모르지만 용기를 내서 고향으로 나아갈 수 있었던 것입니다. 이처럼 야곱에게는 평범한 믿음 이상의 믿음이 있었습니다.

하나님은 야곱의 그런 믿음을 더욱 강하게 만들어 주시기 위하여 많은 증거들을 야곱에게 주셨습니다. 라반이 자기 친척들까지 동원해서 야곱의 일행을 쫓아왔지만 하나님께서 라반을 억제하신 까닭에 라반이 야곱에게 말도 함부로 하지 못하고 결국 야곱을 평안히 보내준 일을 통해서 야곱에게 확신을 심어주셨습니다. 이런 사건을 통해서 야곱은 다시 한번 하나님의 신실하심을 체험하고 마음에 평안을 누릴 수 있었습니다.

"아, 정말로 하나님이 이번에는 나를 고향땅으로 안전하게 돌려보내려고 하시는 거구나. 그러니 앞으로도 어려운 일이 있겠지만 그때도 하나님께서 나를 보호해 주시고 내 걸음을 평안하게 인도해주실 것이 확실하구나."

사실, 하나님께서는 라반이 야곱을 추격하기 위해서 출발하려는 순간에 라반에게 나타나서 야곱을 추격하지 말라고 위협하실 수도 있었습니다. 그런데 하나님께서 그렇게 하지 않으신 까닭은 라반의 추격을 허락하시되 라반이 야곱을 해치는 일만큼은 절대 허락하지 않으심으로써 야곱에게 하나님의 철통같은 보호를 다시 한번 확신케 하려 하심이었습니다.

그것이 전부가 아닙니다. 하나님은 야곱의 믿음을 더욱 더 강화시켜 주기 위해서 더 확실한 증거를 야곱에게 보여주셨습니다.

에서가 사백 명의 사람들을 데리고 야곱에게 온다는 소식을 듣기 전에, 하나님이 야곱에게 무엇을 보여주셨는지 생각해 보십시오.

하나님의 천사들이 큰 무리를 지어서 야곱의 일행을 둘러싸고 지키는 모습이었습니다.

왜 하나님께서 야곱에게 그것을 보여주셨겠습니까?

왜 에서의 소식을 듣기 전에 야곱에게 그것을 보여주셨겠습니까?

하나님께서 전능하신 능력으로 야곱의 일행을 실제로 완벽하게 보호하신다는 것을 야곱이 더 굳게 확신할 수 있도록 그렇게 하신 것입니다.

에서가 사백 명을 데리고 야곱에게 온다 한들, 그 사백 명이 중무장을 한 군대라 한들, 하늘의 천군천사를 어떻게 이길 수 있겠습니까?

그러니까 하나님께서는 야곱이 에서를 만나기 전에 야곱의 믿음을 최대한 높이 끌어올리려고 최선을 다하셨던 것입니다.

그런데 어떻게 되었습니까?

에서가 사백 명을 데리고 자기에게 오고 있다는 소식을 듣자마자 야곱은 심히 두려워했고 답답해 했습니다.

> 야곱이 심히 두렵고 답답하여 자기와 함께 한 종자와 양과 소와 약대를 두 떼로 나누고 가로되 에서가 와서 한 떼를 치면 남은 한 떼는 피하리라 하고(창 32:7-8).

야곱은 지금까지 20년 동안 체험한 하나님의 보호를 새까맣게 잊어버린 사람처럼 행동했습니다. 교활한 라반의 무리에서 자기를 구해 주신 하나님의 완전한 보호도 새까맣게 잊어버린 사람처럼 행동했습니다. 며칠 전에 자기 눈으로 보았던 천사들의 큰 무리도 새까맣게 잊어버린 사람처럼 행동했습니다.

에서의 공격을 받더라도 모든 것을 빼앗겨서는 안 된다는 급한 생각에 자기와 함께 한 사람들을 두 그룹으로 나누고 양과 소와 약대로 두 떼로 나눈 후에 대피 작전을 짜는 야곱의 모습을 보십시오.

위대한 믿음을 가지고 하란을 출발했던 야곱의 모습은 온데간데없고 옛날 야곱의 모습이 다시 보입니다.

성도 여러분!

야곱의 이런 행동이 정말 어이없지 않습니까?

인간적으로 생각해 보면, 에서가 사백 명을 데리고 온다고 하니까 두려울 수도 있고 답답할 수도 있습니다. 야곱도 감정을 느끼는 사람이니까 그런 일은 얼마든지 이해해 줄 수 있습니다. 하지만 그런 감정을 떨쳐버리지 못하고 그런 감정에 압도되어서 믿음으로 반응하지 못하는 야곱의 모습은 참으로 실망스럽습니다. 에서의 공격에서 조금이라도 덜 피해를 입기 위해서 얄팍한 지혜로 작전을 세우고 살 궁리부터 하는 야곱의 모습은 참으로 측은합니다.

라반이 두려웠지만 하나님의 약속을 믿고 하란을 믿음으로 출발했던 야곱은 어디로 간 것입니까?

하나님의 천사들이 자기 일행과 함께 하고 있음을 눈으로 직접 보고 하나님의 보호를 확신하며 자신만만해 하던 야곱은 어디로 간 것입니까?

하나님께서 주신 약속과 자신이 체험했던 많은 일들을 새롭게 등장한 문제에 적용하지 못하고 쩔쩔매는 연약한 야곱의 모습만 보일 뿐입니다.

만일 사람이 앓고 있는 영적인 질병을 진단하는 의사가 있다면, 본문에서 야곱이 앓고 있는 질병을 뭐라고 진단할까요?

뭐라고 병명이 나올까요?

아마도 '영적 건망증'이라고 진단이 나올 것입니다. 그렇게 오랜 세월 동안 하나님이 가르쳐 주신 것을 한순간에 잊어버렸으니, 그렇게 확실하게 하나님이 현실 속에서 체험하게 해주신 것을 한순간에 잊어버렸으니, 그렇게 최근까지 하나님이 확인시켜 주신 것을 한순간에 잊어버렸으니, 영적 건망증 중에서도 '중증 영적 건망증'라고 병명이 나올 것입니다. 야곱은 오랜 세월 동안 하나님의 은혜를 체험하면서 신령한 지식을 차곡차곡 쌓고 믿음이 점진적으로 성장했지만 이런 질병을 앓고 있었습니다.

아, 얼마나 가여운 야곱입니까!

오랜 원한이 있기 때문에 에서가 곱게 나오지 않을 것이라고 이미 생각하고 있었을 테지만 야곱은 에서가 사백 명을 이끌고 온다는 소식에 눈앞이 깜깜해졌습니다.

아, 얼마나 딱한 야곱의 모습입니까!

그런데 사실은 야곱뿐만 아니라 우리 모두가 똑같은 질병을 앓고 있습니다. 사람마다 이 질병을 앓고 있는 정도가 다를 수 있지만 우리 모두는 이 질병을 앓고 있습니다.

나중에 야곱의 후손들이 하나님의 기적적인 도움으로 애굽을 탈출하고 더 놀라운 기적으로 홍해를 건넌 후에 하나님의 은혜를 새까맣게 잊어버리고 광야에서 불평한 일을 생각해 보십시오.

예수님의 제자들이 예수님이 희한한 능력으로 기적을 행사해 주신 일을 두 눈으로 똑똑히 보고도 금방 그것을 잊어버리고 새로운 문제 앞에서 늘 헤맨 일을 생각해 보십시오.

그리고 지금까지 우리가 어떻게 살아왔는지 생각해 보십시오.

하나님께서 오랫동안 많은 것을 가르쳐 주시고 경험하게 해주셨어도 어떤 힘든 일이 현실에 다가오는 것처럼 보이기만 해도 금방 하나님의 은혜나 보호나 구원은 다 잊어버리고 극심한 두려움에 휩싸이고 답답해서 어쩔 줄 몰라 하는 일이 많지 않습니까?

야곱이나 우리나 영적인 건망증을 앓고 있는 것은 똑같습니다.

어떤 사람들은 다음과 같이 핑계를 댑니다.

"나는 본래 기억력이 안 좋아요. 그래서 그래요."

"나는 나이가 많아서 돌아서면 잊어버리고 돌아서면 잊어버려요. 그래서 그래요."

물론 기억력이 안 좋은 사람들이 있고 사람이 나이가 들면 기억력이 쇠퇴하는 것은 분명한 사실입니다. 하지만 아무리 기억력이 안 좋아도 아무리 나이가 들어도 우리 마음에 깊이 들어온 것은 잘 잊히지 않는 법입니다.

예를 들어서, 어떤 사람이 우리에게 크게 잘못을 하고 심하게 상처를 주었다면, 그런 일은 우리 마음에 깊이 들어오기 때문에 죽을 때까지 잊지 못합니다. 기억력이 안 좋은 사람도 나이가 들어서 기억력이 쇠퇴한 사람도 그런 일은 잊지 못하고 늘 생각하게 됩니다. 그러므로 하나님께서 우리에게 가르쳐 주시고 심어주신 믿음을 금방 잊어버리는 일을 단순히 안 좋은 기억력 때문이라고 핑계대거나 나이가 들어서 그런 거라고 핑계대서는 안 됩니다. 그런 식으로 핑계를 대면서 살면 문제를 해결할 수 없습니다.

우리는 이렇게 심각한 영적 질병이 우리에게 있다는 것을 정직하게 인정해야 합니다. 그리고 그런 우리를 끊임없이 가르치시고 굳은 믿음 가운데로 인도하시는 하나님에게 진심으로 미안한 마음을 품어야 합니다.

이사야 1장 3절에서 하나님은 이렇게 탄식하셨습니다.

> 소는 그 임자를 알고 나귀는 주인의 구유를 알건마는 이스라엘은 알지 못하고 나의 백성은 깨닫지 못하는도다(사 1:3).

아무리 잘 가르쳐 주고 아무리 오래 가르쳐 줘도 잘 배우지 못하는 우리, 겨우 뭘 배워도 금세 잊어버리는 우리 때문에 탄식하시는 하나님에게 정말로 미안한 마음을 품어야 합니다. 그리고 하나님께서 우리 때문에 그렇게 탄식하시는 일이 없도록, 하나님이 애써 가르쳐 주시고 보여 주시는 것들을 정신 바짝 차리고 배우고 잊지 않도록 몸부림쳐야 합니다. 예수님이 진리의 성령이 오시면 예수님의 모든 말씀을 기억나고 생각나게 해주실 거라고 말씀해 주셨으니까 진리의 영이신 성령 하나님께서 그렇게 우리 안에서 역사하시도록 성령 하나님을 겸손히 의지해야 합니다.

우리는 이렇게 심각한 영적 질병이 우리에게 있다는 것을 정직하게 인정해야 합니다. 그리고 그런 우리가 지금까지 믿음을 잃지 않고 살아올 수 있었던 이유는 전적으로 하나님의 은혜 때문이라는 것을 알아야 합니다. 우리는 신령한 일들을 배우는 데 너무나 느리고 더디기 때문에 하나님이 천 번을 가르쳐 주셔야 비로소 한 가지를 겨우 이해할까 말까 합니다. 그런데 그렇게 어렵고 더디게 이해한 것마저도 순간적으로 잊어버리고 다시 옛 모습으로 돌아가 버릴 때가 많습니다.

그런 우리가 그래도 지금까지 믿음을 가지고 살아올 수 있었던 것이 과연 누구 때문이겠습니까?

본문의 야곱처럼 너무나 어이없게, 너무나 쉽게, 너무나 자주, 너무나 깊이 절망하고 좌절하는 우리가 또다시 일어나서 믿음을 회복하고 믿음으로 살아가고 있는 것이 과연 누구 때문이겠습니까?

우리가 영적인 건망증을 앓고 있어서 자주 길을 잃어버려도 하나님은 다시 우리를 영원한 팔로 붙들어 주시고 우리가 잊어버린 진리를 다시 붙잡을 수 있도록 늘 도와주시기 때문입니다.

하나님이 이처럼 좋은 분이 아니시라면 과연 오늘의 우리가 존재할 수 있었을까요?

오늘 본문을 보면서 또 한 가지 심각하게 생각해 볼 질문이 있습니다.

"왜 하나님은 에서로 하여금 사백 명을 데리고 야곱이 있는 곳으로 가도록 하셨을까?"

성경을 보면, 참새 한 마리가 땅에 떨어지는 것도 하나님의 허락이 있어야 한다고 했습니다. 그러니까 에서가 사백 명을 데리고 야곱에게 나아간 일은 에서 혼자 결정해서 한 일이 아닙니다. 하나님께서 그렇게 하도록 허용하셨기 때문입니다. 세상에 우연은 없는 겁니다. 그러므로 우리는 다음과 같이 질문할 수 있습니다.

"하나님은 왜 야곱에게 이런 상황을 허락하셨을까?"

"하나님은 에서가 야곱을 해치도록 할 것도 아니면서 왜 에서가 사백 명이나 이끌고 야곱을 만나러 가도록 하셨을까?"

"하나님은 왜 야곱이 심각하게 두려워할 만한 상황을 만들어서 야곱 앞에 갖다놓으셨을까?"

여러분은 이런 질문에 뭐라고 대답하시겠습니까?

여러분 생각에는 하나님께서 왜 이런 상황을 만드신 것 같습니까?

가만히 생각해 보면, 야곱이 라반의 집에서 도망쳐 나올 때도 하나님은 똑같은 상황을 만드셨습니다. 그때도 하나님은 라반이 많은 사람들을 데리고 야곱을 뒤에서 추격하게 하셨습니다. 하나님은 라반이 야곱을 해치지 못하게 하실 것이었지만 그래도 라반이 자기 친척들까지 불러 모아서 맹렬히 야곱을 추격하도록 허용하셨습니다.

하나님께서 이렇게 하셨기 때문에 야곱은 약 열흘 동안 두려워 떨어야만 했습니다. 하나님은 라반의 일행이 칠일 간의 추격 끝에 마침내 야곱의 일행을 따라잡게 하셨습니다. 그리고 라반의 일행이 금방이라도 야곱의 일행을 해칠 것 같은 상황을 만드셨습니다.

왜 하나님은 야곱을 해칠 생각이 전혀 없으신대도 이런 상황을 연출하셨을까요?

왜 이런 상황을 연출하셔서 야곱의 마음을 어렵게 만드셨을까요?

하나님은 아무런 목적 없이 어떤 일을 행하시는 분이 아니십니다.

그렇기 때문에 하나님이 어떤 일을 행하셨다면 거기에는 반드시 어떤 타당한 이유가 있을 것입니다.

아쉽게도 본문은 그 이유를 설명하고 있지 않습니다. 하지만 창세기 32장을 자세히 읽어보고, 야곱의 일생을 전체적으로 자세히 읽어보면, 우리는 하나님께서 왜 그렇게 하셨는지 그 이유를 생각해 볼 수 있습니다. 라반이 뒤쪽에서 야곱을 맹렬히 추격한 일과 에서가 앞쪽에서 사백 명을 데리고 야곱에게 달려간 일에는 공통점이 있습니다. 라반과 에서는 야곱이 인생을 살면서 가장 어려운 관계를 맺은 사람들이었습니다. 그렇다고 해서 관계를 아예 끊을 수도 없는 사람들이었습니다.

그래서 야곱은 그들과 적당한 관계를 유지하면서 그냥 넘어가고 싶었습니다. 라반이 그렇게 자기를 구박하고 학대해도 적극적으로 대들지 않은 것도 그 때문이고, 에서에게 적극적으로 화해를 청하지 않고 사람들을 보내서 슬쩍 떠본 것도 그 때문이었습니다. 그런 식으로 야곱은 관계를 대충 설정하고 넘어가려고 했습니다. 바로 이런 이유 때문에 하나님께서는 라반의 추격과 에서의 공격을 일부러 연출하신 것입니다.

야곱을 가만히 생각해 보십시오.

야곱은 어릴 적부터 관계를 굉장히 소홀히 여기는 사람이었습니다. 야곱은 하나님과의 관계도 소홀히 여겼고 주변 사람들과의 관계도 소홀히 여겼습니다. 하나님의 복은 집요하게 욕심냈지만 하나님과의 진정한 관계에는 관심이 없었습니다. 자기 유익을 위해서 사람들을 이용할 줄

만 알았지 사람들과 진정한 관계를 맺는 데 진심이 없었습니다. 자기의 욕심을 채우기 위해서는 아버지와의 관계도, 형과의 관계도 서슴지 않고 깨뜨리는 야곱이었습니다.

이런 사람이 어떻게 하나님의 나라를 세울 수 있겠습니까?

하나님은 성부와 성자와 성령의 삼위일체 관계 속에서 존재하시는 분이시고 하나님의 나라는 사랑으로 세워지는 나라인데 야곱과 같은 사람이 어떻게 하나님의 나라를 이 땅에 세워갈 수 있겠습니까!

관계를 맺을 줄도 모르고 관계를 소중히 여길 줄도 모르는 사람이 장차 이스라엘의 열두 지파의 조상이 될 자기 아들들을 어떻게 잘 다스리고 양육하겠습니까!

야곱이 라반의 집에서 도망쳐 나온 일을 생각해 보십시오.

하나님의 명령을 따라 고향으로 돌아가기로 결심했을 때 야곱은 라반에게 자신의 결심을 밝히고 출발했어야 했습니다. 물론 라반은 지독하게 교활한 사람이었기 때문에 야곱이 고향 집으로 돌아간다면 못 가게 막았을 것입니다. 하지만 야곱의 입장에서는 하나님의 명령을 가지고 외삼촌을 설득할 수 있는 데까지는 설득해 보려고 최선을 다했어야 옳았습니다.

그런데 야곱은 그런 노력을 전혀 기울이지 않았습니다. 아무 말 없이 도망쳐 버리면 그나마 어렵게 유지되던 관계도 깨질 수 있는데, 야곱은 원수가 될 것을 각오하고 한마디 말도 없이 도망쳐 버립니다. 라반이 아무리 나빠도 자기 외삼촌이고 장인이며, 자기 아내들에게는 아버지요, 자기 자식들에게는 할아버지인데, 그냥 그렇게 자기 편리한 대로 관계를 깨뜨려 버립니다.

이런 야곱에게서 야곱의 아들들이 무엇을 배울 수 있겠습니까!

하나님은 야곱의 이런 못된 성품을 고치기 위해서 라반의 추격을 허락하신 것입니다. 라반으로 하여금 친척들을 이끌고 야곱을 추격하게 하셨고 야곱으로 하여금 쫓기는 마음과 두려운 마음과 후회하는 마음으로 도망가게 만드셨던 것입니다. 아무리 상대방이 나에게 잘못을 많이 하고 못되게 굴었어도 내가 내 편리한 대로 관계를 끊게 되면, 그것이 하나님 앞에서 못된 죄가 되고 나에게는 큰 고통이 될 수 있다는 것을 깨닫게 만드셨습니다.

야곱이 그런 것을 배우고 깨달을 때 하나님은 라반의 마음을 누그러뜨리셔서 야곱과 좋은 관계로 헤어질 수 있게 만들어주셨습니다. 야곱의 아내들과 야곱의 아들들이 각각 자기 아버지, 그리고 자기 할아버지에게 작별 인사를 하고 좋은 관계 속에서 헤어지게 만들어 주셨습니다. 상대방이 아무리 나쁜 사람이더라도 관계를 깨뜨리지 않고 공존할 수 있는 다른 방법이 하나님에 의해서 얼마든지 가능할 수 있다는 것을 야곱에게 보여주신 것입니다.

그런데도 야곱은 관계의 소중함을 제대로 배우지 못했습니다.

본문에서 야곱이 형 에서에게 사람을 보내서 자기 말을 전하게 한 일을 가만히 생각해 보십시오.

야곱은 에서에게 나아가서 에서를 직접 만나지 않습니다. 그냥 몇몇 사람들을 보내서 번지르르한 말로 형의 귀를 간지럽게 하고 형의 눈치를 살살 살핍니다.

> 주의 종 야곱이 말하기를 내가 라반에게 붙여서 지금까지 있었사오며 내게 소와 나귀와 양떼와 노비가 있사오므로 사람을 보내어 내 주께 고하고 내 주께 은혜 받기를 원하나이다(창 32:4-5).

야곱의 말에 진심이 느껴지십니까?

야곱의 말에는 진심이 없습니다. 자기의 잘못을 인정하는 모습, 진심으로 사과하는 모습, 진심으로 화해를 청하는 모습이 없습니다. 야곱은 형 에서와 곤란한 관계를 피하고 싶은 마음만 있었을 뿐이지 형과 진실한 관계를 회복하고자 하는 마음이 없었습니다. 다른 사람과의 관계를 소홀히 여기는 야곱은 이렇게 행동했습니다.

그래서 하나님은 에서가 사백 명이나 되는 많은 무리를 이끌고 야곱에게 달려가는 상황을 또 다시 연출하신 것입니다. 하나님은 관계를 소중하게 여기시기 때문에 네 이웃을 네 몸처럼 사랑하라는 계명을 우리에게 주셨습니다. 그런데 야곱이 하나님을 믿는다고 하면서도 다른 사람과의 관계를 함부로 했습니다.

그래서 하나님은 야곱에게 충격요법을 또 다시 사용하신 것입니다. 다른 사람에게 잘못을 저질러놓고도 진심으로 인정하지 않고 용서를 구하지도 않고 화해를 청하지도 않으면, 그런 사람의 마음은 지옥 같을 수밖에 없고 그런 사람의 삶은 험악한 위협에 시달리게 된다는 것을 깨우쳐 주신 것입니다. 다른 사람과의 관계를 소홀히 여기거나 바르게 유지하지 않으면, 하나님이 가라하신 약속의 땅에 결코 올라갈 수 없다는 것을 알게 하신 것입니다. 창세기 32장을 읽으면서 이것을 굉장히 중요하게 생각해야 합니다.

하나님은 한 분이시지만 성부와 성자와 성령 세 위격이 신비로운 일체를 이루는 복된 관계 속에서 온전한 사랑의 교제를 누리며 영원 전부터 영원 후까지 계십니다. 하나님은 그 복된 관계 속에서 우리 사람을 창조하셨습니다. 하나님은 그 복된 관계 속에서 우리 죄인들을 구원하셨습니다. 그러므로 하나님은 우리가 다른 사람들과 얼마나 진실하게 관계를 세우고, 유지하고, 무너졌을 때 회복하느냐에 지대한 관심이 있으십니다.

오죽했으면 성경에 이런 말씀이 있겠습니까?

> 그러므로 예물을 제단에 드리다가 거기서 네 형제에게 원망 들을만한 일이 있는 줄 생각나거든 예물을 제단 앞에 두고 먼저 가서 형제와 화목하고 그 후에 와서 예물을 드리라 (마 5:23-24).

오죽했으면 예수님이 우리에게 이런 협박을 다 하셨겠습니까?

> 너희가 각각 중심으로 형제를 용서하지 아니하면 내 천부께서도 너희에게 이와 같이 하시리라(마 18:35).

오죽 했으면 이 세상에 나쁜 사람들이 많은 줄 다 아시는 주님께서 이런 명령을 다 하셨겠습니까?

> 할 수 있거든 너희로서는 모든 사람으로 더불어 평화하라(롬 12:18).

우리는 어떻습니까?
우리는 야곱과 달리 다른 사람과의 관계를 소중히 여기고 있습니까?
하나님께서 섭리 가운데 우리의 이웃으로 엮어주신 모든 사람들과 정말 진실한 관계를 추구하고 있습니까?
우리가 이웃으로 엮어진 사람들이 라반이나 에서처럼 좋은 관계를 유지하기 힘든 사람이더라도 하나님 때문에 좋은 관계, 인격적인 관계를 맺어보려고 성실하게 추구합니까?
혹시 하나님의 은혜와 개입을 의지하여 좋은 관계를 맺어보려고 적극적으로 노력도 안 해보고 조금만 불편해지면 우리 마음대로 관계를 깨뜨리는 야곱의 죄를 우리도 범하고 있는 것은 아닙니까?
혹시 야곱처럼 다른 사람들과의 관계는 소홀히 여기면서 하나님께서 우리에게 명하신 길로만 달려가면 된다고 생각하며 살고 있는 것은 아닙니까?
에서가 야곱을 맞이할 때 사백 명의 사람들을 이끌고 마치 야곱을 죽일 것처럼 달려들게 만드신 하나님의 섭리를 보면서 다른 사람들과 어떻게 관계를 형성하고 있는지 점검해 보십시오.

성도 여러분!

야곱의 인생에서 하나님이 이 문제를 얼마나 심각하게 다루셨는지를 생각해 보십시오.

하나님은 야곱의 이 못된 성품이 고쳐지지 않는 한, 절대로 앞으로 나아갈 수 없도록 만드셨습니다. 나중에 얍복강 나루턱에서 야곱이 하나님을 만나고 하나님의 복을 받은 다음에 드러낸 변화는 다른 것이 아니었습니다. 다른 사람들과의 관계를 아무렇게나 생각하던 야곱의 못된 본성이 마침내 고쳐진 것이었습니다.

그래서 야곱은 맨 앞에 서서 형 에서에게 나아갑니다. 엎드려 절하면서 나아갑니다. 그리고 자기의 재산 중에 소중한 것을 화해의 선물로 바칩니다. 에서와의 관계를 정말로 회복하기 위하여 최선을 다하는 모습을 보인 것입니다. 하나님께서 우리가 다른 사람들과 맺는 관계를 소중히 여기신다는 것을 알았기 때문에 그런 모습을 보인 것입니다.

그러므로 야곱이 하란을 떠나 고향으로 돌아가는 길에서 하나님이 이 문제를 심각하게 다루신 것처럼 오늘 우리의 삶에서도 그렇게 하신다는 것을 아십시오.

여러분!

우리가 정말로 좋은 신앙을 가지고 있는지 확인할 수 있는 가장 좋은 방법은 우리가 다른 사람과의 관계를 얼마나 소중하게 여기는지를 보는 것입니다.

자기에게 못되게 구는 사람이라고 해서 함부로 관계를 끊지 않고 모든 사람과 더불어 할 수만 있으면 화평을 유지하라고 하신 말씀대로 최선을 다해서 화평을 유지하려고 애쓰는 사람, 자기가 잘못한 사람 앞에서 살살 눈치를 보거나 대충 미안하다는 말로 넘어가려고 하지 않고 진심으로 미안해하고 진심으로 인격적인 화해를 청하여 좋은 관계를 유지하는 사람, 이런 사람이 진짜로 하나님을 제대로 아는 사람이고 하나님을 제대로 순종하는 신앙의 사람인 것입니다.

오늘 이런 관점에서 여러분의 영적인 상태를 점검해 본다면 여러분은 어떤 상태에 있습니까?

여러분은 정말로 이웃과의 관계를 소중히 여기고 그 관계를 잘 형성하고 신실하게 유지하는 사람입니까?

그 관계가 깨졌을 때는 회복시키기 위하여 최선을 다하는 사람입니까?

우리 주변에는 라반 같은 사람들이 항상 있습니다. 우리를 괴롭히고 힘들게 하는 사람들입니다. 우리 주변에는 에서 같은 사람들도 항상 있습니다. 우리를 용서하지 않고 미워하는 사람들입니다. 그래서 우리는 야곱처럼 이런 사람들과 말없이 갈라서려고 하고 이런 사람들과 형식적인 관계를 맺으려고 합니다.

그러나 라반으로 하여금 야곱을 뒤에서 추격하게 하고 에서로 하여금 야곱을 앞에서 위협하게 만든 하나님은 우리에게 그런 사람들과의 관계를 포기하지 말고 오히려 직면하고 부딪치라고 말씀하십니다. 특별히 한 가정, 한 교회, 한 직장에 있는 다른 사람들과의 관계 속에서 진정한 관계를 최선을 다해 추구하라고 말씀하십니다. 아무리 힘든 관계라 하더라도 우리의 진심을 기울여서 하나님의 은혜를 구하며 나아가야 할 것을 말씀하십니다.

지금 우리 삶에 라반처럼 뒤에서 칼을 갈며 추격해 오는 사람이 없어도, 에서처럼 앞에서 떼를 지어 위협하는 사람이 없어도 야곱을 다루신 하나님을 보면서 용기를 내어 관계의 문제를 생각해 보고 관계의 회복을 위해서 하나님을 의지해야 합니다.

하나님은 우리에게 우리의 지혜와 능력으로 라반 같은 사람들, 에서 같은 사람들과 화목을 이루라고 말씀하지 않으셨습니다. 하나님은 그런 일이 우리의 능력 밖의 일임을 누구보다 잘 알고 계십니다.

하나님께서 우리에게 원하시는 것은 아무리 관계를 형성하고 유지하기 힘든 사이일지라도 진심을 다하라는 것입니다. 관계를 형성하고 유지할 수 있는데도 그런 기회를 피하지 말고, 대충 형식적인 관계를 맺고 대충 살려고 하지 말고, 진심을 기울이라는 것입니다. 그러면 하나님께서 개입하시고 간섭하셔서 화목을 이루어 주시고 관계를 회복시켜 주시겠다는 것입니다.

라반과 야곱의 관계를 어느 정도 회복시켜 주시고 에서와 야곱의 관계를 회복시켜 주신 하나님의 지혜와 능력을 바라보십시오.

오늘도 하나님께서 이웃과의 관계를 너무나 소중히 여기시기 때문에 깨어진 관계나 이어지기 어려운 관계를 놓지 못하고 진심을 다하며 참된 관계를 추구하는 모든 신자들에게 하나님은 또 다시 화목의 기적을 이루어주실 것입니다. 야곱의 일생은 이것을 우리에게 보여주는 위대한 증거입니다.

아멘!

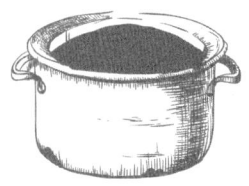

제14장

야곱의 뒤늦은 기도
(창 32:9-20)

⁹야곱이 또 가로되 나의 조부 아브라함의 하나님, 나의 아버지 이삭의 하나님, 여호와여 주께서 전에 내게 명하시기를 네 고향 네 족속에게로 돌아가라 내가 네게 은혜를 베풀리라 하셨나이다 ¹⁰나는 주께서 주의 종에게 베푸신 모든 은총과 모든 진리를 조금 이라도 감당할 수 없사오나 내가 내 지팡이만 가지고 이 요단을 건넜더니 지금은 두 떼나 이루었나이다 ¹¹내가 주께 간구하오니 내 형의 손에서 에서의 손에서 나를 건져 내시옵소서 내가 그를 두려워하옴은 그가 와서 나와 내 처자들을 칠까 겁냄이니이다 ¹²주께서 말씀하시기를 내가 정녕 네게 은혜를 베풀어 네 씨로 바다의 셀 수 없는 모래와 같이 많게 하리라 하셨나이다 ¹³야곱이 거기서 경야하고 그 소유 중에서 형 에서를 위하여 예물을 택하니 ¹⁴암염소가 이백이요 수염소가 이십이요 암양이 이백이요 수양이 이십이요 ¹⁵젖나는 약대 삼십과 그 새끼요 암소가 사십이요 황소가 열이요 암나귀가 이십이요 그 새끼나귀가 열이라 ¹⁶그것을 각각 떼로 나눠 종들의 손에 맡기고 그 종들에게 이르되 나보다 앞서 건너가서 각 떼로 상거가 뜨게 하라 하고 ¹⁷그가 또 앞선 자에게 부탁하여 가로되 내 형 에서가 너를 만나 묻기를 네가 뉘 사람이며 어디로 가느냐 네 앞엣 것은 뉘 것이냐 하거든 ¹⁸대답하기를 주의 종 야곱의 것이오 자기 주 에서에게로 보내는 예물이오며 야곱도 우리 뒤에 있나이다 하라 하고 ¹⁹그 둘째와 세째와 각 떼를 따라가는 자에게 부탁하여 가로되 너희도 에서를 만나거든 곧 이같이 그에게 고하고 ²⁰또 너희는 말하기를 주의 종 야곱이 우리 뒤에 있다 하라 하니 이는 야곱의 생각에 내가 내 앞에 보내는 예물로 형의 감정을 푼 후에 대면하면 형이 혹시 나를 받으리라 함이었더라.(창 32:9-20).

지난번에 우리는 에서가 400명의 군대를 데리고 온다는 소식을 듣고서 야곱이 크게 두려워하고 답답해 한 일을 살펴보았습니다. 야곱은 루스 땅에서 꿈을 꿀 때 하나님의 축복을 받았고, 그후 20년 동안 삶 속에서 하나님이 자기를 인도하시고 보호하시고 축복하시는 것을 체험했습니다. 그리고 고향으로 돌아가라는 하나님의 말씀을 따라 움직였을 때, 하나님께서 라반의 손에서 자기를 보호해 주시고 하나님의 천사들이 떼를 지어 자기를 둘러싸고 보호한다는 것도 보았습니다.

하지만 에서가 400명의 군대를 이끌고 자기에게 온다는 소식을 듣자마자, 야곱은 큰 두려움에 빠졌습니다.

> 야곱이 심히 두렵고 답답하여 자기와 함께 한 종자와 양과 소와 약대를 두 떼로 나누고 가로되 에서가 와서 한 떼를 치면 남은 한 떼는 피하리라 하고(창 32:7-8).

야곱은 높은 믿음에서 깊은 절망으로 한순간에 뚝 떨어지고 말았습니다. 하지만 그는 절망 속에 계속 갇혀 있지 않았습니다. 그는 정신을 차리고 하나님께 기도하기 시작했습니다. 성경은 야곱이 얼마나 오랫동안 기도했는지는 언급하지 않고 야곱의 기도 내용만 다음과 같이 기록하고 있습니다.

> 나의 조부 아브라함의 하나님, 나의 아버지 이삭의 하나님, 여호와여 주께서 전에 내게 명하시기를 네 고향 네 족속에게로 돌아가라 내가 네게 은혜를 베풀리라 하셨나이다. 나는 주께서 주의 종에게 베푸신 모든 은총과 모든 진리를 조금이라도 감당할 수 없사오나 내가 내 지팡이만 가지고 이 요단을 건넜더니 지금은 두 떼나 이루었나이다. 내가 주께 간구하오니 내 형의 손에서 에서의 손에서 나를 건져 내시옵소서 내

가 그를 두려워하오몸은 그가 와서 나와 내 처자들을 칠까 겁냄이니이다. 주께서 말씀하시기를 내가 정녕 네게 은혜를 베풀어 네 씨로 바다의 셀 수 없는 모래와 같이 많게 하리라 하셨나이다(창 32:9-12).

성도 여러분!

야곱이 큰 두려움을 느끼는 상황에서 하나님께 기도했다는 사실을 먼저 생각해 보십시오.

형 에서가 사백 명을 데리고 자기에게 오고 있다는 소식을 들었을 때 순간적으로 야곱은 큰 근심과 두려움에 빠졌습니다. 그리고 힘들게 쌓은 자기 재산을 다 잃을 수는 없다는 절박한 마음에 재산의 절반이라도 건질 수 있는 방법을 찾아내고 그것을 위해서 바쁘게 뛰어다녔습니다.

그런데 그러던 야곱이 어떻게 갑자기 하나님 앞에 차분히 앉아서 기도를 하게 되었을까요?

가능한 설명은 두 가지뿐입니다.

첫째, 야곱이 형 에서가 공격을 해도 재산의 상당한 부분을 보호할 수 있는 장치를 다 마련해 놓았기 때문에 마음에 여유가 생겨서 하나님 앞에 차분히 앉아 기도할 수 있게 되었다는 것입니다.

둘째, 자기 꾀로 재산을 지키려고 여러 가지 장치를 만들어 놓고 안심하던 야곱의 마음을 하나님께서 되돌리셔서 기도의 자리에 앉히시고 하나님께 기도하게 만드셨다는 것입니다.

첫 번째 설명이 가능한 이유는 믿음이 있다는 사람들조차도 어려운 일을 만날 때 제일 먼저 기도로 하나님의 은혜를 구하기보다는 우선은 자기 지혜나 경험으로 취할 수 있는 조치를 취하고 그런 다음에야 하나님께 기도하는 일이 너무 흔하기 때문입니다. 마치 복음서에 기록된 혈루증 앓던 여인이 병을 고치기 위해서 인간적인 방법을 다 써 본 후에 마지막으로 예수님께 나아가서 치유의 기적을 구했듯이 믿음이 있다는 많은 사람들이 하나님을 마지막 피난처 또는 최후의 보루로 여기고 기도하는 일을 우선순위 뒤쪽에 놓는 일은 너무나 흔한 일입니다(막 5:25-34).

사실, 믿음이 있는 사람이라면 하나님을 제일 먼저 찾아야 하는데 현실에서는 믿는 사람도 그렇지 못할 때가 많습니다. 오늘 본문에서 야곱도 이런 이유 때문에 뒤늦게 기도했을 가능성이 대단히 높습니다. 그러므로 오늘 본문에 기록된 야곱의 기도는 한 마디로 '뒤늦은 기도'라고 부를 수 있습니다.

두 번째 설명이 가능한 이유는 성경이 그렇게 가르치기 때문입니다. 성경은 하나님을 찾지 않던 어떤 사람이 하나님을 진실하게 의지하며 기도를 하게 되는 것은 전적으로 하나님 때문이라고 가르칩니다.

스가랴 12장 10절에 이런 말씀이 있습니다.

> 내가 다윗의 집과 예루살렘 거민에게 은총과 간구하는 심령을 부어 주리니(슥 12:10).

그러니까 어떤 사람이 하나님을 향하여 기도하고 싶은 마음을 느끼고 그래서 기도한다는 것은, 그 사람에게서 나온 것이 아니라는 말입니다. 하나님께서 그 사람에게 기도하고 싶은 마음, 기도할 수 있는 마음을 집어넣어 주셨기 때문이라는 것입니다.

"그렇게 네 힘으로 혼자서 힘들게 살지 말고 이제는 나를 의지하고 살아라. 내가 너를 지켜주고 내가 너에게 복을 줄 터이니 내게 와서 기도해라."

이렇게 하나님이 그들의 마음을 움직여주셨기 때문이라는 것입니다. 그러므로 오늘 본문에서 야곱이 뒤늦게라도 하나님 앞에서 기도했던 궁극적인 이유는 하나님의 이끄심 때문이었습니다.

한국 속담에 사람이 물에 빠지면 지푸라기라도 붙잡는다는 말이 있습니다. 사람이 목숨을 잃을 수도 있는 위험에 처하면 지푸라기처럼 아무런 도움이 안 되는 것도 붙잡고 살려고 몸부림친다는 뜻입니다. 사람의 본능이 그렇게 작용한다는 것입니다.

하지만 사람이 위기의 순간에 기도로 하나님을 붙잡고 기도로 하나님께 매달리는 일은 결코 본능적으로 일어나지 않습니다. 하나님 쪽에서 그 사람을 기도의 자리로 이끌어 주시고 기도할 수 있도록 마음을 만들어 주시고 그 사람의 입에 기도의 말을 집어넣어주시기 때문입니다. 하나님께서 먼저 이렇게 일하지 않으시면 그 어떤 사람도 진실하게 하나님을 의지하거나 기도할 수 없습니다.

큰 두려움과 답답함에 빠져 있던 야곱의 마음을 누가 일으켜 세워주셨겠습니까?

누가 야곱에게 하나님께 기도해야겠다는 마음을 심어주셨겠습니까?

누가 야곱으로 하여금 기도할 수 있는 힘을 넣어주셨겠습니까?

성부, 성자, 성령 삼위일체 하나님입니다.

그러므로 오늘 본문에서 야곱이 위기의 상황에서 하나님께 기도하는 일을 너무 후하게 평가해서는 안 됩니다. 이제는 야곱이 위기의 상황에서도 하나님께 위대한 기도를 드릴 줄 아는 사람으로 성장했다는 식으로 야곱을 추켜세워서도 안 됩니다.

물론 야곱이 깊은 절망에 빠졌다가도 하나님을 의지하며 기도로 일어설 수 있게 되었다는 것은 높이 평가할 만한 일입니다. 하지만 야곱이 뒤늦게야 기도했다는 사실을 간과해서는 안 됩니다. 야곱의 뒤늦은 기도를 보면서 우리가 중요하게 생각해야 할 것은 우리의 믿음이 어느 정도 성장하고 하나님을 의지하는 신앙이 분명해져도 잘 안 고쳐지는 고질적인 습관이 있다는 것입니다.

어떤 습관입니까?

하나님을 의지해야 한다는 것을 뻔히 알면서도 아무리 힘든 위기의 상황을 만나도 여전히 기도의 자리에는 뒤늦게 앉으려고 하고 일어나기는 일찍 일어나려고 하는 부끄러운 습관입니다.

위기의 상황을 만났을 때, 야곱처럼 행동하지 않고 제일 먼저 하나님을 찾고 전심으로 하나님만을 신뢰하며 기도했던 때가 과연 우리 인생에 몇 번이나 있었을까요?

위기 상황을 만날 때마다 우리는 결국 하나님을 찾고 의지하게 됩니다. 그리고 신앙이 성장하면서 위기 상황에서 하나님을 전심으로 찾고 구하는 시점이 계속 앞당겨지는 것도 사실입니다.

하지만 여전히 우리는 우리 자신의 지혜나 경험을 먼저 의지하려고 하고 다른 사람들의 도움을 먼저 의지하려고 합니다. 그러면서도 마음이 불안하면 동시에 하나님께 기도하고 혹은 다른 것을 다 시도해 본 다음에 마음에 여유가 생기거나 그래도 문제가 해결되지 않으면 그때부터 본격적으로 기도를 시작합니다. 그러므로 야곱의 뒤늦은 기도를 보면서 우리는 야곱을 닮은 우리 자신의 모습을 부끄러워하며 잘 고쳐지지 않는 이 습관을 인하여 하나님 앞에 부끄러움을 느껴야 할 것입니다.

하지만 야곱의 뒤늦은 기도를 보면서 우리가 더 중요하게 생각해야 할 것이 있습니다. 그것은 뒤늦게라도 야곱을 기도의 자리에 앉히시는 하나님의 자비로운 손길입니다. 20년간 하나님께서 신뢰하는 법을 가르쳐 주셨건만 여전히 야곱은 하나님을 신뢰하고 기도하는 일에 지각을 일삼고 있습니다.

하지만 여전히 하나님은 그런 야곱을 계속 참아주시고 기다려 주십니다. 그뿐만 아니라 야곱의 마음에 은밀하게 일하셔서 하나님께 기도하고자 하는 소원을 심어주시고 기도할 내용을 입에 넣어주십니다. 하나님의 이런 은혜 때문에 결국 야곱은 기도의 자리에 차분히 앉게 되고 하나님을 향하여 신뢰의 기도를 올리게 됩니다.

그러므로 오늘 본문에서 우리가 칭송해야 할 것은 야곱의 믿음이 아닙니다. 야곱 같은 사람을 끊임없이 참아주시고 기다려주시며 결국에는 기도의 자리에 서도록 만들어 주시는 하나님의 은혜입니다. 하나님의 일하심입니다. 우리는 하나님의 오랜 인내와 끊임없는 일하심을 인하여 탄복해야 합니다.

그런데 하나님의 이런 은혜를 경험한 사람은 야곱만이 아닙니다. 지금까지 하나님은 수백 번, 수천 번, 아니 수만 번도 더 넘게 이런 은혜를 우리의 삶에 행하셨습니다.

그동안 우리가 하나님께 드렸던 모든 기도를 생각해 보십시오.

많은 경우, 우리는 하나님을 신뢰하고자 하는 의지가 부족해서, 기도하고자 하는 열심이 모자라서, 다른 일들에 너무 바빠서, 의지할 수 있는 것들이 많아서, 쉽게 기도의 자리에 서지 못할 때가 많았습니다. 혹 기도의 자리에 앉는다고 해도 진심으로 하나님을 의지하거나 전심으로 기도하는 마음이 없어서 시간을 때우기 위해서 앉아 있다가 서둘러 일어나는 일이 많았습니다.

그런데 그런 우리를 하나님께서 참아주시고 딱딱한 마음을 풀어주시고 달라붙은 입술을 열어주셔서 하나님을 전심으로 의지하며 참된 기도를 드릴 수 있도록 만들어 주셨습니다. 하나님의 이런 은혜 때문에 우리는 시간이 흐르면서 하나님을 전심으로 찾고 구하는 시점을 앞당기게 되었습니다.

그동안 우리가 하나님께 드렸던 모든 기도를 생각해 보십시오.

언제 단 한번이라도 우리 스스로 마음이 동하여 하나님께 전심으로 기도한 적이 있었을까요?

하나님 편에서 우리의 마음에 기도하고자 하는 소원과 열심을 먼저 불어넣어주시지 않았는데, 우리 마음이 스스로 동하여 하나님을 진심으로 의지하며 기도한 적이 단 한번이라도 있었을까요?

물론 그렇다고 생각되는 때도 없지는 않을 것입니다. 하지만 사실 알고 보면 우리가 하나님께 드렸던 모든 기도는 항상 하나님께서 먼저 우리의 마음을 감동하시고 기도할 수 있는 능력을 베풀어 주셔서 가능했던 일입니다.

그러니 어느 누가 자신의 많은 기도를 자랑할 수 있겠습니까!

어느 누가 자신의 신실한 기도생활을 자랑할 수 있겠습니까!

야곱을 닮은 우리는 하나님의 선행적인 역사가 없으면 어느 한순간도 제대로 하나님을 찾고 의지할 수 없는 사람이니 우리의 모든 기도와 관련하여 칭송을 받아야 할 분은 오직 하나님 한 분이십니다.

앞으로도 하나님은 우리에게 이런 은혜를 끊임없이 베풀어 주셔서 우리를 기도의 자리에 앉히실 것이고 우리의 기도를 들어주시고 우리를 구원하여 주실 것입니다. 그러므로 하나님께서 우리의 마음을 기도하는 쪽으로 움직이실 때, 그것을 무시하지 말아야 합니다. 만일 하나님께서 벼락을 치시고 천둥소리처럼 큰 소리로 우리에게 "당장 일어나 기도하라"고 말씀하시면, 우리는 겁이 나서라도 당장 기도할 것입니다.

하지만 하나님은 폭군이 아니시기 때문에 우리에게 조용한 목소리로 말씀하십니다.

"일어나 기도하여라."

그런데 그 음성이 부드럽고 조용하다고 무시해서야 되겠습니까?

그렇게 해서는 안 됩니다.

그렇게 하는 것은 비겁한 짓이고 나쁜 일입니다. 오히려 천둥소리처럼 큰 음성을 들은 때보다 훨씬 더 민감하고 신속하게 반응하고 기도의 자리에 앉아야 합니다. 지금 당장은 기도할 마음이 별로 없더라도, 지금 당장은 기도를 잘 할 줄 모른다 하더라도, 지금 당장은 크게 기도할 제목이 없는 것처럼 느껴져도, 하나님께서 기도의 자리로 부르셨으니까 불러주신 그 은혜에 깊이 감사하며 기도를 시작해야 합니다.

성도 여러분!

여러분은 하나님께서 여러분의 마음에 기도해야 한다는 마음을 집어넣어주실 때 어떻게 반응해 오셨습니까?

교회에서 기도회가 있다는 광고를 들을 때, 여러분은 어떻게 반응해 오셨습니까?

성경에 기록된 말씀 중에 "기도하라"는 명령을 읽을 때, 여러분은 어떻게 반응해 오셨습니까?

그것을 하나님의 은혜로운 부르심이라고 인정하고 하나님 앞에 나아가기 위해서 전심을 다해 오셨습니까?

하나님께서 우리의 삶에 큰 기적을 베풀어 주셔야만 우리의 삶에 기적이 나타나는 것은 아닙니다. 기도하면 하나님의 은혜와 복을 얻을 수 있는데, 기도를 해야만 하는 상황에서도 기도하지 않고 우리 자신의 지혜와 꾀로 살아보려고 헛된 수고를 하는 야곱 같은 우리를 하나님께서 자꾸 기도의 자리로 이끌어 주신다는 것 자체가 정말로 큰 기적입니다.

지금 당장 내 삶에 큰 변화가 안 일어나도, 지금 나를 힘들게 하는 문제가 당장 해결되지 않아도, 하나님께서 나를 기도의 자리에 불러서 내가 하나님 앞에 서서 내 인생의 모든 것을 하나님께 의지할 수 있게 만드신다는 것 자체가 위대한 기적입니다.

다음으로, 오늘 본문에서 우리는 야곱이 기도한 내용을 살펴볼 필요가 있습니다.

첫째, 야곱은 자기가 하나님의 명령에 순종하여 고향으로 돌아가고 있는 중임을 말씀드립니다.

> 나의 조부 아브라함의 하나님, 나의 아버지 이삭의 하나님, 여호와여 주께서 전에 내게 명하시기를 네 고향 네 족속에게로 돌아가라 내가 네게 은혜를 베풀리라 하셨나이다(창 32:9).

둘째, 야곱은 하나님께서 자기에게 많은 복을 베풀어 주신 일을 기억하며 감사의 인사를 올립니다.

> 나는 주께서 주의 종에게 베푸신 모든 은총과 모든 진리를 조금이라도 감당할 수 없사오나 내가 내 지팡이만 가지고 이 요단을 건넜더니 지금은 두 떼나 이루었나이다(창 32:10).

셋째, 야곱은 현재 자기가 느끼고 있는 두려움을 솔직하게 아뢰며 형 에서의 손에서 구원해 달라고 간청합니다.

> 내가 주께 간구하오니 내 형의 손에서 에서의 손에서 나를 건져 내시옵소서 내가 그를 두려워하옴은 그가 와서 나와 내 처자들을 칠까 겁냄이니이다(창 32:11).

넷째, 야곱은 이전에 하나님께서 자신에게 약속해 주신 복의 내용을 상기시켜 드립니다.

> 주께서 말씀하시기를 내가 정녕 네게 은혜를 베풀어 네 씨로 바다의 셀 수 없는 모래와 같이 많게 하리라 하셨나이다(창 32:12).

야곱은 매우 절박하고 다급한 상황에서 기도했습니다. 하지만 야곱의 기도 내용은 매우 잘 정돈되어 있었습니다. 먼저는 자신이 하나님의 명령을 순종하다가 어려운 일을 겪게 되었으니까 하나님께서 책임지고 도와주셔야 한다고 기도를 시작합니다. 그런 다음에는 지금 자기가 소유하고 있는 모든 재산은 하나님께서 기적적으로 주신 것이니 그것을 잃어버리지 않기를 원하는 자신의 마음이 욕심이 아니고 신앙적인 것이라고 하나님을 설득합니다. 그런 다음에는 자기가 형 에서를 얼마나 무서워하는지를 표현하면서 하나님의 동정심을 사려고 합니다.

그리고 마지막으로는 자기가 지금 누리고 있는 복보다 훨씬 더 크고 놀라운 복을 약속해 주셨으니까 지금 소유한 것을 에서에게 잃게 만드시는 것은 하나님 스스로 모순적인 행동을 하는 것이니 절대로 그렇게 해서는 안 된다고 말씀드립니다. 매우 짧은 기도 속에 야곱은 많은 내용을 효과적으로 담았습니다. 마치 이런 순간이 오면 어떻게 기도해야 하나님을 감동시킬 것인지 오랫동안 궁리하고 기도의 말을 준비해 놓기라도 한 것처럼 야곱은 술술 기도했습니다.

하지만 야곱의 기도 내용을 조금 더 신중하게 생각해 보면, 야곱의 기도는 굉장히 심각한 문제를 안고 있습니다. 야곱의 기도는 지금 이 상황에서 야곱이 하나님 앞에 제일 중요한 문제로 정직하게 내놓고 다루어야 할 문제를 전혀 다루고 있지 않습니다.

생각해 보십시오.

지금 야곱이 왜 그렇게 형 에서를 두려워하고 있습니까?

에서가 사백 명을 데리고 야곱에게 오는 것이 정말로 야곱을 해치려는 행동이라면 에서는 왜 그렇게 동생 야곱을 해치려고 하는 것입니까?

야곱이 20년 전에 형 에서를 속이고 장자의 복을 가로챘기 때문입니다. 야곱이 치명적인 잘못을 저질러 놓고 야반도주를 했기 때문입니다. 그 일로 형과 동생의 관계가 심각하게 깨졌기 때문입니다. 그러므로 야곱은 하나님 앞에서 기도할 때, 하나님께서 고향으로 돌아가라고 명하셨으니까 책임지고 자기를 구해야 한다고 설득하기보다는 이런 사태를 만든 장본인인 자기의 책임을 인정하고 회개하며 형 에서와 관계 회복을 할 수 있게 해달라고 기도했어야 합니다.

그런데 야곱의 기도에는 이런 문제에 관하여 전혀 언급이 없습니다. 11절에서 야곱은 이렇게 기도합니다.

> 내가 주께 간구하오니 내 형의 손에서 에서의 손에서 나를 건져 내시옵소서 내가 그를 두려워하옴은 그가 와서 나와 내 처자들을 칠까 겁냄이니이다(창 32:11).

이 대목만 들으면, 마치 야곱은 잘못한 것이 하나도 없는데 형 에서가 괜히 화가 나서 강도처럼 동생과 동생의 가족을 해치고 재산을 강탈하려고 하는 것처럼 들립니다. 이 대목만 들으면, 야곱은 강자인 형 에서 앞에서 아무런 잘못도 없는데 위협을 받아 벌벌 떨고 있는 불쌍한 약자인 것처럼 들립니다.

야곱의 기도에는 이번 사태의 근본적인 원인 제공자인 자기 자신에 대한 반성이 전혀 없습니다. 그리고 이번 사태의 가장 근본적인 해결책인 관계회복에 대한 추구도 전혀 없습니다. 그저 야곱은 자기가 불쌍한 환경에 있으니까, 자기가 약자이니까, 자기가 재산을 잃고 싶지 않으니까, 하나님이 책임지고 자기를 에서에게서 구해주셔야 한다고만 기도하고 있습니다.

여기에서 우리는 다시 한번 야곱의 어리석음, 야곱의 신앙의 맹점을 보게 됩니다. 사실, 인생에서 우리가 겪는 모든 문제는 관계의 깨어짐에서 파생된 것입니다. 하나님과 인간의 관계에 아무런 문제가 없었을 때 세상은 천국이나 다를 바 없었습니다. 그때는 사람과 사람에도 아무런 문제가 없었습니다.

하지만 하나님과 인간의 관계가 깨어지면서부터 이 세상은 지옥처럼 변했고 사람과 사람 사이의 관계도 심각하게 깨졌습니다. 그렇게 사람과 사람 사이의 관계가 깨어지자 제일 먼저 나타난 것이 존속살인이었습니다. 아담의 아들이었던 가인이 자기 동생을 괜히 미워하여 죽인 것입니다.

그러므로 모든 문제를 해결하고 행복을 되찾는 방법은 항상 관계의 회복에 있습니다. 우리가 하나님과의 관계를 바르게 회복하고 유지하면,

우리가 이웃과의 관계를 바르게 회복하고 유지하면, 행복과 안전은 자연스럽게 뒤따르게 되어 있습니다. 하나님께서는 지금까지도 야곱에게 그것을 가르쳐 주셨습니다. 그런데도 야곱은 아직도 그것을 제대로 깨닫지 못하고 있었습니다. 그 동안 믿음이 성장했는데도 이 부분은 달라지지 않았습니다.

그래서 야곱은 하나님의 은혜로 마침내 엎드려 기도를 하게 된 그 엄숙한 자리에서 빗나간 화살처럼 엉뚱한 기도를 한 것입니다. 야곱은 자기가 불쌍하고 힘드니까 제발 자기를 살려달라고만 기도합니다. 야곱은 자기 행복이 너무 소중하니까 제발 자기 행복을 깨뜨리지 말아달라고만 기도합니다. 야곱은 자기가 형에게 지은 죄를 모르는 것도 아니고 지금 형이 왜 사백 명이나 되는 사람들을 데리고 자기에게 달려오는지 그 이유를 모르는 것도 아닙니다.

하지만 여전히 자기중심적인 생각에 빠져 있고 자기 행복에만 매달려 있으니까 하나님 앞에서 자기의 죄를 용서해 달라는 기도가 안 나오는 것입니다. 소중한 이웃과의 관계를 쉽게 깨뜨리고, 치명적인 잘못을 저질러 놓고도 미안해하지도 않고 해결도 하지 않으며, 관계를 회복하려고 진심을 기울이지도 못하는 자신의 악함을 고쳐 달라고 기도할 생각을 전혀 하지 못하는 것입니다. 형이 자기의 죄를 용서해 주고 다시 동생으로 받아들일 수 있도록 형의 마음을 움직여 달라고 기도할 생각도 전혀 하지 못하는 것입니다.

그렇다면, 우리가 하나님 앞에 드리는 기도의 내용은 어떨까요?

여러분은 하나님의 손에 이끌려서 힘들게 기도의 자리에 나아가서 무슨 기도를 어떤 내용으로 드리고 있습니까?

혹시 오늘 본문의 야곱처럼 기도하고 있지는 않습니까?

여러분이 만난 위기 상황에서 하나님 앞에 정말로 정직하게 내어놓고 기도해야 할 것이 무엇인지 생각도 안 해 보고 그저 위기 상황을 빨리 벗어나기 위하여 하나님의 책임감을 자극하는 기도를 하거나 여러분을 지극히 불쌍한 사람으로 포장하여 하나님의 감성을 자극하는 기도를 하고 있지 않습니까?

다른 사람이 볼 때는 위기 상황에서 하나님께 간절하게 기도하고 오래 기도하니까 대단한 믿음을 가지고 있는 것 같고 위대한 기도를 하는 것 같지만 실제로는 하나님 앞에서 딱하고 불쌍한 기도만 하고 있지 않습니까?

이런 질문들을 귀찮다고 회피하지 마시고 정직하게 생각해 보고 대답해 보십시오.

여러분은 하나님 앞에서 어떤 기도를 어떤 내용으로 드리고 있습니까?

부끄럽게도 기도의 자리에서 야곱이 보여준 한없는 어리석음과 철판 같은 뻔뻔함은 우리 자신의 어리석음과 뻔뻔함이기도 합니다. 우리도 마찬가지입니다 하나님은 기도하지 않는 우리를 애써서 기도의 자리에 세워주시는데, 우리는 그 자리에 서서 엉뚱한 기도만 할 때가 너무 많습니다. 하나님 앞에서 정말 진지하게 기도해야 할 것을 구하지 못하고, 그저 우리가 필요로 하는 것들을 달라고 매달리거나, 그저 우리가 힘들어 하는 문제를 해결해 달라고 매달리거나, 우리가 좀 더 편하고 안전하고 행복하게 살게 해달라고 구하는 자리에서 늘 멈추어 버리는 일이 많습니다.

그러면서 우리는 핑계를 댑니다. 기도를 아예 안 하는 것보다는 그렇게라도 기도하는 것이 훨씬 더 좋은 것이라고 말입니다.

그런 기도를 날마다 들으시는 하나님의 마음이 얼마나 불편할는지 생각 안 하십니까?

하루에도 수없이 많은 사람들이 그런 기도를 하늘에 대고 할 텐데 그런 기도를 들으시는 하나님의 마음이 얼마나 불편할는지 생각 안 하십니까?

하나님께서 우리를 앉혀놓은 기도의 자리에서 우리가 정말로 중요하게 해야 할 기도는 관계에 관한 기도입니다. 기도 시간에 우리는 하나과 우리의 인격적인 관계 속에서 우리가 잘못하는 것들을 자꾸 발견하고 그것을 회개하며 하나님의 은혜로 하나님과 우리의 관계가 또 다시 회복되며 발전하는 것을 가장 중요하게 구해야 합니다.

또한 우리가 좋아서 우리 멋대로 선택한 소수의 이웃들 말고 하나님의 섭리로 우리의 가까운 이웃이 된 모든 이웃과의 관계 속에서 우리가 잘못하는 것들을 자꾸 발견하고 그것을 회개하며 하나님의 은혜로 우리와 이웃의 관계가 또 다시 회복되며 발전하는 것을 가장 중요하게 구해야 합니다. 우리가 이런 내용에 집중하여 기도를 하면 우리의 기도가 어눌한 말로 표현되고 짜임새가 별로 없는 구조로 표현되며 짧은 시간에 드려지는 기도라 할지라도 하나님께는 큰 기쁨이 될 것입니다.

그러나 오늘 본문에는 한 가지 놀라운 반전이 남아 있습니다. 그것은 기도를 마친 후에 야곱이 보여준 행동입니다. 오늘 본문은 기도를 마친 후에 야곱이 다음과 같이 행동했다고 말해줍니다.

> 야곱이 거기서 경야하고 그 소유 중에서 형 에서를 위하여 예물을 택하니 암염소가 이백이요 수염소가 이십이요 암양이 이백이요 수양이 이십이요 젖나는 약대 삼십과 그 새끼요 암소가 사십이요 황소가 열이요 암나귀가 이십이요 그 새끼나귀가 열이라(창 32:13-15).

기도를 하기 전에는 자기 재산의 절반이라도 보존해야겠다는 생각으로 바쁘게 움직였던 야곱이었습니다. 기도를 하는 동안에는 자기를 도와달라고 아우성만 치던 야곱이었습니다. 그런데 기도를 마친 후에 야곱은 크게 달라져 있습니다. 야곱은 자기가 형 에서에게 행한 죄악을 회개하는 마음을 표시하고 형의 분노를 가라앉히기 위해서 자기의 소유 중에 580마리의 가축을 선물로 정성껏 준비합니다.

사실, 오늘 본문에서 기도를 마친 야곱이 형 에서에게 줄 선물을 풍성하게 골랐다는 것은 굉장히 놀라운 사건입니다.

오늘 본문 앞에 기록된 내용들을 다시 기억해 보십시오.

야곱은 형 에서를 만나게 될 때, 겸손해 보이는 말 몇 마디를 사람들을 시켜서 형에게 살짝 던져놓고 형의 눈치를 살살 보았습니다. 그런데 형이 사백 명의 사람들을 이끌고 자기에게 온다는 소식을 듣고는 형에게 전 재산을 다 빼앗길 수는 없고 절반이라도 건져야겠다고 계산적인 생각만 하였습니다. 그리고 하나님이 어렵게 기도의 자리에 세워주셨지만 형과의 관계를 회복하는 것에 관해서는 한마디도 기도하지 않았습니다.

그런데 기도가 끝난 후에 야곱은 형과의 관계를 회복하기 위해서 자신이 할 수 있는 만큼 최선을 다해보겠다는 생각을 하게 된 것입니다. 오늘 본문 다음에 이어지는 20절에는 야곱의 생각이 이렇게 기록되어 있습니다.

> 이는 야곱의 생각에 내가 내 앞에 보내는 예물로 형의 감정을 푼 후에 대면하면 형이 혹시 나를 받으리라 함이었다(창 32:20).

성도 여러분!
- 어떻게 해서 야곱의 마음에 이런 변화가 생긴 것일까요?

이번에도 대답은 분명합니다. 하나님께서 야곱의 마음을 그런 방향으로 이끌어주셨기 때문입니다. 잠언 16장 9절에는 이런 말씀이 있습니다.

> 사람이 마음으로 자기의 길을 계획할지라도 그의 걸음을 인도하시는 이는 여호와시니라(잠 16:9).

야곱은 기도 시간에도 자기가 살 궁리만 했습니다. 이웃과의 관계를 인격적으로 해결하려고 하지 않고 하나님의 기적으로 자기 혼자 살 궁리만 했습니다.

하지만 하나님은 기도 시간에 야곱을 한심하게만 생각하지 않으시고 그 거룩한 손으로 야곱의 더럽고 비뚤어진 마음을 다루셨던 것입니다. 야곱이 이웃과의 관계를 중요하게 생각하고, 이웃과의 관계를 회복하기 위해서 자신의 진심을 기울일 수 있도록 그것을 생각하게 만드시고 느끼게 만드시고 움직이게 만드셨던 것입니다. 그러니까 하나님은 야곱의 기도를 가만히 듣고만 계셨던 것이 아닙니다. 하나님은 엉뚱한 기도를 하는 야곱의 마음을 기도 시간에 은밀히 고쳐주셨던 것입니다.

성도 여러분!

여기에 우리의 소망이 있습니다. 우리는 기도의 자리에 나아가기를 싫어합니다. 그런데 하나님은 애써 우리를 기도의 자리로 끌어당기십니다. 그런데 우리는 기도의 자리에 나아가서도 엉뚱한 짓을 잘 합니다. 그러나 비록 우리가 그럴지라도 우리를 기도의 자리로 부르신 하나님은 기도 시간에 우리의 마음을 올바른 방향으로 이끌어 가십니다. 기도 시간에 무슨 큰 기적이 나타나지도 않고 우리 혼자 말 하고 끝나는 것 같고 우리의 상황도 달라진 것이 없지만, 희한하게 하나님의 은혜 때문에 우리의 마음에 어떤 작은 변화들이 생겨납니다.

그런 하나님의 손길 때문에 기도 이후에 우리는 삶의 방향을 바로잡게 되고 올바른 길로 나아가게 됩니다. 그리고 결국 우리가 바라던 하나님의 보호와 안전을 누리게 됩니다. 우리가 기도를 잘 해서가 아닙니다. 우리가 엉뚱한 기도를 했어도 하나님께서 그런 기도를 참아주시면서 우리의 마음을 기도 시간에 고쳐 주셨기 때문입니다.

기도를 하지 않는 사람과 기도를 하는 사람의 차이는 바로 여기에 있습니다. 어떤 사람들은 야곱보다 인격이 훌륭하고 사람들과 좋은 관계도 잘 맺고 행동도 바른데, 하나님을 의지하지 않고 자기 지혜를 의지하고 기도하지 않고 살아갑니다. 이런 사람들은 지혜도 있고 성품도 좋아서 모든 문제를 잘 해결하고 잘 사는 것처럼 보이지만 하나님을 의지하지 않기 때문에 결국은 그릇된 길에 빠지게 되고 멸망하게 됩니다.

하지만 하나님의 은혜로 기도의 자리에 서게 되는 사람은 비록 성품도 못났고 기도도 제대로 못하지만 기도 시간에 하나님께서 그 사람의 마음을 올바른 마음으로 계속 바꿔주시기 때문에 결국은 문제를 해결할 올바른 방향을 찾게 되고 하나님의 은혜와 도움을 받아 모든 문제를 극복하고 하나님의 복을 누리게 되는 것입니다. 하나님께서 이렇게 하신다는 것이 우리 모두의 소망입니다.

성도 여러분!

우리가 기도할 때마다 하나님은 이런 기적을 베풀어 주십니다. 우리가 기도를 유창하게 잘 하고, 우리가 기도를 오랫동안 열심히 하고, 우리가 기도를 감동적으로 해서 하나님의 마음을 움직여야, 하나님이 우리에게 어떤 은혜를 베풀어 주시는 것이 아니라, 못나고 부족한 기도를 하더라도 하나님을 의지하는 마음으로 하나님 앞에 서 있으면, 하나님께서 우리의 마음에도 야곱에게 베풀어 주신 기적을 항상 베풀어 주신다는 것입니다.

물론 하나님께서 이런 긍휼을 베풀어 주신다고 해서 우리가 아무렇게나 기도해도 되는 것은 아닙니다. 그러나 우리의 기도가 부족하고 연약해도 하나님의 은혜로우심 때문에 기도 시간에 이런 기적이 이루어진다는 것을 믿고 기대하는 것은 잘못된 일이 아닙니다. 그리고 이런 하나님을 기억하며 더 깊이 감사하고 더 굳게 하나님을 신뢰하는 것 역시 잘못된 일이 아닙니다.

여러분!

창세기 32장의 흐름이 어떻게 흘러가는지 큰 그림으로 보십시오.

하나님은 야곱이 형 에서가 어떻게 나오든지 두려워하지 않을 수 있도록 천사들로 구성된 큰 군대를 미리 야곱에게 보여주십니다. 그러나 야곱은 하나님을 신뢰하는 데 실패합니다. 형 에서가 사백 명을 데리고 온다는 소식을 듣자마자 낙심하고 절망합니다.

하지만 하나님은 그런 야곱을 기도의 자리로 이끌어 주십니다. 그러나 이번에도 야곱은 실패합니다. 야곱은 기도 시간에도 문제의 근본적인 원인을 해결하지 않고 변죽을 울리는 이기적인 기도를 할 뿐입니다. 하지만 하나님은 그런 야곱의 마음에 이웃과의 인격적인 관계 회복을 추구하는 마음을 친히 넣어주십니다. 그래서 야곱은 기도 후에 형과의 관계 회복을 위하여 최선의 노력을 기울입니다.

보십시오.

야곱은 계속 실패합니다. 야곱은 앞으로 나아가지 못합니다. 그러나 하나님은 그런 야곱을 계속 붙들어서 가르쳐 주시고 앞으로 나아가도록 만들어 주십니다.

좀 더 엄밀하게 생각해 보면, 기도를 마친 후에도 야곱은 제대로 된 반응을 다 보여주지는 못합니다. 여전히 야곱은 자기 자신이 맨 앞장 서 가면서 형에게 자신의 죄를 고백하고 눈물로 형의 마음을 녹이는 일은 할 생각을 하지 못합니다. 그저 많은 선물 공세로 형의 마음을 풀어보려고만 합니다. 그러니까 이번에도 야곱은 하나님께서 마음을 어루만져 주신 것만큼 반응을 다 보이지 못합니다.

하지만 하나님께서 그렇게 야곱의 마음을 다루어주셨기 때문에 야곱은 한걸음 앞으로 나아가게 됩니다. 이제는 자기만 살겠다는 생각을 내려놓고, 형의 마음을 좀 풀어보아야겠다고 생각하고 자기 희생을 감수합니다. 그리고 하나님은 야곱의 반응이 이번에도 부족하지만, 야곱이 반응이 부족하다고 해서 야곱의 삶을 곤경으로 밀어넣지 않으시고 에서와 화해를 하고 한걸음 더 나아갈 수 있도록 도와주십니다. 이처럼 하나님은 끊임없이 야곱의 부족함을 참아주시고 작은 반응을 디딤돌로 삼고 한걸음씩 앞으로 나아가도록 끌어당겨주셨습니다.

하나님께서 이런 은혜를 야곱에게 베풀어주셨던 것은 일찍이 야곱에게 주셨던 언약 때문이었습니다.

> 나는 여호와니 너의 조부 아브라함의 하나님이요 이삭의 하나님이라 너 누운 땅을 내가 너와 네 자손에게 주리니 네 자손이 땅의 티끌 같이 되어서 동서남북에 편만할지며 땅의 모든 족속이 너와 네 자손을 인하여 복을 얻으리라. 내가 너와 함께 있어 네가 어디로 가든지 너를 지키며 너를 이끌어 이 땅으로 돌아오게 할지라. 내가 네게 허락한 것을 다 이루기까지 너를 떠나지 아니하리라(창 28:13-15).

마찬가지로 하나님께서 이런 은혜를 우리에게 베풀어 주시는 까닭도 예수 그리스도의 피로 서명된 언약 때문입니다.

> 내가 너희를 열국 중에서 취하여 내고 열국 중에서 모아 데리고 고토에 들어가서 맑은 물로 너희에게 뿌려서 너희로 정결케 하되 곧 너희 모든 더러운 것에서와 모든 우상을 섬김에서 너희를 정결케 할 것이며 또 새 영을 너희 속에 두고 새 마음을 너희에게 주되 너희 육신에서 굳은 마음을 제하고 부드러운 마음을 줄 것이며 또 내 신을 너희 속에 두어 너희로 내 율례를 행하게 하리니 너희가 내 규례를 지켜 행할지라. 내가 너희 열조에게 준 땅에 너희가 거하여 내 백성이 되고 나는 너희 하나님이 되리라(겔 36:24-28).

아! 하나님은 우리를 향하여 얼마나 은혜로운 분이십니까!

열 가지를 애써 가르쳐 주어도 한 가지도 제대로 깨닫지 못하고 기억하지 못하는 우리를 하나님은 포기하지 않고 끝까지 가르쳐 주십니다. 야곱은 계속해서 헛발질을 합니다. 너무 둔하게 반응합니다. 너무 변화가 작고 미미합니다. 하지만 하나님은 그런 야곱을 차근차근 변화시켜 나갑니다.

이런 야곱의 하나님은 오늘도 예수를 진실하게 믿는 모든 신자들에게 동일한 은혜를 베풀어 주십니다. 자기 자신을 야곱의 하나님이라고 소개하시는 우리 하나님은 미련하고 부족한 우리를 놓지 않고 천천히 변화시켜 나가십니다.

그러므로 우리 자신을 생각할 때는 우리에게 밝은 미래는 없지만 하나님을 생각할 때는 밝은 미래를 확신할 수 있습니다. 하나님 때문에 우리는 지금보다 더 거룩한 사람, 더 온전한 사람으로 믿음의 길을 걷게 될 거라고 말입니다.

아, 우리는 하나님의 이런 집요한 손길과 인내 앞에서 미안함을 느껴야 합니다.

"내가 아무리 천천히 변화되어도 하나님은 인내하면서 결국 나를 변화시킬 것이니까 여유를 가지자."

이렇게 생각해서는 안 됩니다. 우리는 하나님 앞에서 죄송하고 미안한 마음을 품어야 합니다. 그리고 둔한 우리를 흔들어 깨워서 하나님이 우리에게 역사하시는 은혜를 따라 정말 신속하게 반응하고 열을 가르쳐 주시면 열을 다 이해하고 따라가는 그런 사람이 되도록 힘써야 합니다.

하지만 다른 사람의 변화에 대해서는 지나칠 정도로 여유를 가져야 합니다. 하나님도 포기하지 않고 참아주면서 그 사람을 변화시켜 가고 계시다면, 우리도 여유를 가지고 참아주고 기다려 주고 기대해야 합니다. 그리고 팔짱을 끼고 지켜만 볼 것이 아니라, 옆에서 그 사람이 정말로 올바르게 변화될 수 있도록 도울 수 있는 한도 안에서 도움을 주어야 합니다.

하나님 때문에 이렇게 하는 교우들이 교회 안에 한 사람 한 사람 늘어날 때, 그 교회는 진짜 교회가 되는 것이고, 그 교회 안에서 야곱 같은 사람들이 변화를 경험하게 되는 것입니다.

아멘!

제15장

하나님의 두 번째 심방
(창 32: 21-24)

²¹그 예물은 그의 앞서 행하고 그는 무리 가운데서 경야하다가 ²²밤에 일어나 두 아내와 두 여종과 열한 아들을 인도하여 얍복 나루를 건널새 ²³그들을 인도하여 시내를 건네며 그 소유도 건네고 ²⁴야곱은 홀로 남았더니 어떤 사람이 날이 새도록 야곱과 씨름하다가(창 32: 21-24).

야곱은 하나님께 기도한 후에 형 에서와 관계를 회복하기 위하여 정성껏 예물을 준비하였습니다. 처음에는 형 에서가 자기를 공격하면 재산의 절반이라도 건져야겠다는 생각뿐이었습니다. 하지만 하나님께 기도하면서 야곱의 마음은 다른 방향으로 돌아섰습니다. 그래서 형의 마음을 풀어주기 위해서 형에게 바칠 예물을 후하게 준비하였습니다.

하지만 이렇게 해도 저렇게 해도 야곱의 마음에 들어온 두려움은 쉽게 없어지지 않았습니다. 에서가 공격해 올 것을 대비해서 소유를 두 떼로 나누었어도, 하나님께 기도를 했어도, 형의 마음을 녹이기 위해서 580마리나 되는 가축을 선물로 준비했어도 야곱의 마음은 여전히 답답하고 두려웠습니다. 아직은 형 에서가 자기를 어떻게 대할지 알 수 없었기 때문입니다. 그렇다고 야곱은 뒷걸음질을 쳐서 도망갈 수 있는 상황도 아니었습니다. 하나님께서 명령하신 대로 야곱은 어떻게 해서든 얍복강을 건너 고향으로 돌아가야만 했습니다.

야곱은 형의 마음을 녹여보려고 준비한 선물을 먼저 강 건너편으로 보냅니다. 그 다음에는 자기 가족과 남은 소유를 다 강 건너편으로 보냅니다. 야곱의 재산과 가족의 규모를 생각해 볼 때, 이 일은 보통 힘들고 복잡하고 어려운 일이 아니었을 것입니다. 더구나 이 날 밤 야곱이 심리적으로도 굉장히 어려운 상황에 있었다는 것까지 더해서 생각해 보면, 이 모든 일을 끝마쳤을 때 야곱의 심신은 기진맥진한 상태가 되었을 것이 분명합니다.

아무튼 야곱은 모든 사람과 모든 소유물을 강 건너편으로 보냈지만 야곱 자신은 강을 건너가지 못합니다. 야곱은 아직도 형 에서를 만날 자신이 없었던 것으로 보입니다. 그래서 야곱은 강 건너편을 바라보며 혼자서 밤을 새게 됩니다. 오늘 본문 24절은 이렇게 기록하고 있습니다.

> 야곱은 홀로 남았더니(창 32:24).

야곱은 자신의 모든 가족과 모든 소유물을 형 에서가 있는 강 건너편으로 보내놓고 뜬눈으로 밤을 지새운 것으로 보입니다.

어렵게 모은 모든 재산과 어렵게 이룬 모든 가족을 다 강 건너편으로 보내놓고 강둑에 혼자 앉아 초조하고 불안한 마음으로 밤을 보내는 야곱의 모습을 상상해 보십시오.

이 날 밤에 야곱의 마음은 얼마나 힘들었을까요?

이 날 밤에 야곱은 얼마나 외로웠을까요?

어쩌면 형 에서가 자기의 모든 소유를 다 빼앗고 가족들도 다 빼앗고 자기를 죽일지도 모른다는 두려움에 야곱은 심한 마음 고생을 했을 것입니다. 20년간 노예생활과 비슷하게 살면서 어렵게 일구어 놓은 자신의 모든 삶이 이 날 밤 한 순간에 공중분해 될 수도 있다는 생각에 야곱은 새삼 인생의 허무함을 처절하게 느꼈을 것입니다.

아버지를 속이고 형을 속인 자신의 행동 때문에 결국 자신의 인생 전체가 또 한번 절체절명의 위기에 처하게 되었음을 깨닫고 자신의 과오를 한하며 탄식했을 것입니다. 그리고 하나님께서 이 위기에서 자신을 건져주시기를 간절한 마음으로 바랐을 것입니다.

경건한 삶을 강조하는 경건주의 신앙에 익숙하신 분들은 오늘 본문 말씀을 보면서 야곱이 홀로 남은 사실에 큰 의미를 둘 것입니다. 그러면서 신자가 절체절명의 위기상황에서 다른 모든 것과 분리되어 홀로 있는 일이 얼마나 중요한지를 강조할 것입니다. 그리고 그렇게 홀로 있을 때 결국 하나님의 큰 복을 받게 된다고 결론을 내릴 것입니다.

이런 식으로 오늘의 본문 말씀을 읽고 해석하고 적용하는 것이 완전히 틀린 것은 아닙니다. 얼핏 보면, 이 날 밤에 야곱이 강둑에 홀로 남아 밤을 지새웠기 때문에 하나님의 천사와 씨름하는 일이 일어났고 '이스라엘'이라는 새로운 이름을 얻게 되었고 하나님의 복을 받은 것처럼 보이기 때문입니다.

하지만 하나님의 언약을 중심으로 성경을 읽지 않고 인간의 경건한 신앙생활을 중심으로 성경을 읽게 되면 사람이 경건한 행동을 하게 될 때 그 열매로 하나님의 복을 받게 된다는 식의 인과법칙만을 생각하게 됩니다. 그리고 이런 안경을 쓰고 성경을 읽게 되면, 성경에서 정작 우리가 보고 깨달아야 할 본질적인 내용들을 놓치게 됩니다.

과연 야곱이 이날 밤 얍복강 강둑에 홀로 남은 일이 신앙적인 측면으로 볼 때 정말 잘 한 일일까요?

과연 야곱처럼 우리도 위기상황을 만날 때마다 다른 모든 것과 우리를 분리시키고 홀로 있어야 하는 것일까요?

과연 야곱이 이날 밤 얍복강 나루턱에 홀로 남았기 때문에 하나님을 만날 수 있었던 것이고 복을 받을 수 있었던 것일까요?

과연 야곱처럼 우리도 위기상황에서 홀로 남게 될 때 하나님을 만날 수 있는 것이고 하나님의 복을 받을 수 있는 것일까요?

야곱이 얍복강 나루턱에 홀로 남아 밤을 지새운 일을 인과관계의 법칙이라는 틀로만 바라보지 말고 새로운 각도에서 바라보십시오.

과연 야곱이 이날 밤 얍복강 강둑에 홀로 남은 일이 신앙적인 측면으로 볼 때 정말 잘 한 일일까요?

과연 야곱이 이날 밤 얍복강 강둑을 건너지 못하고 두려워 떤 일이 신앙적인 측면으로 볼 때 정말 잘 한 일일까요?

그래서 우리도 그렇게 해야 하는 것일까요?

성경이 우리에게 그것을 말해주는 것일까요?

냉정하게 생각해 보십시오.

야곱은 이렇게까지 형 에서를 두려워할 필요가 없었습니다. 야곱은 이렇게 혼자서 강둑에 앉아 밤새 힘들어할 필요가 없었습니다.

물론 형 에서가 사백 명이나 되는 사람들을 이끌고 자기에게 오고 있다고 하니까, 내일 아침이면 그 형을 만나게 될 텐데 그 형이 어떻게 나올지 아직은 모르니까 걱정이 되었겠지요.

두려운 감정이 들었겠지요.

긴장이 되었겠지요.

하지만 이렇게까지 두려워할 필요는 없었습니다. 이렇게까지 힘들어 할 이유도 없었습니다.

왜 그렇습니까?

지금 야곱은 고향으로 돌아가라는 하나님의 명령을 따라서 고향으로 가고 있는 중이니까 하나님이 야곱을 망하게 하실 리가 없을 것입니다. 과거에도 하나님은 야곱을 모든 위험에서 보호하시고 건지셨기 때문에 이번에도 틀림없이 야곱을 보호해 주실 것이고 위험에서 건져주실 것입니다. 이처럼 조금만 냉정하게 생각해 보면, 야곱에게는 두려워해야 할 이유보다 두려워하지 말아야 할 이유가 더 많았습니다.

오늘 본문에서 야곱은 20년 전과 비슷한 상황에 있었습니다. 20년 전에 야곱은 자기를 죽이려고 하는 형 에서를 피해 외삼촌 라반의 집으로 야반도주를 하고 있었습니다. 그때도 야곱은 홀로 있었습니다. 그때 야곱은 하나님께서 분명하게 나타나셔서 영원한 안전과 복을 약속해 주신 일을 경험했습니다.

> 나는 여호와니 너의 조부 아브라함의 하나님이요 이삭의 하나님이라 너 누운 땅을 내가 너와 네 자손에게 주리니 네 자손이 땅의 티끌 같이 되어서 동서남북에 편만할지며 땅의 모든 족속이 너와 네 자손을 인하여 복을 얻으리라 내가 너와 함께 있어 네가 어디로 가든지 너를 지키며 너를 이끌어 이 땅으로 돌아오게 할지라 내가 네게 허락한 것을 다 이루기까지 너를 떠나지 아니하리라(창 28:13-15).

그러므로 야곱은 생각했어야 합니다.

"형 에서를 피해서 도망칠 때도 나를 보호해 주신 하나님이 형 에서와 관계를 회복하려고 하는 나를 죽이시고 내 삶을 여기에서 파괴하시겠는가?

결코 그럴 리가 없다."

야곱이 외삼촌 라반의 집에서 머문 20년 동안에도 하나님은 신실하게 야곱을 보호해 주셨고 많은 후손을 주셨으며 풍성한 복을 베풀어 주셨습니다. 그런 다음에 야곱이 여러 방면에서 어느 정도 세력을 형성하자 하나님은 야곱에게 이제는 고향으로 돌아가라고 명령하셨습니다. 그러면서 하나님은 고향으로 돌아가는 야곱의 여정 가운데 항상 함께 해주시겠다고 처음부터 분명하게 보장해주셨습니다.

> 네 조상의 땅, 네 족속에게로 돌아가라 내가 너와 함께 있으리라
> (창 31:3).

그러나 말로만 해서는 야곱이 제대로 못 믿을 줄 미리 아시고 천사들의 무리가 야곱의 일행과 함께 있는 것까지 야곱의 눈에 선명하게 보여 주셨습니다. 그러므로 야곱은 얍복강 나루턱에서 생각했어야 합니다.

"하나님께서 여기까지 어렵게 나를 보호해 주시고 나로 하여금 큰 가족을 이루고 많은 소유를 얻게 하신 데는 그 다음 목표가 있으시기 때문이다. 그러므로 하나님이 여기에서 나를 죽이시고 무너뜨리지는 않으실 것이다."

그러므로 야곱은 사백 명이나 되는 많은 사람들을 데리고 오는 자기 형 에서의 행보만 생각하면서 두려워 떨지만 말았어야 합니다. 지난 20년 간 변함없이 자기에게 은혜를 베풀어 주신 하나님을 신뢰하면서 두려움에서 빠져나와야 했습니다. 하나님의 명령을 따라 고향으로 올라가는 자기의 일행에 하나님의 명령을 받고 수호자로 함께 하는 천사들의 무리

가 있음을 기억하고 두려움에서 빠져나와야 했습니다.

아직 뭔지는 정확하게 알 수 없지만 자기의 인생과 자기 가족의 인생을 다음 단계로 끌어올리시려고 고향으로 돌아가라고 명하신 하나님이 고향의 문턱에서 자기와 자기 가족을 망하게 하실 리가 없다는 것을 깨닫고 두려움에서 빠져나와야 했습니다. 야곱에게는 두려워해야 할 이유도 있었지만, 두려워하지 않아도 되는 이유, 아니 두려워하지 말아야 할 이유가 더 많았고 더 확실했습니다. 그러므로 이날 밤에 야곱은 선뜻 강을 건너지 못하고 강둑에 홀로 남아 있을 이유가 없었습니다.

그러므로 만일 우리가 타임머신을 타고 오늘 본문이 일어난 과거의 시간으로 가서 얍복강 강둑에 홀로 남아 밤을 지새우는 야곱을 만날 수 있다면, 우리는 야곱에게 어떤 말을 해주어야 할까요?

우리는 야곱에게 다음과 같은 말을 해주어야 할 것입니다.

"야곱, 도대체 왜 여기서 이러고 계십니까?

도대체 왜 혼자 처량하게 강변에 앉아 힘들어 하고 계십니까?

이러지 말고 강을 건너가세요.

당신이 크게 잘못해서 상처를 입힌 형이 사백 명이나 되는 사람들을 이끌고 온다고 하니까 무섭겠지만, 하나님께서 그 동안 약속하시고 보여주신 것들이 있잖아요.

그러니 그런 하나님을 믿고 앞으로 나아가세요.

당신에게는 두려워해야 할 이유보다 두려워하지 말아야 할 이유가 더 많다는 것을 생각하고 용기를 내어 지금이라도 강을 건너가세요.

하나님께서 형 에서의 진노에서 당신을 구해 주실 것이고 형 에서와 화평을 이루도록 만들어 주실 것입니다."

그런데 이런 이야기를 들어야 할 사람이 어디 야곱뿐이겠습니까!

우리 자신도 이런 이야기를 자주 들어야 하는 사람들입니다. 왜냐하면 야곱처럼 우리도 한번 두려움에 빠지면, 오랜 세월 하나님이 베풀어 주신 은혜를 알면서도, 지금 우리에게 주어진 하나님의 확실한 약속을 다 알면서도, 한번 빠져버린 두려움에서 쉽게 헤어나오지 못하고 홀로 괴로워할 때가 많은 사람들이기 때문입니다.

오늘날 우리가 살고 있는 이 세상이 정치도 경제도 국제사회도 늘 불안한 세상이다 보니 얍복강 강변에 혼자 처량하게 앉아 있던 야곱처럼 두려움과 우울함에 깊이 빠져 세상과 담을 쌓고 홀로 지내는 사람들이 부쩍 많아졌습니다. 정말 힘들게 살아왔는데 지금 가지고 있는 것도 하루 아침에 다 잃어버릴 수 있다는 두려움에 떨고 있는 사람들이 굉장히 많아졌습니다. 이런 시대를 살고 있기 때문에 우리는 야곱에게 들려주어할 그 말을 오히려 우리 자신에게 더 자주, 더 강하게 들려주어야 합니다.

험악한 인생을 살면서 크고 작은 위기상황을 만날 때마다 여러 가지 두려움을 느끼는 것은 부끄러운 일이 아닙니다. 연약한 사람이니까 얼마든지 두려움을 느낄 수 있습니다. 하지만 그렇다고 해서 두려움이 우리를 짓누르고 슬픔의 강둑에 홀로 앉아있게 만드는 일을 결코 허용해서는 안 됩니다.

여러 가지 일로 마음에 두려움이 밀려올 때, 두려워하지 않아도 되고, 두려워하지 말아야 하는 이유를 하나님과 복음의 은혜 안에서 계속 찾아내고 또 찾아내서 두려움이 만들어내는 감옥에서 최대한 빨리 벗어나야 합니다.

깊은 절망과 두려움을 느끼는 사람들은 스스로 옥을 만들어 놓고 그 안에 갇혀 사는 경향이 있습니다. 하나님의 뜻을 받들고 앞으로 나아가 영적으로 진일보하고 열매 맺는 삶으로 나아가야 하는데 스스로 만들어 놓은 옥에 갇혀 제자리걸음만 하는 경향이 있습니다. 우리는 그런 자리에서 과감하게 벗어나 앞으로 나아가야 합니다.

예수 믿는 우리는 두려움에 푹 빠져서 살아야 할 이유가 전혀 없는 사람들입니다. 예수 믿는 우리는 두려움을 떨치고 소망 가운데 기쁨 가운데 살아갈 이유가 더 많은 사람들입니다.

예수 믿는 우리에게 예수님이 어떤 약속을 주셨는지 기억해 보십시오.

> 볼지어다. 내가 세상 끝날까지 너희와 항상 함께 있으리라(마 28:20).

> 내가 저희에게 영생을 주노니 영원히 멸망치 아니할 터이요 또 저희를 내 손에서 빼앗을 자가 없느니라. 저희를 주신 내 아버지는 만유보다 크시매 아무도 아버지 손에서 빼앗을 수 없느니라(요 10:28-29).

예수님은 우리에게 처음부터 영원한 안전을 보장해 주셨습니다. 예수님은 우리에게 처음부터 끊임없는 동행을 보장해 주셨습니다. 그러므로 전능하신 하나님이신 예수를 구주로 믿는 우리는 두려워하지 않아야 하고 두려워하지 말아야 할 이유가 분명한 사람들입니다. 그러므로 우리는 이것을 우리 자신에게 끊임없이 상기시켜 주어야 합니다.

이 세상의 뉴스나 사람들의 소문은 우리에게 두려워해야 할 이유를 계속 말해줍니다. 그러므로 이 세상의 뉴스나 사람들의 말을 들을 때는 지극히 신중하게 선별해서 들어야 합니다. 그리고 오히려 우리의 귀를 하나님의 말씀을 향하여 열어놓고 살아야 합니다. 왜냐하면 하나님은 두려워하지 않아도 되는 이유를 우리에게 늘 말씀해 주시기 때문입니다.

> 두려워 말라. 내가 너와 함께 함이니라. 놀라지 말라. 나는 네 하나님이 됨이니라. 내가 너를 굳세게 하리라 참으로 너를 도와주리라(사 41:10).

그러므로 하나님의 언약을 다시 기억하고 옛날 다윗이 낙심한 자기의 마음을 향하여 강하게 따지며 말했던 것처럼 말하십시오.

> 내 영혼아 네가 어찌하여 낙망하며 어찌하여 내 속에서 불안하여 하는고? 너는 하나님을 바라라 그 얼굴의 도우심을 인하여 내가 오히려 찬송하리로다 … 내 영혼아 네가 어찌하여 낙망하며 어찌하여 내 속에서 불안하여 하는고? 너는 하나님을 바라라. 나는 내 얼굴을 도우시는 내 하나님을 오히려 찬송하리로다(시 42:5, 11).

다음으로, 오늘 본문에서 우리는 두려움에 빠져서 홀로 강둑에 앉아 있는 야곱을 하나님이 매우 특별한 방식으로 직접 찾아오신 것을 보게 됩니다. 오늘 본문 24절은 이렇게 기록하고 있습니다.

> 야곱은 홀로 남았더니 어떤 사람이 날이 새도록 야곱과 씨름하다가 (창 32:24).

흔히 사람들은 이 본문을 읽을 때, 야곱이 행한 그 유명한 씨름부터 중요하게 생각합니다. 하나님이 이날 밤 야곱에게 매우 특별한 방식으로 직접 찾아오신 일 자체에 관해서는 깊이 생각해 보지 못하고 그냥 건너 뛸 때가 많습니다.

하지만 우리는 이날 밤 야곱이 행한 씨름을 깊이 생각하기 전에 하나님께서 매우 특별한 방식으로 야곱을 직접 찾아오셨다는 사실을 먼저 깊이 생각해보려고 합니다. 왜냐하면 성경은 사람이 무엇을 행했느냐가 아니라 하나님이 사람을 위하여 어떤 일을 행하셨는지를 중요하게 설명하는 책이기 때문입니다. 우리가 먼저 알아야 할 것도 바로 그것이기 때문입니다.

야곱의 일생을 전체적으로 생각해 보면, 하나님께서 매우 특별한 방식으로 야곱에게 찾아오신 일은 두 번 일어났다고 말할 수 있습니다.

첫 번째 방문은 오늘 본문을 기점으로 볼 때 약 20년 전의 일입니다. 그

때도 야곱은 형이 자기를 죽일지도 모른다는 두려움에 휩싸여 멀고 먼 외삼촌 집으로 도망가고 있었습니다. 그때도 혼자서 길바닥에 누워있던 야곱의 꿈에 하나님이 밤중에 찾아오셨는데 매우 특별하고 눈에 띄는 방식으로 찾아오셨습니다. 그리고 야곱에게 복과 은혜를 약속하심으로써 야곱을 두려움에서 건져내셨고 하란으로 내려갈 수 있는 용기를 주셨습니다.

두 번째 방문은 오늘 본문에서 일어난 일입니다. 오늘 본문에서도 야곱은 형 에서가 자기를 죽일지도 모른다는 두려움에 휩싸여 얍복강을 감히 건너지 못하고 홀로 밤을 지새우고 있었습니다. 바로 이 때 하나님은 밤중에 매우 특별하고 눈에 띄는 방식으로 야곱에게 찾아오셨습니다. 이번 방문도 결과를 놓고 보면 야곱을 두려움에서 건져내시고 고향땅으로 올라갈 수 있는 용기를 불어넣어주기 위한 하나님의 특별한 심방이었습니다.

그런데 첫 번째 방문과 두 번째 방문을 비교해 보면, 야곱을 찾아오신 하나님의 방문 목적은 같은데 하나님이 자기를 나타내신 방법이 전혀 다릅니다.

20년 전에 일어난 첫 번째 방문에서 하나님은 어떤 모습으로 야곱에게 찾아오셨습니까?

그때 하나님은 찬란한 빛 가운데 하늘에서부터 사닥다리를 야곱이 누워 잠자고 있던 땅에 내려주시고 천사들이 그 사닥다리를 오르락내리락 하는 광경 가운데 저 높은 하늘에서 음성으로 야곱에게 말씀해 주셨습니다. 그때는 하나님이 그렇게 영광스럽고 찬란한 모습으로 야곱을 찾아주셨고 일방적으로 야곱에게 복을 선언해 주셨습니다.

그런데 20년이 흐른 후에 얍복강 나루턱에서 야곱을 찾아오신 하나님은 이전과 다른 모습입니다. 일단, 평범한 사람의 모습으로 찾아오셨고 천군천사를 대동하지 않고 혼자서 오셨습니다. 그리고 일방적으로 야곱에게 복을 선언하지 않고 아무런 관심도 없이 그냥 지나치려는 사람처럼 행동하셨습니다. 그래서 야곱이 달려들어서 씨름을 하며 "당신이 내게 축복하지 아니하면 가게 하지 아니하겠나이다"라고 말한 것입니다.

그렇다면 우리는 오늘 본문을 보면서 야곱의 씨름부터 주목해서 볼 것이 아니라 다음과 같은 질문을 던져보고 답을 찾아봐야 할 것입니다.

왜 하나님은 얍복강 나루턱에서 깊은 두려움에 빠져 홀로 있던 야곱에게 이런 모습으로 찾아오셨을까?

왜 하나님은 첫 번째 방문에서처럼 찬란하고 영광스러운 모습으로 찾아오지 않으셨을까?

왜 하나님은 첫 번째 방문에서처럼 수많은 천사들을 대동하고 찾아오지 않으셨을까?

왜 하나님은 첫 번째 방문에서처럼 일방적으로 야곱에게 복을 선언하지 않으셨을까?

만일 하나님께서 첫 번째 방문에서처럼 찬란하고 영광스럽게 찾아오셨다면, 수많은 천사들을 거느리고 찾아오셨다면, 야곱을 찾아오자마자 일방적으로 복을 선언해 주셨다면, 야곱에게 훨씬 더 좋았을 것입니다. 그랬더라면 야곱은 금세 두려움에서 빠져나와 담대하게 강을 건너갔을 것입니다.

그런데 왜 하나님은 그렇게 하지 않으셨을까요?

왜 하나님은 사람의 모습으로, 홀로, 그냥 지나쳐 갈 것처럼 야곱을 찾아오셨을까요?

우리가 이런 질문 앞에서 진지하게 답을 찾아봐야 하는 이유는 야곱과 같은 우리의 삶에도 하나님이 이런 모습으로 찾아오실 때가 있기 때문입니다. 우리가 깊은 두려움에 빠져서 홀로 한숨을 지으며 밤을 지새울 때 하나님은 그런 우리에게 찾아오시는데, 우리가 기대하는 것처럼 찬란하고 화려하게 우리를 찾아오지 않으십니다. 찾아오셔서 우리에게 복을 주시겠다고 큰 소리로 말씀하지도 않으십니다.

마치 우리가 겪고 있는 두려움에 전혀 관심도 없는 것처럼 스쳐지나가는 나그네처럼 우리에게 찾아오십니다. 우리는 정말 숨이 막혀서 금방이라도 죽을 것만 같은데 하나님은 별로 급한 것도 없고 그냥 스쳐지나갈 것처럼 행동하실 때가 있습니다. 그러므로 오늘 본문에서 야곱을 두 번째로 찾아오신 하나님이 왜 그런 방식으로 찾아오셨는지를 우리는 배워야 하고 하나님의 그런 심방에 어떻게 반응해야 하는지를 정확하게 알아야 합니다.

성도 여러분!

야곱의 과거를 가만히 생각해 보십시오.

사실, 하나님은 20년 전에, 야곱에게 가장 찬란하고 영광스러운 방식으로 보여줄 것을 다 보여주시고 약속할 것을 다 약속하시고 선언한 것을 다 선언해 주셨습니다.

> 나는 여호와니 너의 조부 아브라함의 하나님이요 이삭의 하나님이라 너 누운 땅을 내가 너와 네 자손에게 주리니 네 자손이 땅의 티끌같이 되어서 동서남북에 편만할지며 땅의 모든 족속이 너와 네 자손을 인하여 복을 얻으리라 내가 너와 함께 있어 네가 어디로 가든지 너를 지키며 너를 이끌어 이 땅으로 돌아오게 할지라 내가 네게 허락한 것을 다 이루기까지 너를 떠나지 아니하리라 (창 28:13-15).

야곱이 하나님께 무엇을 간절히 구해서도 아니고, 야곱이 그 모든 복을 받을 자격이 있어서도 아니고, 하나님이 은혜로우신 분이시기 때문에 일방적으로 야곱을 찾아가셔서 잊을 수 없도록 찬란하고 영광스러운 모습으로 나타나셨고 일방적으로 모든 복과 은혜를 약속으로 주셨습니다.

그리고 그후 20년이라는 긴 세월 속에서 하나님은 자신이 첫 번째 방문에서 약속했던 모든 복을 신실하게 베풀어 주셨습니다. 세상에서 사기술로는 타의 추종을 불허하는 라반의 집에서, 여전히 하나님을 신뢰하지 못하고 방황하는 야곱의 못난 인생 가운데서, 하나님은 자신의 지혜와 사랑과 능력으로 야곱에게 언약하신 모든 것을 신실하게 지키셨습니다.

최근까지도 하나님은 야곱이 하란 땅을 떠나 고향으로 올라가는 길에서도 자신의 언약을 기억하시고 그 언약을 신실하게 지키셨습니다. 라반이 야곱을 추격했지만 결국 야곱에게 아무 말도 못하고 되돌아 간 일이나, 야곱이 자기 일행과 함께 하는 천사들의 무리를 눈으로 보게 된 일이나, 모든 일에서 믿을 만한 증거를 야곱에게 충분하게 주셨습니다.

그러니 생각해 보십시오.

하나님이 야곱을 위해서 그 이상 무엇을 어떻게 하셔야 하겠습니까?

얼마나 더 찬란하게 나타나셔야, 얼마나 많은 천사를 대동하고 나타나셔야, 얼마나 더 많은 복을 약속하셔야 야곱이 두려움에서 벗어나고 하나님을 참으로 신뢰할 수 있겠습니까?

야곱은 그 약속의 말씀을 믿고 믿음으로 강을 건넜어야 합니다. 하나님께서 첫 번째 방문과 이후의 20년이라는 긴 세월 동안 자기에게 확인시켜 주신 안전한 관계를 믿고 믿음으로 강을 건넜어야 합니다. 그런데 야곱은 그렇게 하지 못했습니다. 야곱은 하란 땅을 떠나기 전에 자기 아내들에게 말했습니다.

"하나님께서 나를 교활한 라반의 손에서 건져주셨다."

"하나님께서 나를 복 주셔서 나를 부자로 만들어주셨다."

이렇게 야곱은 하나님께서 자기에게 베풀어 주신 구체적인 기적들은 믿었고 자랑했습니다. 하지만 야곱은 자기가 하나님과 얼마나 복되고 안전한 영원한 관계를 맺고 있는지 잘 몰랐습니다. 하나님 편에서 은혜로 먼저 맺어주신 그 복된 관계 안에서 자기의 인생 전체가 얼마나 안전한지를 제대로 이해하고 있지 못했습니다. 그래서 하나님을 믿는다고는 하지만 새로운 위기상황이 올 때마다 두려움에 쉽게 빠졌고 거기에서 빠져 나올 줄을 몰랐습니다.

그러므로 얍복강 나루턱에서 야곱에게 필요했던 것은 하나님께서 첫 번째 방문에서처럼 화려하고 영광스러운 모습으로 찾아오시는 것이 아니었습니다. 하나님께서 지금까지 보여주시고 말씀해 주신 것과 다른 새로운 모습과 새로운 말씀으로 찾아오시는 것도 아니었습니다.

야곱에게 정말로 필요했던 것은 이미 첫 번째 방문에서 하나님과 야곱 사이에 맺어지고 오랜 세월 확인된 복된 관계만으로도 충분하다는 것을 야곱이 아는 것이었습니다. 하나님께서 은혜로 맺어주신 그 영원한 관계 안에서 자신이 정말로 안전하다는 것을 야곱이 아는 것이었습니다.

그래서 하나님은 이번에는 화려하지 않은 모습으로, 이번에는 혼자서, 이번에는 빈손으로, 이번에는 야곱을 축복할 뜻이 별로 없는 것처럼 가장하고 야곱을 찾아가신 것입니다. 물론 야곱은 이번에도 하나님을 오해하고 복을 받아내기 위해서 씨름을 합니다. 하지만 하나님은 이 두 번째 방문을 통해서 여전히 비뚤어져 있는 야곱의 신앙을 바로잡아 주십니다.

앞에서 저는 야곱과 같은 우리의 삶에도 하나님이 이런 모습으로 찾아오실 때가 있다고 말씀드렸습니다. 야곱과 같은 우리의 삶에 하나님께서 이런 모습으로 찾아오시는 이유도 똑같습니다. 우리는 이웃과의 관계도 소홀히 여기지만 하나님과의 관계도 소홀히 여기는 사람들입니다. 우리는 하나님이 우리의 삶에 주시는 복은 셀 줄 알고 그 복의 수가 많을 때는 거기에서 깊은 감사도 느낄 줄 알고 그것을 바탕으로 하나님을 신뢰할 줄도 아는 사람들입니다.

하지만 우리는 예수 그리스도 안에서 하나님과 우리 사이에 맺어져 있는 관계가 얼마나 복되고 안전하며 영원한 지에 관해서는 둔한 사람들입니다. 그래서 그 복된 관계의 깊이를 잘 헤아리지도 않고 그 관계의 안전함과 영원함 때문에 깊은 감사나 큰 찬송을 하나님께 올리지도 못하는 사람들입니다. 그래서 우리의 삶에 새로운 위기상황이 오면, 그때마다 두려움에 빠지고 슬픔의 강둑에 혼자 앉아 한숨을 짓거나 불평하는 사람들입니다.

이런 이유 때문에 하나님은 오늘 본문에서 야곱을 찾아가셨던 것처럼, 우리의 삶에도 빈손으로, 혼자서, 화려하지 않게, 마치 우리에게 복을 안 주실 것처럼 찾아오시는 것입니다. 그렇게 찾아오셔서 우리가 잊고 사는 하나님과 우리의 관계, 그 복되고 영원한 관계를 다시 한번 확인할 수 있는 기회를 주시는 것입니다. 우리는 자꾸 복만 받으려고 하나님에게 달려들어서 씨름을 하려고 하지만, 하나님은 자꾸 우리가 예수 그리스도를 믿을 때, 하나님과 우리 사이에 맺어진 영원하고도 복된 관계를 확인할 수 있도록 우리를 이끌어 가시는 것입니다.

시편 23편 1절에서 시편 기자는 "여호와는 나의 목자시니 내가 부족함이 없으리로다"라고 기쁨의 노래를 불렀습니다. 자기에게 지금 어떤 일이 일어나고 있든 상관하지 않고, 또 자기에게 앞으로 어떤 일이 일어나든 상관하지 않고, 하나님이 자기의 목자가 되시고 자기는 하나님의 양이라는 그 관계 안에서 시편 기자는 "내가 부족함이 없으리로다"라고 행복한 노래를 불렀습니다. 하나님은 우리에게 찾아오셔서 이 노래 한 소절을 가르쳐 주시려고 하시는 것입니다. 이 노래 한 소절을 정말 우리 노래로 기쁨으로 부를 수 있게 가르쳐 주시려고 하시는 것입니다.

그러므로 여러분!

하나님께서 우리의 삶에 적극적으로 자기 자신을 안 나타내실 때, 우리의 문제에 대해서 별 관심이 없는 것처럼 보이실 때, 기껏 찾아오셨는데 별 다른 능력을 안 베풀어 주실 때, 우리는 야곱처럼 당황하거나 실망해서는 안 됩니다. 하나님께 죽자 살자 매달려서 내가 필요로 하는 것을 반드시 얻어내겠다고 하나님을 향하여 달려들어서는 안 됩니다.

오히려 우리는 예수 그리스도 안에서 우리가 하나님과 맺고 있는 관계에 집중해야 합니다. 그 관계 속에서 하나님이 우리의 삶과 죽음과 죽음 이후의 영원한 삶까지 다 커버하는 복을 주셨다는 것을 확인해야 합니다.

우리가 예수를 믿을 때, 예수 그리스도 안에서 이미 모든 복을 우리에게 주셨기 때문에 하나님께서 우리의 삶에 더 이상 화려하거나 찬란하게 나타나지 않으시고 빈손으로 찾아오시고 그냥 지나칠 것처럼 찾아오신다는 것을 알고 예수 그리스도 안에서 하나님께서 우리와 맺어주신 저 영원한 관계를 인해서 만족하고 잠잠히 하나님을 신뢰할 수 있어야 합니다. 그런 신앙으로 우리를 이끌어 올리시려고 하나님께서 우리를 다시 찾아오신 것이니 말입니다.

성도 여러분!

야곱이 외삼촌 집으로 도망가던 때 하나님이 야곱을 처음 찾아오셨을 때, 그날 하나님께서 야곱의 인생 전체를 덮어주는 복을 다 야곱에게 주셨던 것처럼, 하나님께서 처음 우리 인생에 찾아오셔서 예수 그리스도를 알게 해주시고 믿게 해주신 날, 그날 하나님은 우리의 인생 전체와 죽음 이후의 영원한 삶 전체를 덮어주는 복을 우리에게 다 주셨습니다. 그래서 베드로 사도는 이렇게 말했습니다.

> 하나님과 우리 주 예수를 앎으로 은혜와 평강이 너희에게 더욱 많을지어다. 그의 신기한 능력으로 생명과 경건에 속한 모든 것을 우리에게 주셨으니(벧후 1:2-3).

우리는 힘든 일이 있을 때마다 하나님께 매달려서 그 상황에 맞는 복을 새롭게 받아야만 살 수 있는 그런 사람들이 아닙니다. 물론 힘든 일이 있을 때마다 우리는 그 일을 가지고 하나님께 나아가 필요한 은혜와 도움을 구할 수 있습니다.

그러나 우리는 그 기도를 통해서 하나님이 이전에 안 주신 복을 새롭게 획득하는 것이 아닙니다. 하나님과 더불어 씨름을 해가지고 이겨서 우리가 필요로 하는 복을 새롭게 얻어내는 것도 아닙니다. 예수 그리스도 안에서 하나님께서 이미 허락하신 복을 다시 확인하고, 허락하신 복이 우리의 삶에 임하는 것을 보는 것입니다.

그래서 사도 베드로는 그리스도인이 위기상황 앞에서 잠간 근심하지 않을 수 없으나 오히려 크게 기뻐한다고 고백했던 것입니다.

> 찬송하리로다
> 우리 주 예수 그리스도의 아버지 하나님이 그 많으신 긍휼대로 예수 그리스도의 죽은 자 가운데서 부활하심으로 말미암아 우리를 거듭나게 하사 산 소망이 있게 하시며 썩지 않고 더럽지 않고 쇠하지 아니하는 기업을 잇게 하시나니 곧 너희를 위하여 하늘에 간직하신 것이라
> 너희가 말세에 나타내기로 예비하신 구원을 얻기 위하여 믿음으로 말미암아 하나님의 능력으로 보호하심을 입었나니 그러므로 너희가 이제 여러 가지 시험을 인하여 잠간 근심하게 되지 않을 수 없었으나 오히려 크게 기뻐하도다(벧전 1:3-6).

그래서 하이델베르크 요리문답(Heidelberg Catechism) 1번은 이렇게 질문하고 대답한 것입니다.

> 문: 살아서나 죽어서나 당신의 유일한 위로는 무엇입니까?
> 답: 살아서나 죽어서나 나는 나의 것이 아니요, 몸도 영혼도 나의 신실한 구주 예수 그리스도의 것입니다. 그리스도께서는 그의 보혈로 나의 모든 죗값을 완전히 치르고 나를 마귀의 모든 권세에서 해방하셨습니다. 또한 하늘에 계신 나의 아버지의 뜻이 아니면 머리털 하나도 땅에 떨어지지 않도록 나를 보호하시며, 참으로 모든 것이 합력하여 나의 구원을 이루도록 하십니다.

요즘, 하나님께서 여러분의 삶에 크고 화려한 방식으로 안 보이십니까?

하나님께서 요즘 여러분의 삶에 별로 개입하지 않으시고 복 주시지 않는 것처럼 보이십니까?

걱정하지 말고 예수 그리스도 안에서 하나님과 여러분 사이에 맺어진 복되고 영원한 관계를 바라보십시오.

우리의 삶에 하나님이 대단한 기적을 가지고 찾아오지 않으셔도, 하나님이 화려한 천군천사를 대동하고 찾아오지 않으셔도, 하나님이 우리에게 적극적으로 복을 내려주지 않으시고 잠시 스쳐 지나가는 것처럼 보여도 상관없습니다.

하나님은 우리가 밤새도록 매달려야만 우리에게 복을 주시는 분이 아닙니다. 하나님은 우리가 힘들게 씨름을 해서 이겨야만 우리에게 복을 주시는 분이 아닙니다.

야곱이 한 것이 아무 것도 없었을 때, 하나님은 야곱을 찾아오셔서 모든 복을 주셨습니다. 우리가 한 것이 아무 것도 없었을 때, 예수님 안에서 하나님은 우리에게 모든 복을 주셨습니다. 이미 주신 그 복을 하나님은 우리의 삶에 주실 수밖에 없습니다.

이것을 믿으십시오.

새로운 위기상황이 우리의 삶에 닥칠 때마다 하나님과 우리 사이에 맺어진 영원하고도 복된 관계 안에서 만족하고 감사하고 신뢰하십시오.

이런 관계를 우리가 정말로 이해하고 믿을 때, 그때 우리는 모든 문제를 뛰어넘고 모든 절망을 뛰어넘는 용기를 얻게 됩니다. 하나님은 우리가 그런 행복을 누리기 원하십니다. 그런데 우리가 그런 방식으로 행복을 얻으려고 하지 않기 때문에 하나님은 우리를 다시 찾아오셔서 그 길로 다시 인도해 주시는 것입니다.

그러니 야곱 같은 우리는 얼마나 행복한 사람들입니까!

하나님께서 우리의 하나님이 되어 주시기를 부끄러워하지 않으시고 하나님께서 우리를 다시 찾아오시기를 싫어하지 않으시니 말입니다.

그러니 시편 46편을 함께 노래합시다.

날마다 우리의 거친 삶의 현실에서 야곱의 하나님이 계심을 기억하고 우리가 그분의 백성인 것을 기억하며 감사합시다.

예수 그리스도의 피로 맺어진 이 복된 관계를 인하여 잠잠히 하나님을 더욱 신뢰합시다.

> 하나님은 우리의 피난처시요 힘이시니 환난 중에 만날 큰 도움이시라 그러므로 땅이 변하든지 산이 흔들려 바다 가운데 빠지든지 바닷물이 흉용하고 뛰놀든지 그것이 넘침으로 산이 요동할지라도 우리는 두려워 아니하리로다 (셀라)
> 한 시내가 있어 나뉘어 흘러 하나님의 성 곧 지극히 높으신 자의 장막의 성소를 기쁘게 하도다 하나님이 그 성중에 거하시매 성이 요동치 아니할 것이라 새벽에 하나님이 도우시리로다 이방이 훤화하며 왕국이 동하였더니 저가 소리를 발하시매 땅이 녹았도다 만군의 여호와께서 우리와 함께 하시니 야곱의 하나님은 우리의 피난처시로다 (셀라)
> 와서 여호와의 행적을 볼지어다 땅을 황무케 하셨도다 저가 땅 끝까지 전쟁을 쉬게 하심이여 활을 꺾고 창을 끊으며 수레를 불사르시는도다 이르시기를 너희는 가만히 있어 내가 하나님 됨을 알지어다 내가 열방과 세계 중에서 높임을 받으리라 하시도다 만군의 여호와께서 우리와 함께 하시니 야곱의 하나님은 우리의 피난처시로다 (셀라)(시 46편).

아멘!

재미 한인 작가들 시리즈

01 복음의 진실과 신세계질서의 종말
 이춘남 지음 신국판 15,000원 출판일자14.5.30
02 칭의가 은혜를 말하다
 강철흥 지음 신국판 24,000원 출판일자14.9.20
03 나의 삶 나의 신앙
 이창수 지음 신국판 15,000원 출판일자15.2.28
04 복음의 사람
 강철흥 지음 신국판 15,000원 출판일자15.2.28
05 창조주 하나님 정말로 존재하는가?
 이창수 지음 신국판 15,000원 출판일자15.2.28
06 시내산에서 창세기를 읽다
 이흥록 지음 신국판 22,000원 출판일자15.5.15
07 나의 하나님
 성리 지음 신국판 20,000원 출판일자15.6.15
08 로이드 존스의 신학연구
 양우광 지음 신국판 11,000원 출판일자16.11.30
09 미국이 운다! 동성애
 손혜숙 지음 신국판 10,000원 출판일자16.11.30
10 시대읽기
 김주옥 지음 신국판 18,000원 출판일자16.6.10
11 자격없는 자에게 주시는 하나님의 은혜
 김정훈 지음 사륙판 10,000원 출판일자16.7.30
12 로이드 존스의 설교자 연구
 양우광 지음 신국판 11,000원 출판일자17.6.30
13 요단이라 부르는 강
 이신혜 지음 사륙판 12,000원 출판일자17.6.30
14 예수실화 예수신화
 김주옥 지음 신국판 18,000원 출판일자17.8.10
15 우리 교회 성도들 읽을꺼리1
 임재택 지음 신국판 10,000원 출판일자17.8.31
16 밧모섬에서 바라본 황금의 집
 위트니스 오 지음 신국판 15,000원 출판일자17.8.31
17 잠근동산
 제시카 윤 지음 신국판 20,000원 출판일자17.9.30
18 내 잔이 넘치나이다
 임지석 지음 사륙판 10,000원 출판일자18.3.30
19 주님 오실 때까지
 임지석 지음 사륙판 10,000원 출판일자18.9.4
20 덮은우물
 제시카 윤 지음 신국판 20,000원 출판일자18.11.20
21 하나님의 흔적
 조영숙 지음 사륙판 8,000원 출판일자18.12.20